1927 – als die Republik brannte

1927

als die Republik brannte

Von Schattendorf bis Wien

herausgegeben von
Norbert Leser
und
Paul Sailer-Wlasits

Gedruckt mit Unterstützung des
Bundesministeriums für Bildung, Wissenschaft und Kultur
in Wien,

der Kulturabteilung der Stadt Wien,
Wissenschafts- und Forschungsförderung

und mit freundlicher Unterstützung der
Ludwig Boltzmann Gesellschaft

Für David

Die Deutsche Bibliothek – CIP-Einheitsaufnahme

1927 – als die Republik brannte : von Schattendorf bis Wien /
herausgegeben von Norbert Leser und Paul Sailer-Wlasits. –

Wien-Klosterneuburg : EDITION VA BENE, 2002.
(Eine Analyse)
ISBN 3-85167-128-7

E-Mail: *edition@vabene.at*
Homepage: *www.vabene.at*

Umschlaggestaltung: Natalija Ribovic, Wien
Druck: Theiss Druck, Wolfsberg
Satz und Druckvorlage: Mag. Franz Stadler, Königstetten
Produktion: Die Druckdenker GmbH, Wien

Printed in Austria

ISBN 3-85167-128-7

INHALT

Vorwort

Als der Mitherausgeber dieses Bandes und ich im August 1984 darangingen, die letzten Überlebenden und Zeugen der Vorgänge, die am 30. Jänner 1927 in Schattendorf stattfanden, aufzusuchen und zu befragen, waren wir beide von dem Geschehen, dessen späten Nachhall wir miterlebten und auch im Ton festhielten, fasziniert und fühlten uns in eine ferne Vergangenheit, die aber bis in die Gegenwart hinein nachwirkt, zurückversetzt. Wir ließen das gesammelte Material fast zwanzig weitere Jahre ruhen, bis es uns an der Zeit schien, die Ereignisse von damals, von Schattendorf bis zum Juli 1927 in Wien, noch einmal ins Licht der Öffentlichkeit zu heben, bevor diese Szenen von damals endgültig in das Schattenreich der Geschichte absinken. Mit entscheidend für die Überlegung und den Entschluß, das damals gesammelte Material zu verwerten und durch inzwischen gereifte Einsichten zu ergänzen, war wohl der Umstand, daß sich auch im Österreich von heute Polarisierungen ereignen, die, wenn man sie nicht rechtzeitig eindämmt und beherrscht, zu ähnlich katastrophalen Folgen führen können. Denn die erzählten Begebenheiten von Schattendorf und noch mehr deren blutiges Nachspiel in Wien sind nicht bloß eine Neuaufrollung vergangener Vorkommnisse, sondern auch ein Lehrstück über politische Gewalt, ihre Bedingungen und Folgewirkungen.

Im besonderen habe ich mir selbst die Aufgabe gestellt, in meinen beiden Kapiteln das Allgemeine im Besonderen, das Notwendige im Zufälligen herauszuarbeiten und den geschilderten Gesamtverlauf nicht bloß als Summe von Einzelheiten und Zufällen, sondern als eine nach den aristotelischen Grundsätzen gebaute und verstehbare Tragödie darzustellen, in der sich menschliche Schuld und Verblendung mit ehernen Gesetzen politischer Abläufe vermischen und verschränken. Es schwebte mir nicht eine anmaßende Richterrolle vor, die handelnden Personen und am historischen Prozeß beteiligten Kräfte vor ein Tribunal zu zerren, sondern nur die bescheidenere, Zusammenhänge zu verdeutlichen und dramatisch zu interpretieren.

Die Beiträge von Gerhard Botz, die nicht zufällig an erster Stelle stehen, führen uns den historischen Aufriß, das Gerüst an Tatsachen vor Augen, an die jede Interpretation anknüpfen muß.

Mit Hilfe der von Botz dargelegten und nachgezeichneten Fakten ist es möglich, sich über die Zusammenhänge, die zu den Ereignissen von Schattendorf und Wien führten, zu unterrichten und den Stellenwert dieser Ereignisse im Ablauf der Ersten Republik und der in diesem Zeitraum begangenen Gewalttätigkeiten zu bestimmen.

Die Beiträge von Paul Sailer-Wlasits beschäftigen sich mit Aspekten der Entstehung von Verbalradikalismus, mit dem Einfluß der Sprache auf das Geschehen. Worte sind nicht zu vernachlässigende Symptome, aber auch Ursachen und Verschärfungen politischer Konflikte. Der Verbalradikalismus war und ist keineswegs so harmlos, wie manche vermuten, die meinen, daß nur die Taten und nicht die Worte zählen und dabei übersehen, daß sich menschliches Handeln erst von Gedanken über ausgesprochene Worte zu Taten entwickelt.

Die junge burgenländische Historikerin Pia Bayer hat sich dankenswerterweise der Aufgabe unterzogen, den unmittelbaren Widerhall der Ereignisse von Schattendorf in der burgenländischen Lokalpresse zu verfolgen und an typischen Beispielen zu demonstrieren. Aus diesen Zitaten geht hervor, daß nicht nur die Akteure und Opfer selbst, sondern auch die teilnehmende Öffentlichkeit das Geschehen verschieden und, durch die eigene politische Brille gefärbt, rezipierten. Aus diesen damaligen Stellungnahmen geht aber auch hervor, daß man sich auf beiden Seiten der Gefährlichkeit einer Entwicklung zur Gewalt bewußt und daher bemüht war, es nicht zu weiteren Machtdemonstrationen kommen zu lassen. Die politischen Verhältnisse waren im Burgenland der Ersten Republik nicht so polarisiert und vergiftet wie in Wien und anderen Bundesländern, der Ausbruch der Gewalt in Schattendorf war denn auch kein Gradmesser der dort herrschenden politischen Zustände, sondern viel mehr eine Reaktion auf den Versuch, die in Wien vorherrschende politische Polarisierung in den Sonntagsfrieden der burgenländischen Dörfer zu tragen. Zur relativen Friedfertigkeit im Burgenland hat der Umstand, daß sich die Burgenländer und die in ihm wirkenden politischen Kräfte gemeinsam bemühen mußten, dem Land Anerkennung und Geltung innerhalb Österreichs zu verschaffen, nicht unwesentlich beigetragen. Der burgenländische Landtag war noch zu einer Zeit aktiv und handlungsfähig, als das Parlament auf Bundesebene längst ausgeschaltet war. Leider änderte dieser im Burgenland länger als in anderen Bereichen anhaltende demokratische Friede nichts an der Gesamtbewegung der österreichischen Geschichte, die schon im März 1933 den Boden der parlamentarischen Demokratie verließ, in weiterer Folge aber auch die Bundesländer in die Gesamtentwicklung einbezog.

Stefan Milletich zeigt an vier Beispielen, an den Stellungnahmen und Erzählungen von Karl Kraus, Heimito von Doderer, Elias Canetti und Anna Seghers auf, wie die Ereignisse des 15. Juli 1927 in Wien literarisch rezipiert und in einen größeren Zusammenhang eingeordnet wurden. Der revolutionären Phantasie entsprungen, regten die blutigen Abläufe des 15. Juli auch Dichter und Denker an, ihrerseits auch Phantasie, aber auch analytische Schärfe des Urteils zu entwickeln und walten zu lassen.

Last not least war auch der juristische Rahmen zu berücksichtigen, unter dem der Geschworenengerichtsprozeß im Juli 1927 in Wien stattfand. Landtagspräsident a. D. Wolfgang Dax hat es freundlicherweise übernommen, die Bedingungen und Veränderungen der Rechtslage darzustellen, wobei ihm sowohl seine juristischen Kenntnisse als auch seine politischen Erfahrungen bei der Bearbeitung dieses Themas zugute kamen.

Insgesamt liegt also mit diesem Band eine Reihe von Beiträgen vor, die unabhängig voneinander entstanden sind und so auch in ihrer Spannung zueinander verbleiben sollen. Die Herausgeber haben es nicht als ihre Aufgabe betrachtet, alle Überschneidungen zu beseitigen und alle Aussagen nachträglich und künstlich zu harmonisieren. Eine solche Vorgangsweise wäre mit der Überzeugung, daß das letzte Wort über die Ereignisse des Jahres 1927 noch nicht gesprochen ist und wohl nie gesprochen werden kann, nicht vereinbar. Trotzdem war und ist es nicht überflüssig, sich der historischen Wahrheit, die stets einen Rest von Dunkelheit in sich birgt, mit allen zur Verfügung stehenden Mitteln der Darstellung und der Kritik zu nähern.

N. L.

Gerhard Botz

Der „Schattendorfer Zusammenstoss": Territorialkämpfe, Politik und Totschlag im Dorf

Ende Jänner 1927 ereignete sich im Burgenland ein blutiger und folgenschwerer Zusammenstoß von Mitgliedern der Frontkämpfervereinigung, einer faschismusähnlichen, militaristisch-monarchistischen Organisation, und Angehörigen des Republikanischen Schutzbundes, der paramilitärischen Formation der Sozialdemokratie.

Dieser „Schattendorfer Zusammenstoß", kein Einzelfall in der österreichischen Zwischenkriegszeit, führte zum Tod von zwei Menschen, einem Kind und einem Kriegsinvaliden, die beide der sozialdemokratischen Partei zugerechnet wurden oder ihr angehörten. Bereits seit Mitte 1927 wurde dieser Zwischenfall in seiner Fernwirkung von der breiten Öffentlichkeit und von Historikern mit den blutigen Unruhen am 15. Juli 1927, die unmittelbar zum Brand des Wiener Justizpalastes und zum Tod von 89 Menschen führten, in einen ursächlichen Zusammenhang gebracht. Dadurch wird er weit mehr mit Bedeutung aufgeladen, als ihm ohne diese (konstruierte) Ursachenlinie zukommen würde.

Dieses Problem wird hier mit dem besseren Wissen im Nachhinein, das Historiker üblicherweise von ihren Ereignissen besitzen bzw. zu besitzen glauben, aufgeworfen und im Zusammenhang mit folgenden Fragen untersucht: Was war an dem Zwischenfall und an seinen unmittelbaren Folgen strukturell – d. h. in der Zwischenkriegszeit allgemein und daher schon damals potentiell vorhersehbar –, was war daran ereignis- und einzelhaft unvorhersehbar? Was war daran lokal- und situationsspezifisch? Was verbindet die beiden Gewaltereignisse – den „Schattendorfer Zusammenstoß" und den „15. Juli 1927" – durch gemeinsame allgemeinere Ursachen der politischen Gewalttätigkeit in der Zwischenkriegszeit? Oder handelt es sich nur um ein Zusammentreffen und eine Abfolge von Einzelfällen, die erst vom „ursachenforschenden" historischen Blick in einen „kausalen" Zusammenhang gebracht werden? Dabei ist es nützlich, sich möglichst deskriptiv dem Ereignis selbst und seiner unmittelbaren Vor- und Nachgeschichte – ebenfalls Konstrukte des historischen Blicks[1] – anzunähern.

Eine strukturelle Ursache: Zusammenstoss-Terror als Mittel militanter (faschistischer und rechtsradikaler) Politik

Alle bewaffneten Zusammenstöße zwischen 1922 und 1927 wiesen, von wenigen Ausnahmen abgesehen, ein für diesen Zeitraum in Österreich typisches zahlen- und waffenmäßiges Ungleichgewicht auf. Dies gilt vor allem für den Zusammenstoß am 17. Februar 1923 in Wien-Baumgarten und am 4. Mai 1923 in Wien-Favoriten, für die monarchistische bzw. nationalsozialistische Wehrformationen verantwortlich waren; ebenso für die Zusammenstöße am 30. September 1923 in Spillern (bei Korneuburg) und am 20./21. Mai 1925 in Mödling, die ebenfalls auf das Konto von Nationalsozialisten gingen. Jedesmal wurden dabei unbewaffnete oder waffenmäßig unterlegene Sozialdemokraten (Schutzbündler oder der SDAP zugerechnete Arbeiter) durch Schüsse ihrer Gegner getötet. Nur selten prallten zwei einander annähernd gleichwertige Gegner aufeinander, so bei der sogenannten „Schlacht auf dem Exelberg" in Wien-Hernals am Ostermontag 1923, als unter Führung eines München-Organisators 300 Nationalsozialisten in Schwarmlinie und unter „feldmäßigem Hurra" gegen 90 Republikanische Schutzbündler, die eine „Feldübung" abhielten, vorgingen; dabei kam es zu einer wilden Schießerei, die durch günstige Umstände nur wenige Leichtverletzte forderte.[2] Bei rund zwanzig anderen Zusammenstößen, die Todesopfer oder Verletzte forderten und sich innerhalb des (noch relativ „ruhigen") siebenjährigen Zeitraumes von 1921 bis 1927 ereigneten, war der Tatbestand unbezweifelbar: Mit Feuerwaffen ausgerüstete und militärisch operierende rechtsradikale oder faschistische Stoßtrupps feuerten bedenkenlos in eine größere Zahl gegnerischer, schlecht bewaffneter und nur locker oder nicht organisierter Arbeiter. (Eine waffen- und gewaltmäßig ausgeglichenere Form von Zusammenstößen entwickelte sich erst zwischen 1928 und 1933, als im politisch-sozialen Kräfteverhältnis die Linke eindeutig in der Defensive, jedoch paramilitärisch gerüstet und offensivbereiter war.) Ganz anders liegt der Fall bei der

Ermordung des Wiener Kleinbürgersohnes Josef Mohapl durch einen „Pratertypen", der von der „antimarxistischen" politischen Gruppierung den „Linken" zugerechnet wurde. Er blieb lange Zeit der einzige Tote politischer Gewalt, der von den Gegnern der Sozialdemokratie auf deren Konto gesetzt wurde.[3]

Die schon während der sozialdemokratischen Hegemonie in der „Österreichischen Revolution" (1918 bis 1920) aufgekommenen Sprengungen gegnerischer Versammlungen durch die kommunistische und sozialdemokratische Linke, die allerdings nie mit tödlichen Waffen ausgetragen wurde, und der daraufhin einsetzende Zusammenstoß-Terror der Rechten spielten eine verhängnisvolle Rolle in der österreichischen Politik der 1920er Jahre. Daraus resultierte schon Mitte dieses Jahrzehnts eine kurzfristige Verschärfung des ohnehin hohen innenpolitischen Konfliktniveaus, und nur vor dem Hintergrund dieser gesteigerten allgemeinen Gewaltbereitschaft läßt sich wiederum ein pseudorevolutionärer Gewaltausbruch der Arbeiterschaft wie am 15. Juli 1927 ableiten. Aber auch der nunmehr heftigere „Gegenschlag" der Rechtskräfte im Lande und die immer offener verkündete Legitimierung von deren Gewaltwillen können daraus abgeleitet werden. In der weiteren Folge ist anzunehmen, daß sich schließlich daraus eine zunehmende Einengung des politischen Spielraumes aller demokratischen Kräfte und Tendenzen in der Ersten Republik ergab, eine Konstellation, die letzten Endes auf Bürgerkrieg und Untergang der Demokratie hinführte, wie aus historischer Sicht feststellbar wird.

So sehr die Intention der Sozialdemokraten, wenn sie sich den antidemokratischen Parteien und rechtsradikalen Schlägertrupps entgegenstellten, demokratiepolitisch berechtigt gewesen sein mag, so sehr auch war es ein politischer Fehler, daß sich die Sozialdemokratie vom Gegner die Methoden ihres Kampfes aufzwingen ließ. Anstatt daß ihre politischen Führer aus den Erfahrungen bis 1927 schon vor dem 15. Juli 1927 den Schluß gezogen hätten, daß die sozialdemokratische Arbeiterschaft sehr wohl in der Lage war, Angriffe der Rechten mit ihren traditionellen, massenhaften und weitgehend gewaltlosen Mitteln (Streik, Boykott, friedliche Demonstration etc.) abzuwehren, verstärkten sie noch die Mechanismen paramilitärischer Gegenmaßnahmen. Schon die Aufstellung des Republikanischen Schutzbundes 1923 war – im Nachhinein gesehen – eine fragwürdige Maßnahme, da die sozialdemokratische Wehrformation gegen das immer mehr ins rechte

Fahrwasser geratende Bundesheer und die Polizei kein ernsthaftes Gegengewicht darstellen konnte.[4]

Im System der Propaganda und Machtdemonstration der rechtsradikalen Gruppen, besonders des Nationalsozialismus und der Frontkämpfervereinigung, war der Zusammenstoß-Terror dagegen ein funktionales Element. Die demonstrative Abhaltung von Werbeversammlungen und Aufmärschen paramilitärischer Organisationen in bekannten Wohngebieten der „roten" Arbeiterschaft bedeutete das Eingehen eines bewußt kalkulierten Risikos blutiger bewaffneter Auseinandersetzungen. Es diente (noch) nicht primär der Zerschlagung und Unterdrückung gegnerischer Organisationen, wie dies beim „Stoßtruppterror" des italienischen Faschismus der Fall war, wo faschistische Milizen aus der näheren und weiteren Umgebung einer Stadt überfallsartig an einem einzigen Ort zusammengezogen wurden und einen tatsächlichen Machtfaktor gegenüber Sozialdemokraten und Kommunisten darstellten. Dazu reichte einerseits die Macht der „antimarxistischen" Wehrformationen insbesondere im Osten Österreichs nicht aus, andererseits war auch der österreichische Staatsapparat nicht in jenem Ausmaß korrumpiert und geschwächt wie 1922 in Italien. Die Strategie der faschistischen und reaktionären paramilitärischen Gruppen war daher insbesondere in Wien eine andere.

Wenn die demonstrative Veranstaltung in der „roten Hochburg" ungestört verlief, ließ sich dies als Erfolg der eigenen Stärke gegenüber der Anhängerschaft und dem gesamten Bürgertum, das die außerparlamentarische Macht einer für revolutionär gehaltenen Sozialdemokratie noch immer fürchtete, propagandistisch (und finanziell) ausnützen. Wenn die demonstrative Aktion die „marxistische" Arbeiterschaft aber zu Versammlungsstörungen und tätlichen Angriffen provozieren konnte und sie schließlich blutig, und zwar mit größeren Opfern auf seiten der Linken endete, worauf die faschistischen Schlägertrupps in jeder Hinsicht vorbereitet waren, dann sollte das Ergebnis wiederum zweifach sein: einerseits schwankende Gruppen der Sozialdemokratie durch die Todesopfer und Schwerverletzten einzuschüchtern; andererseits den bürgerlichen Machteliten und Wählerschichten die Gefährlichkeit des „Marxismus", dem gegenüber die faschistischen Kader nur in „Notwehr" gehandelt hätten, aufs neue zu beweisen, und sich auch so als bestes Instrument gegen den „inneren Feind" anzutragen. Diesen „Mechanismus" in Gang zu setzen und nicht die sofortige Machtübernahme aus eigener Kraft ist allen Spielarten des Faschismus in Österreich schon in den zwanziger Jahren gelungen, und diese „Gewaltspirale" mochte auch die Bemühungen des politischen Kopfes der Christlichsozialen, Ignaz Seipel, um die Bildung einer bürgerliche Einheitsfront seit 1925 und die Heranziehung der Heimwehr als eine Art „Notpolizei" schon 1927 begünstigt haben.

„Schattendorf" war kein Einzelfall. Zwar treffen nicht alle Merkmale der hier beschriebenen allgemeinen Konfliktdynamik der 1920er Jahre auch auf den „Schattendorfer Zusammenstoß" zu, doch können sie zu dessen Verständnis in einem ganz allgemeinen Sinn beitragen. Es gab dennoch besondere Faktoren, die in der burgenländischen Landespolitik, in der Grenzlandlage und in lokalhistorischen Besonderheiten Schattendorfs gelegen sind. Diesen Momenten wende ich mich in der Folge stärker zu.

Wachsende politische Spannungen im Burgenland vor 1927 und regionalgeschichtliche Ursachen

Auch nach der Gewinnung und „Landnahme" des jüngsten Bundeslandes für Österreichs, das im Herbst 1921 unter schwierigsten Umständen von Österreich gewonnen worden war, erhob Horthy-Ungarn weiterhin Ansprüche auf dieses Gebiet. Wohl deshalb, unter dem Außendruck, der das Burgenland besonders betraf, und wegen des innenpolitisch in vielen Bundesländern dieser Zeit noch bestehenden traditional-vorpolitischen, konkordanzdemokratischen Klimas, hatten die christlichsoziale und die sozialdemokratische Partei eine langlebige Koalition zur Regierung des Landes geschlossen, ein Faktor, der im allgemeinen als stabilisierend und gewaltreduzierend angesehen wird. So gab es eine Vereinbarung dieser beiden Parteien untereinander und mit dem dritten – kleineren – politischen Faktor im Lande, dem Landbund (eine Großdeutsche Partei gab es im Burgenland nicht), die im Gegensatz zum übrigen Österreich die Aufstellung paramilitärischer Verbände zunächst verhinderte.[5] Daher war dieses Bundesland innenpolitisch relativ ruhig, bis im Jahre 1926 die Frontkämpfervereinigung begann, von Wien aus Ortsgruppen auch im Burgenland zu errichten. Dies geschah, obwohl sich die burgenländische Landesregierung – einschließlich deren christlichsozialer Mitglieder – dagegen aussprach. Für eine solche Ausdehnung der Frontkämpferorganisation scheint nicht nur der „Machthunger" ihrer Wiener Führung maßgebend gewesen zu sein, wie manchmal behauptet wurde, sondern es gab eine handfeste militärstrategische Überlegung: Im Falle linker innerer Unruhen und Massenstreiks in Österreich sollte die Unterstützung der einheimischen „antimarxistischen", rechtsradikalen Verbände durch das Eingreifen ungarischer militärischer oder paramilitärischer Einheiten erleichtert werden. Dies schien der extremen Rechten jedoch solange nicht gesichert, als das Burgenland eine sozusagen neutrale Barriere zwischen Ungarn und den politisch und militärisch entscheidenden „roten" Industriegebieten des Wiener Beckens und der Steiermark bildete.[6]

Nun sprach die Frontkämpfervereinigung gerade jene Burgenländer an, denen die Verhältnisse in Österreich seit 1921 nicht dieselben Vorteile zu gewähren schienen, wie sie noch in Ungarn bestanden. Von ihr besonders angezogen fühlten sich Gutsbesitzer und ihre Untergebenen, die katholische Geistlichkeit (sie war noch in ihrer hierarchischen Ordnung von Ödenburg abhängig), Lehrer, Beamte und ehemalige k. u. k. Offiziere und Unteroffiziere. Die „Frontkämpfer" hatten daher im Burgenland im Gegensatz zu ihrem deklarierten, eher gesamtdeutsch-österreichischen Programm, aber in partieller Übereinstimmung mit der zweideutigen Stellung der christlichsozialen Partei zum Burgenlandproblem während der Restaurationsversuche Kaiser Karls, einen stark pro-ungarischen Charakter. Dies äußerte sich öffentlich etwa im Singen ungarischer Lieder und Tragen ungarischer Trachten, in Flugblättern, die den Anschluß an Ungarn forderten, und in sonstiger ungarnfreundlicher Propaganda. Darauf haben nach dem Schattendorfer Zwischenfall besonders der Sozialdemokrat Karl Renner und der Großdeutsche Ernst Schönbauer im Nationalrat hingewiesen. Auch der christlichsoziale Bundeskanzler Ignaz Seipel leugnete diesen Umstand nicht gänzlich, versicherte zwar: *„Ich bin der festen Überzeugung, daß es eine solche ungarische Irredenta nicht gibt"*, sagte aber auch: *„Ich glaube schon, daß es im Burgenland manche Leute geben wird, die mit einer gewissen Pietät an ihr früheres Vaterland zurückdenken …"*[7] Auch von ungarischer Seite aus versuchte man, das Aufkommen eines österreichischen Staats- oder burgenländischen Landesbewußtseins zu verhindern, indem man die burgenländische Bevölkerung durch Gerüchte und falsche Nachrichten beunruhigte. So wurde in einem Gendarmeriebericht, der von der burgenländischen Landesregierung allerdings „ad acta" gelegt wurde, festgestellt: „*... und es wird uns auch durch Umfrage bestätigt, daß in Ungarn, besonders an der Grenze, mit voller Bestimmtheit erklärt wird, das Burgenland komme demnächst zu Ungarn"*;[8] diesbezügliche Verhandlungen seien bereits im Gange. Die Beunruhigung wurde noch durch wiederholt in der „Arbeiter-Zeitung" erscheinende Artikel verstärkt, die vor dieser Gefahr warnen wollten, die aber den Gerüchten neue Nahrung gaben.

Die „magyaronische" Propaganda scheint auch deshalb auf fruchtbaren Boden gefallen zu sein, weil die grenznahe burgenländische Landwirtschaft infolge Absatzschwierigkeiten für Vieh und außerordentlichen Kreditmangels (verschärft durch die tatsächliche oder vermeintliche Unsicherheit der staatlichen Zugehörigkeit des Burgenlandes zu Österreich) in eine besondere Notlage geraten war. Dagegen wurde den Burgenländern, die noch durch regen Grenzverkehr mit Ungarn verbunden waren, von den Banken und Sparkassen in Budapest, Steinamanger, Raab, Ödenburg bereitwillig und unter günstigen Bedingungen Kredite gewährt. Auch waren katholische und protestantische Kreise mit der Ausdehnung des Geltungsbereichs des österreichischen Reichsvolksschulgesetzes von 1869, das in Ungarn im Schulwesen nicht die Trennung von Staat und Kirchen herbeigeführt und eine klerikale Dominanz in der Schul- und Jugendpolitik gewährleistet hatte, auf das Burgenland unzufrieden.[9]

Die „Frontkämpfer" begannen also Mitte der 1920er Jahre im Burgenland auch außerhalb ihrer bisherigen Schwerpunkte in Wien und Umgebung Ortsorganisationen einzurichten, und der Republikanische Schutzbund, dessen Mitglieder im Burgenland hauptsächlich deutschsprachige und kroatische Arbeiterbauern, Landarbeiter, Bauarbeiter und Handwerker waren, verstärkte ebenfalls seine organisatorischen und propagandistischen Aktivitäten. Insofern war die burgenländische Situation, so abgekoppelt von der übrigen österreichischen Konfliktlage sie sein mochte, dennoch eingebettet in die sich allmählich verschärfenden innenpolitischen Spannungen in ganz Österreich. Sie durchlief nun eine Phase der Parteipolitisierung der gesellschaftlichen Differenzierungen auf lokaler und regionaler Ebene. Im Rückblick kann man daher sagen, die sich später noch weiter drehende „Spirale der Gewalt" setzte bereits vor 1927, auch im Burgenland, ein.

Schon einige Monate vor dem „Schattendorfer Zusammenstoß" kam es im nicht weit entfernten Rohrbach (bei Mattersburg) zu

einem Zusammenstoß, dessen symbolisch-politische Stilelemente
(ebenfalls) waren: Kampf um den öffentlichen Raum im Dorf,
besonders um die Dorfstraße und das Wirtshaus, die Kontrolle von
Eisenbahn und Bahnhof als zentrales Transportmittel; dazu kam
die notorische Verschränkung von Versammlungs- und Gegenver-
sammlungslogik, die als voraussehbarer Höhepunkt des politischen
Dramas einen Zusammenstoß der beiden Parteien wahrscheinlich
machten. Am 16. Mai 1926, nach einer Versammlung der überwiegend von auswärts gekommenen „Frontkämpfer" im überwiegend sozialdemokratisch orientierten Ort, kam es am Bahnhof zu
gewalttätigen Auseinandersetzungen zwischen den Sozialdemokraten einerseits und Mitgliedern der Frontkämpfervereinigung und
des lokalen katholischen Burschenvereins andererseits. Die Schlä-
gereien setzen sich in den Waggons des Zugs und sogar in der
nächsten Station, Mattersburg, fort. Die Eindringlinge in die „rote"
Dorfgemeinschaft wurden abgewehrt und insgesamt sechs „Frontkämpfer" und „Burschen" verletzt. (Auf der Seite der Sozialdemokraten sind keine Verletzten bekannt geworden.) Dies ist geradezu
ein Modell des späteren „Schattendorfer Zusammenstoßes".

Politik- und mikrohistorische Ausgangslage in Schattendorf

Schattendorf ist ein Straßendorf unmittelbar parallel zur ungarischen Grenze, an der Bahnlinie Mattersburg–Ödenburg (Sopron),
gelegen. Es zählte damals etwa 2500 überwiegend deutschsprachige Einwohner, von denen im Nebenerwerb viele auch Weinbau
trieben. Fast 10 Prozent von ihnen waren 1927 arbeitslos und, wie
die Wahlen zeigten, in der Mehrzahl sozialdemokratisch orientiert.
Der Gemeinderat bestand daher aus neun Sozialdemokraten und
sechs Christlichsozialen. In dieser „roten Gemeinde" gründeten im
Sommer 1926 einige „Herren aus Wien" eine Frontkämpferorts-
gruppe.[10] Die oben schon angesprochenen strategischen Überlegungen bezüglich der Bahnlinie und des Grenzbahnhofes scheinen
dabei wichtig gewesen zu sein, vermutlich auch die eingangs skiz-
zierte politische Strategie des militanten Antimarxismus. Vereins-
lokal der „Frontkämpfer" in Schattendorf war das in der Ortsmitte
gelegene Gasthaus Tscharmann. Bereits nach etwa einem Monat
folgte mit einer Gegengründung der Republikanische Schutzbund,

dessen Hauptquartier sich im anderen Gasthaus des Ortes, eher am Ortsrand zur Nachbargemeinde Baumgarten hin, befand. Auch darin spiegelt sich die Konfliktstruktur vieler solcher burgenländischer Gemeinden, die sich aus der inneren sozialen Differenzierung ergab und zunächst nicht unbedingt und in erster Linie politisch, sondern eher sozial und ethnisch-religiös („Dorfethnos") begründet war[11]: einerseits sozialdemokratische Arbeiter und Kleinbauern, die in den Nachbargemeinden auch besonders stark in der dortigen großen kroatischen Minderheit verankert und zum Teil protestantischen (Helvetischen) Bekenntnisses waren, andererseits ebenfalls deutschsprachige Burgenländer, meist aus dem Dorfkleinbürgertum und dem landwirtschaftlichen Großbesitz, klerikal und magyarophil orientiert. Während die Frontkämpfervereinigung nur wenige Mitglieder aus der Gemeinde selbst rekrutieren konnte, maximal etwa 30, bestand der Republikanische Schutzbund im Ort bald aus etwa 70 Mitgliedern, wie selbst von dessen Gegnern eingeräumt wurde.[12] Seit dieser Zeit äußerten sich die in der dörflichen Mikrogesellschaft angelegten Konflikte in Schattendorf zunehmend auch in politisch gefärbten Drohungen, Versammlungsstörungen und Raufereien.

Schon am 25. Juli 1926 kam es auch in Schattendorf nach einer Versammlung der Frontkämpfer in dem sozialdemokratischen Gasthaus zu einer Rauferei, bei der ein alkoholisierter „Frontkämpfer" Verletzungen erlitt. Dabei wurden auch zwei Schüsse abgegeben, je einer von beiden Seiten, wie man feststellte, ohne daß dadurch jemand zu Schaden kam.[13]

Das Nachspiel eines anderen, an sich wenig bedeutungsvollen Zwischenfalles im Nachbardorf Loipersbach hätte bereits die politische Reaktion aller Parteien nach dem Freispruch im Schattendorfer Prozeß am 14. Juli 1927 voraussehbar machen können. Es war geeignet, das ohnehin geringe Vertrauen der Sozialdemokraten in die Staatsgewalt als neutrale und demokratische Ordnungsmacht weiter zu untergraben und damit der „proletarischen Selbsthilfe" zur Rechtfertigung zu dienen. In der Silvesternacht 1926/27 kam es in Loipersbach zu einer Schlägerei zwischen Angehörigen der Frontkämpfervereinigung und der SDAP, in deren Verlauf das Gasthaus, dessen Besitzer der sozialdemokratischen Partei nahestand, *„beinahe vollständig demoliert wurde"*. Als vermutliche Rädelsführer und Haupttäter wurden zwei „Frontkämpfer" festgenommen und in das Bezirksgericht Mattersburg eingeliefert. Schon am

2. Jänner 1927 *„erschien eine Abordnung der Frontkämpfervereinigung beim Gerichtsvorsteher und erklärte, für nichts einzustehen"*, falls die Beschuldigten nicht sofort enthaftet würden. Am Nachmittag desselben Tages versammelte sich eine erregte „Frontkämpfer"-Schar vor dem Gerichtsgebäude und zog erst ab, als ihr versichert worden war, daß noch am selben Tag die Vorladung sämtlicher in Betracht kommender Zeugen für den nächsten Tag verfügt werde. Am 3. Jänner kam es, während die Zeugen vernommen wurden, vor dem Gerichtsgebäude neuerlich zu einer Ansammlung von „Frontkämpfern", die schließlich von Gendarmen zerstreut wurde. *„Nach der Vernehmung der Zeugen wurden die beiden Beschuldigten … gegen Gelöbnis enthaftet, weil keine Haftgründe mehr vorlagen."* Soweit die nüchternen offiziellen Angaben,[14] doch kann man bezweifeln, daß die gegen alle Gerichtsgepflogenheit so raschen Zeugeneinvernahmen und die Entlassung der Beschuldigten ohne die Drohungen der „Frontkämpfer" erfolgt wären.

Das Nachspiel des Zwischenfalls in der Sylvesternacht ist jedoch das eigentlich interessante Geschehen in unserem Zusammenhang. Es war gewissermaßen Teil eines politischen „Spiels", das in der Zwischenkriegszeit alle gegnerischen Lager praktizierten und in dem es darum ging, je nach ihren Stärkeverhältnissen durch Demonstrationen und offene oder verdeckte Drohungen auf Entscheidungen der Gerichte und Behörden Einfluß zu nehmen. Solche Drohungen seitens der Frontkämpferorganisation wiederholten sich oder wurden antizipiert auch nach dem nächsten relevanten Ereignis, dem Zusammenstoß am 30. Jänner 1927 in Schattendorf. Der zuständige Richter in Mattersburg war daher offensichtlich erleichtert, schon am 1. Februar 1927 die „heißen Kartoffeln" an das Landesgericht für Strafsachen II in Wien weiterreichen zu können: *„Der gefertigte Gerichtsvorsteher überstellt von amtswegen die hg. wegen § 134 StG. in Haft genommenen Josef Tscharmann sen., Josef Tscharmann jun., Hieronymus Tscharmann und Johann Pinter, da seitens der Frontkämpferpartei die Absicht besteht, die Verhafteten gewaltsam aus dem Gerichtsgefängnis zu befreien und die dem gefertigten Gerichte zur Verfügung stehende Gendarmeriebedeckung im Ernstfalle nicht ausreichen würde."*[15]

Die Sozialdemokraten hatten aus anderen Anlässen und an Orten, wo die politischen Kräfteverhältnisse eher zu ihren Gunsten standen, allerdings ebenfalls ähnlich agiert. Schon nach dem 30. Jänner 1927 befürchteten sie aus langer Erfahrung und eigener

Praxis eine Einflußnahme auf das kommende Gerichtsverfahren zugunsten der politischen Rechten. In der Tat gaben die milden Urteilssprüche in den Prozessen gegen Nationalsozialisten und Monarchisten, die der Tötung sozialdemokratischer Parteimitglieder in den Jahren 1923 und 1925 dringend verdächtigt wurden, berechtigterweise Anlaß, die Objektivität der Gerichte auch bei der Behandlung der Schattendorfer Ereignisse in Zweifel zu ziehen. Dies war schon Anfang Februar 1927 der Fall und wiederholte sich – in gesteigertem Maße – während des Prozesses im Juli desselben Jahres. Die Massenproteste am 15. Juli 1927 können daher aus derselben Logik des Infragestellens und Beeinflussens der – in der Tat oft nicht objektiv verfahrenden – Gerichte abgeleitet werden. Unter diesem Aspekt war der heftige Protestausbruch der Wiener sozialdemokratischen Arbeiterschaft am 15. Juli nichts Einmaliges, sondern fast schon ein alltägliches Element der außerkonstitutionellen Politik dieser Zeit.

Der „Zusammenstoss" am 30. Jänner 1927

Bis zu dem unheilvollen Sonntag Ende Jänner 1927 hatte in Schattendorf die Gepflogenheit bestanden – ein Zeichen des noch vorhandenen Verständigungswillens –, daß Sozialdemokraten und „Frontkämpfer" ihre Versammlungen vierzehntäglich, aber alternierend abhielten. Im Einklang mit dieser Gewohnheit hatte die Ortsgruppe Schattendorf der Frontkämpfervereinigung für den 30. Jänner 1927, drei Uhr nachmittags eine größere Versammlung in ihr übliches Versammlungslokal, das Gasthaus Tscharmann, einberufen; dazu sollten auch aus den Nachbarorten und aus Wien Abordnungen erscheinen. Gerüchte im Ort wollten sogar wissen, auch „die Ungarn" würden kommen. Diese Verstärkung von außen war sozusagen schon eine Gepflogenheit in einem Gebiet, wo die Zahl der Einheimischen nicht ausreichte, um die Reihen der „Frontkämpfer" ihren Gegnern gegenüber imponierend aufzufüllen und im Falle von Zusammenstößen nicht vollends in der Minderheit zu bleiben.

Für denselben 30. Jänner beriefen nun jedoch auch die Sozialdemokraten für dieselbe Stunde in „ihrem" Gasthaus Moser eine Versammlung ein, die durch Schutzbündler aus den Nachbardörfern Klingenbach, Baumgarten und Draßburg verstärkt werden sollte. Diese Versammlung war im Gegensatz zu der Veranstaltung der „Frontkämpfer" nicht behördlich angemeldet, angeblich jedoch bereits seit längerem geplant gewesen.[16]

Da bekannt geworden war, daß der ehemalige Oberst Hermann Hiltl, der gesamtösterreichische Führer der Frontkämpfervereinigung, in deren Versammlung sprechen sollte, waren die Schutzbündler aus der eigenen Demonstrations- und Gegendemonstrationslogik heraus umso mehr darauf aus, den Zuzug auswärtiger Gegner und Hiltls – notfalls auch gewaltsam – zu verhindern. Am 30. Jänner marschierte deswegen am frühen Nachmittag eine beträchtliche Macht von ungefähr 200 Schutzbündlern zum Bahnhof Loipersbach-Schattendorf. Damit war bereits der Weg in eine Konfrontation eingeschlagen, da der bisher einigermaßen eingespielte, praktische Konfliktvermeidungsmechanismus nicht mehr eingehalten werden konnte: Trennung von gegnerischen Versammlungen nach Zeit und Raum. Denn in einem so kleinen Dorf mit nur einer Dorfstraße, an der sowohl die beiden „politischen" Gasthäuser als auch der Bahnhof lagen, war es praktisch unvermeidlich, daß die gegnerischen Gruppen direkt aufeinander trafen, selbst wenn dies nicht geplant gewesen wäre. Die örtlichen Schutzbundführer waren sich dieser Gefahr auch durchaus bewußt, deswegen (oder trotzdem) wollten sie den auswärtigen Zuzug der „Frontkämpfer" bereits am Bahnhof Loipersbach-Schattendorf abblocken.

Als der Zug der sozialdemokratischen Versammlungsteilnehmer, die Dorfstraße benützend, um etwa 13.30 Uhr am Gasthaus Tscharmann vorbeikam,[17] blieben einige Schutzbündler – etwa 15 an Zahl – zurück und gingen in das Schanklokal. Die eine Version der Vorgänge lautet nun: um sich die einheimischen „Frontkämpfer" aus der Nähe anzuschauen und ein Glas Wein zu bestellen.[18] Die andere Version lautet: die Schutzbündler hätten gleich geschrien: *„Die Bude gehört uns, hier gibt es kein Heil, hier herrscht Freundschaft"*, und verlangt, daß die Eingangstür zugesperrt werde. Josef Tscharmann jun. und einige andere „Frontkämpfer" drängten sich an den Schutzbündlern vorbei in den Hof und liefen in das gegenüberliegende Wohnhaus, von wo Tscharmann aus einem der schon am Vormittag bereitgelegten Jagdgewehre zwei Alarmschüsse abgab. Als daraufhin der Gendarmerieinspektor des Orts herbeigeeilt kam, verlangten die Schutzbündler, daß das Gasthaus sofort nach den Waffen durchsucht werde. Ohne daß dies geschehen wäre, konnten sie jedoch schließlich zum Abzug bewogen werden, da sie ja auch rechtzeitig zum Bahnhof als Verstärkung der dortigen Genossen kommen wollten.[19]

Etwa zur selben Zeit nahmen die Schutzbündler beim Viadukt der unter der Bahnlinie durchführenden Straße Schattendorf – Loipersbach beim Bahnhof Aufstellung, um die mit dem Zug aus Mattersburg erwarteten auswärtigen „Frontkämpfer", darunter Hiltl, wie sie annahmen, am Verlassen des Bahnhofs zu hindern. Als von Loipersbach gegen 40 Mitglieder der dortigen Ortsgruppe der Frontkämpfervereinigung heranzogen, um die Wiener und Mattersburger Kameraden zu empfangen, traten ihnen ihre Gegner entgegen. Es kam zu Tätlichkeiten, und die „Frontkämpfer" mußten sich, da in der Minderheit, zurückziehen.[20]

Um 15.45 Uhr näherte sich auch der Eisenbahnzug aus Richtung Mattersburg mit den erwarteten „Frontkämpfern". Da der Bahnhofsvorstand eine Konfrontation vermeiden wollte, hielt er den Zug kurz außerhalb des Bahnhofsgeländes an. Etwa zehn Mann „Frontkämpfer", darunter Hauptmann a. D. Anton Seifert und der Sekretär der Frontkämpfervereinigung Landgraf, stiegen trotz der Warnungen des Bahnbeamten aus und marschierten zum Bahnhofsgebäude. Oberst Hiltl war nicht darunter, was die Schutzbündler, denen es vor allem um die symbolische Niederlage Hiltls persönlich ging, zunächst noch nicht wahrnahmen.[21] Die Sozialdemokraten versperrten den Angekommenen den Weg, es kam zu einer kurzen Rauferei, bei der die ledernen Gürtelriemen und Knüppel der Schutzbündler drei „Frontkämpfern" leichte Verletzungen beifügten; die zwei beim Bahnhof anwesenden Gendarmen waren dabei und vorher eher untätig geblieben, was ja auch ihrer realen Stärke angemessen war. Die „Frontkämpfer" verschanzten sich im Bahnhofsgebäude, das die bei weitem in der Mehrheit befindlichen Schutzbündler nun belagerten. Gendarmen und Bahnhofsvorstand vermittelten, die Schutzbundkommandanten konnten das Bahnhofsgebäude betreten, und es begannen Verhandlungen. Dabei überzeugten sich die Schutzbündler, daß Hiltl nicht anwesend war, und man kam überein, daß die aus Mattersburg und Wien Angekommenen auf ihre Teilnahme an der Frontkämpferversammlung in Schattendorf verzichteten. Die „Frontkämpfer" zogen sich, anfangs noch begleitet von den Gendarmen, entlang der Bahnlinie nach Mattersburg zurück, die Schutzbündler marschierten – triumphierend, wie anzunehmen ist – wieder in den etwa einen Kilometer entfernten Ortskern.[22]

Aus der Sicht der „Frontkämpfer" im Ort, die unterdessen von übertriebenen Gerüchten von den Vorgängen informiert und beunruhigt waren, sah dies so aus: *„Zirka um 4 Uhr nachmittags marschierten die Schutzbündler neuerdings beim Gasthaus, und zwar in umgekehrter Richtung vom Bahnhof Schattendorf-Loipersbach kommend, vorbei, indem sie schrien: ‚Nieder mit den Frontkämpfern, nieder mit den christlichen Hunden, nieder mit den monarchistischen Mordbuben!'"*[23] Das waren durchaus Attribute, die dem Tenor der Presse aller großen Konfliktparteien dieser Jahre entsprachen. Hinter den einheimischen uniformierten (und mit Schlagwaffen ausgerüsteten) Schutzbündlern marschierten die Sozialdemokraten der Nachbarorte, die kroatische Lieder sangen, dahinter andere Dorfbewohner, auch Frauen, und Kinder liefen neben dem Aufmarsch her. Schon gegen Mittag hatten die „Frontkämpfer" im Gasthaus Tscharmann, überwiegend Angehörige der Familie des Wirts selbst, Jagdgewehre mit Schrotpatronen geladen und in einigen Zimmern des Hofes, der dem landesüblichen Streckhof entsprach, bereitgelegt.

Einige Schutzbündler lösten sich vor dem Gasthaus Tscharmann aus dem Demonstrationszug, riefen *„Kummt's außa, wenn's euch traut's"* und drangen in den Innenhof und die Küche des Gasthauses ein. In dem entstehenden Durcheinander zogen sich die beiden Söhne des Wirts, Josef und Hieronymus, der Schwiegersohn des Wirts, Johann Pinter, und etwa 15 andere „Frontkämpfer" in die Privatwohnung der Tscharmanns auf der anderen Seite des Innenhofes zurück. Pinter beschrieb dies mit folgenden Worten: *„Als die Schutzbündler verschiedene Schimpfworte gebraucht und die Kroaten sich in den Hof hereingedreht hatten, liefen wir über den Hof ins Wohnhaus."*[24] Dort eben waren die Schußwaffen bereitgelegt. Josef Tscharmann gab nur durch das Fenster des rückwärtigen Zimmers einige Schüsse in die Richtung des Hofes ab, wo sich etwa 30 Schutzbündler aufhielten. Getroffen wurde durch diese Schüsse niemand. Daraufhin begannen auch Hieronymus Tscharmann und Pinter von einem straßenseitigen, vergitterten Fenster des Wohnhauses auf die Straße zu schießen, wo die überwiegende Mehrzahl der Schutzbündler im Demonstrationszug vorbei- bzw. schon abmarschierten. Auch Josef Tscharmann kam in das vordere Zimmer und gab noch mindestens einen Schuß ab, wie er später gestand (siehe den Lageplan aus dem Gerichtsakt[25]).

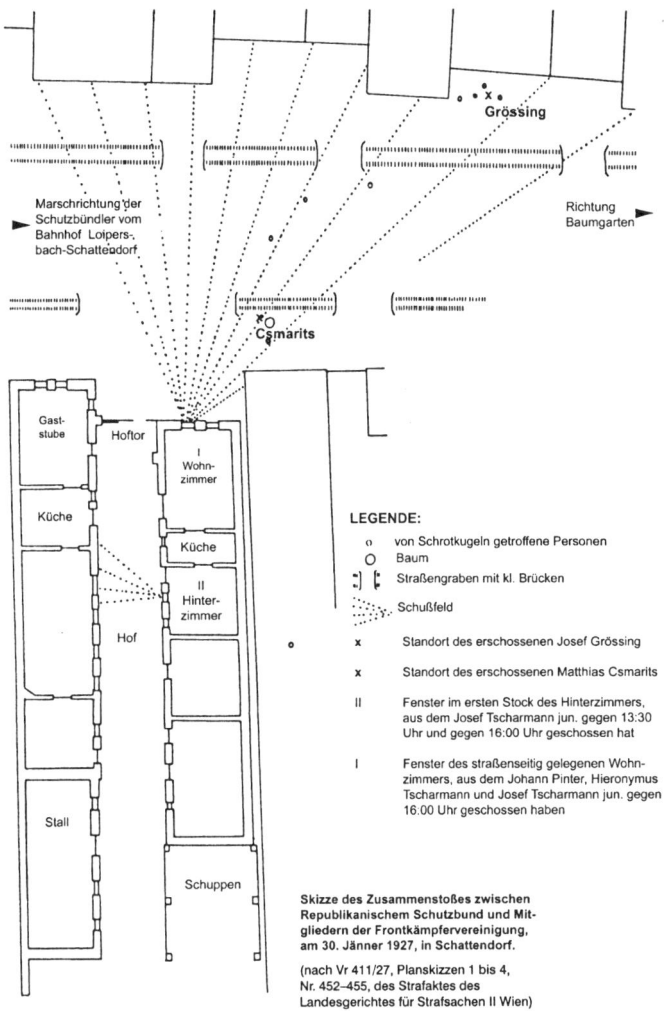

Marschrichtung der Schutzbündler vom Bahnhof Loipers-, bach-Schattendorf

Richtung Baumgarten

Grössing

Csmarits

Gast-stube

Hoftor

I Wohn-zimmer

Küche

Küche

II Hinter-zimmer

Hof

Stall

Schuppen

LEGENDE:

o	von Schrotkugeln getroffene Personen
O	Baum
:] [:	Straßengraben mit kl. Brücken
...	Schußfeld
x	Standort des erschossenen Josef Grössing
x	Standort des erschossenen Matthias Csmarits
II	Fenster im ersten Stock des Hinterzimmers, aus dem Josef Tscharmann jun. gegen 13:30 Uhr und gegen 16:00 Uhr geschossen hat
I	Fenster des straßenseitig gelegenen Wohn-zimmers, aus dem Johann Pinter, Hieronymus Tscharmann und Josef Tscharmann jun. gegen 16:00 Uhr geschossen haben

Skizze des Zusammenstoßes zwischen Republikanischem Schutzbund und Mit-gliedern der Frontkämpfervereinigung, am 30. Jänner 1927, in Schattendorf.

(nach Vr 411/27, Planskizzen 1 bis 4, Nr. 452–455, des Strafaktes des Landesgerichtes für Strafsachen II Wien)

Das dabei verwendeten Schrot verletzte acht Personen, fünf davon schwer, und töteten den achtjährigen Josef Grössing und den kroa-tischsprachigen Hilfsarbeiter Matthias Csmarits (auch: Zmaritsch) aus Klingenbach. Der vierzigjährige Csmarits, Mitglied des Repu-blikanischen Schutzbundes, hatte im Krieg ein Auge verloren. Ihn traf eine volle Schrotladung von hinten in Kopf und Nacken, der kleine, am Straßenrand zusehende Grössing, den eine Vielzahl von

Schrotkörnern traf, starb an einem Herzschuß. Nach den verhängnisvollen Schüssen flohen die Täter, die allgemeine Panik ausnützend. Auf die Fliehenden wurde ein Schuß, der einzige, der bei diesem Zwischenfall gegen die Frontkämpfer gerichtet war, abgegeben, ohne jemanden zu treffen.[26] Bezeichnenderweise waren während des Zusammenstoßes auch die Fensterscheiben des Gasthauses unbeschädigt geblieben. Man fand nur drei Steine, die gegen die Hauswand geschleudert worden waren.[27]

Weshalb hatten die Brüder Tscharmann und Johann Pinter die tödlichen Schüsse abgegeben? Echte Notwehr ist ausgeschlossen. Ebenso ist nicht wahrscheinlich, daß die „Frontkämpfer" die Absicht hatten, gezielt zu töten. Die im Gasthaus Tscharmann versammelten „Frontkämpfer" hatten durch die Gerüchte von den Zwischenfällen am Bahnhof und der beschämenden Niederlage erfahren. Das hatte sie offensichtlich in Angst und ohnmächtigen Zorn gegen die Schutzbündler versetzt. Als eine neuerliche Provokation der siegessicheren, zahlenmäßig überlegenen Schutzbündler erfolgt war und diese in den Hof eingedrungen waren, wollten sie ihren Gegnern mit den Schrotbüchsen vermutlich einen „Denkzettel" geben. Daß die Schüsse infolge der geringen Entfernung und des zufälligerweise größeren Durchmessers der geladenen Schrotpatronen tödlich sein könnten, dürften sie übersehen haben. Diese Version etwa vertrat jedenfalls der Staatsanwalt im Prozeß gegen die Täter, der eine *„Anklage wegen boshafter Gefährdung einer Menschenmenge"* als voll berechtigt bezeichnete.

Interessant ist auch die Tatsache, daß sich unter den Schutzbündlern, die aus den Nachbardörfern, in denen eine starke kroatische Minderheit lebte, nach Schattendorf gekommen waren, zahlreiche Angehörige der kroatischen Volksgruppe befanden. Für die Frontkämpfer Schattendorfs war „Kroate" – „Krowot" – überhaupt ein Synonym für Schutzbündler. Dieser Umstand läßt diesen Zusammenstoß als eine Art Nationalitätenkampf auf dem Dorfe erscheinen, bei dem magyarophile „Frontkämpfer" kroatischen und deutsch sprechenden Sozialdemokraten gegenüberstanden. In Schattendorf verstärkten die nationalen Gegensätze die politischen und sozialen, teils überlagerten sie sie.

Die relativ immer noch wenig politisierte Dorfgesellschaft im Burgenland kann jedoch auch die überraschende Tatsache erklären, daß sich im Burgenland bis zum Aufkommen des Nationalsozialismus im Jahre 1929 keine weiteren Zusammenstöße mehr ereigneten und „Schattendorf" eine Ausnahme blieb. Der Umstand, daß hier – generalisierend gesehen – ein Familien-Clan mit seiner Gefolgschaft, eben die einheimischen „Front-kämpfer", mit einer Mehrheit sozial und besitzmäßig „unten" ste-hender Arbeiterbauern zusammenstieß, läßt hinter der politischen Fassade des so tragisch verlaufenden Zwischenfalls auch ein Wei-terleben historisch alter Dorfkonflikte vermuten, vielleicht sogar mit einem Beigeschmack von Sippenkampf. Allerdings wäre noch eine genauere Untersuchung der familialen Zusammenhänge, die nur für die Täterseite einigermaßen nachvollziehbar sind, erfor-derlich.

So sehr auch die Konfliktkonstellation und das Ablaufmuster des „Schattendorfer Zusammenstoßes" den eingangs beschriebe-nen Zusammenstößen entsprach, die burgenländischen „Front-kämpfer" unterschieden sich doch, so scheint es, was die Gezieltheit und Brutalität des Einsatzes von Schußwaffen betrifft, beträchtlich von den Tätern in den bereits mehrfach als Vergleichs- und viel-leicht Kontrastfälle herangezogenen tödlich verlaufenden Zusam-menstößen im industriell-städtischen Milieu. Vielleicht wirkte das enge Dorfmilieu, wo praktisch jeder jeden kannte, doch auch wieder gewalthemmend. Erst aus der Panik, in der sich die „Front-kämpfer" wahrscheinlich befanden, wird deren Verhalten voll ver-stehbar.

UNMITTELBARE FOLGEN VON „SCHATTENDORF"

Bereits am 31. Jänner erfuhr das ganze Land durch die Pressebe-richte von dieser Gewalttat, die sofort als eine weitere in einer Kette ähnlicher Fälle erschien. In den meisten Fabriken Wiens drückten die Arbeiter ihre leidenschaftliche Erregung durch Protestkundge-bungen aus.[28] In mehreren Großbetrieben Wiens und des Wiener Neustädter Gebiets kam es zu spontanen Streiks. Daß die Arbeiter auf die Wiener Ringstraße zogen, um zu demonstrieren, wurde von den sozialdemokratischen Vertrauensmännern verhindert.

Die „Arbeiter-Zeitung" brachte unter der Großüberschrift „Von Frontkämpfern ermordet" einen scharfen, auch sprachlich auf-peitschenden Artikel gegen den „Soldatenauspeitscher Hiltl" und seine *„Mordbande".*[29] Der Haß der Arbeiterklasse, der Zorn und die Erregung seien ungeheuer wegen dieses neuerlichen *„infamen*

Mords" an Arbeitern. In dieser Diktion spiegelte sich die schon radikalisierte Sprache der politischen Presse beider Seiten, vor allem seit der Ermordung Mohapls wider.[30] Denn am Tag nach diesem – ganz anders gelagerten – Mord, am 2. August 1925, hatte schon die christlichsoziale Seite in ihrem publizistischen Sprachrohr, der „Reichspost", eine bis dahin eher nur für die nationalsozialistische Agitation typische Schlagzeile gebracht: *„Von Schutzbündlern hingeschlachtet".* Die „Arbeiter-Zeitung" imitierte nach eineinhalb Jahren bereits den Stil ihrer Gegner. Die Spirale der sprachlichen Gewalt war also in Gang gekommen, und sie gehört auch direkt zur Vorgeschichte des 15. Juli 1927.

Selbst die „Neue Freie Presse"[31] schrieb damals schon: *„Aber diese Fehler* [des Republikanischen Schutzbundes] *bedeuten doch wenig im Vergleich zu der beispiellosen Roheit, mit der zweimal gegen die Schutzbündler mit Gewehrkugeln geschossen wurde, ohne äußerste Bedrängnis, ohne Provokation, ohne übermäßige Sorge für Leib und Leben. Solche unerhörte Vorgänge müssen natürlich kochende Erregung erzeugen, Bedürfnis nach Rache."* Auf derselben Linie sollte Monate später auch der Artikel dieser liberal-bürgerlichen Zeitung nach dem Fehlurteil im Schattendorfer Prozeß liegen. Dagegen sprach die „Reichspost"[32] Ende Jänner 1927 von einem *„perfiden Anschlag auf die öffentliche Meinung"* und der *„abgrundtiefen Verlogenheit der im Dienste der Sozialdemokratie ausgeheckten Berichte".* Sie brachte eine den Tatbestand entstellende Darstellung der Frontkämpfervereinigung, die mit folgenden Worten schloß: *„Sollte ein Frontkämpfer in größter Lebensgefahr gegen ein wehrloses Niederschießen ebenfalls einen Revolver gebraucht haben, so darf das wohl niemand wundernehmen."* Und die „Reichspost" empfahl schließlich ihren Lesern – dabei geschah ein augenfälliger Druckfehler: *„Man vergleiche nur die wahnhaft* [sic!] *sensationell wirkenden Feststellungen in der Darstellung der Ereignisse durch die Frontkämpfervereinigung ... mit den Berichten gegnerischer Blätter."*[33]

Am 2. Februar 1927, am Tage des Begräbnisses der beiden Toten, das von der SDAP zu einer machtvollen Demonstration ihrer Stärke im Burgenland und einer antireaktionären Politik gegen Ungarn verwendet wurde, fand in ganz Österreich ein viertelstündiger Generalstreik statt; er sollte ein Zeichen der Trauer und der Demonstration der Stärke für die Auflösung der „promagyarischen Organisationen", d.h. vor allem der Frontkämpfervereinigung und anderer militanter monarchistischer Gruppen sein.[34] Am folgenden Tag wurden die Ereignisse im Nationalrat erregt diskutiert.

In der Folgezeit verstummte nur allmählich die Polemik in der Parteipresse. In das Gedächtnis der sozialdemokratischen Arbeiterschaft war „Schattendorf" tief eingraviert und bereits ein Symbol des Unrechts der Rechten an der Linken geworden.[35] Sie erwartete jetzt Genugtuung im Prozeß gegen die Täter, die bald nach der Tat verhaftet worden waren.

Anmerkungen

1 Allgemein: Michel Dobry: „Ereignis" und Situationslogik: Lehren, die man aus der Untersuchung von Situationen politischer Unübersichtlichkeit ziehen kann, in: Andreas Suter / Manfred Hettling (Hg.): Struktur und Ereignis, Göttingen 2001 (Geschichte und Gesellschaft, Sonderheft 19), S. 75–98

2 Ausführlich siehe: Gerhard Botz: Gewalt in der Politik. Attentate, Zusammenstöße, Putschversuche, Unruhen in Österreich 1918–1938, München 1983.

3 Ebda.: S. 104 ff.; zur allg. Literatur zum Folgenden vor allem: Ernst Hanisch: Der lange Schatten des Staates. Österreichische Gesellschaftsgeschichte im 20. Jahrhundert, Wien 1994; Detlef Lehnert: Politischkulturelle Integrationsmilieus und Orientierungslager in einer polarisierten Massengesellschaft, in: Emmerich Talos u. a. (Hg.): Handbuch des politischen Systems Österreichs, Wien 1995, S. 431–443

4 Ilona Duczynska: Der demokratische Bolschewik. Zur Theorie und Praxis der Gewalt, München 1975

5 Günter Michael Unger: Die Christlichsoziale Partei im Burgenland, Eisenstadt 1965; Stenographische Protokolle über die Sitzungen des Nationalrates der Republik Österreich, II. Gesetzgebungsperiode, Wien 1927, Bd. 4, 3.2.27, S. 4516 f.

6. Eine Zeugenaussage im Prozeß gegen den Attentäter auf Bundeskanzler Ignaz Seipel, Karl Jawurek, liefert einen interessanten, damals und zum Teil auch heute kurios anmutenden Einzelbeleg für diese aus diplomatischen Quellen und Forschungen bekannten Bestrebungen Ungarns. Der Zeuge, Bela Reich, ungarischer Staatsbürger, 1919 Telegraphist bei der Roten Armee, hatte im Jänner 1920 in Ofen mit seinem Telegraphenapparat ein Gespräch zwischen dem damaligen ungarischen Ministerpräsidenten Istvan Friedrich und Oberleutnant Iwan Hejas abgehört und berichtete darüber (Vr 3746/24-65-219 ff.): „Es wurde – und dies wurde später tatsächlich durchgeführt – die Gründung eines politischen christlichsozialen Vereines beschlossen. Außerdem wurde ein zehnjähriger Kontrakt geschlossen, dem zufolge bis längstens 1929 im Zusammenwirken mit Italien die Revolutionierung der Bevölkerung in den anderen Staaten (so

auch in Österreich) ... stattfinden solle. Im Ausland sollten – und auch dies wurde tatsächlich durchgeführt –, Banden (so im Burgenlande) und Organisationen von dorthin entsandten ungarischen christlichsozialen Agitatoren begründet werden, welche in anarchistischer Weise die Vorbereitung des großen Umschwunges zugunsten des zu erneuernden Ungarns durchführen sollten ... bis zum Jahre 1929 sollte in Mitteleuropa alles im ungarisch-christl.-soz. Sinne politisch umgestaltet werden. Diese Umgestaltung soll, wie erwähnt, im Einvernehmen mit Italien geschehen und ein Großungarn und ein Großitalien schaffen." Diese für Österreichs Demokratie bedrohlichen Fäden zwischen Ungarn und Italien waren also schon 1920 geknüpft worden (Burgenlandkrisen). Siehe hiezu etwa: Lajos Kerekes: Die „Weiße Alianz". Bayrisch-österreichische Projekte gegen die Regierung Renner im Jahre 1920, in: Österreichische Osthefte 7.5 (1965); vor allem derselbe: Abenddämmerung einer Demokratie. Mussolini, Gömbös und die Heimwehr, Wien 1966.

7 Stenographische Protokolle, II, 3.2.27, S. 4520 und 4496.

8 Ebda.: S. 4521, Abgeordneter Schönbauer

9 Ebda.: S. 4520 f.

10 Aussagen im Schattendorfer Prozeß von Josef Tscharmann und des Bürgermeisters von Schattendorf, Grafl: „Neue Freie Presse" (in Hinkunft abgekürzt: NFP), „Abendblatt" (abgekürzt: Abl.), 5.7.27, S. 3; NFP, Abl., 6.7.27, S. 3

11 Vgl. Gerhard Baumgartner / Berhard Perchinig, in: Ursula Hemetek (Hg.): 6 x Österreich. Geschichte und aktuelle Situation der Volksgruppen, Klagenfurt 1995.

12 Josef Tscharmann: NFP, Abl., 5.7.27, S. 3

13 Amtliche Darstellung der Burgenländischen Landesregierung: „Reichspost" (in Hinkunft abgekürzt: RP.), 4.8.26, S. 5

14 Von Bundeskanzler Seipel verlesener Bericht des Vorstehers des Bezirksgerichtes Mattersburg: Stenographische Protokolle, II, 3.2.27, S. 4499 f.

15 Strafsache gegen Josef Tscharmann und Gen. wegen § 87 StG., Aktenzeichen Vr 411/27-34-17. – Landesgericht für Strafsachen II, Wien.

16 NFP, Abl., 5.7.27, S. 3; Stenographische Protokolle, II, 3.2.27, S. 4497; Garscha / McLoughlin, Wien 1927, S. 10 f.

17 Sehr ausführlich Winfried R. Garscha / Barry McLoughlin: Wien 1927. Menetekel für die Republik, Wien 1987

18 Garscha / McLoughlin. S. 13 f.

19 Vr 411/27-16-32 ff.

20 RP, 1.2.27, S. 6

21 Oberst Hiltl hatte sich möglicherweise unbemerkt entfernt oder war im weiterfahrenden Zug geblieben. Nach einer anderen Version hatte Hiltl schon am Vortag abgesagt und ließ sich durch Hauptmann Seifert und Landgraf vertreten, wie im Prozeß festgestellt wurde (Vr411/27-16-33c; RP, 1.2.27, S. 6).

22 NFP, 31.1.27, S. 4; Stenographische Protokolle, II, S. 4497; Garscha / McLoughlin, S. 15 f.

23 Aussage Josef Tscharmanns: Vr 411/27-16-32

24 Aussage Johann Pinters: Vr 411/27-261-537

25 Vr 411/27-16-32; 32a

26 NFP, 31.1.27, S. 3

27 Amtlicher Bericht: NFP, 1.2.27, S. 3

28 Charles A. Gulick: Österreich von Habsburg zu Hitler, Bd. 2, Wien (1950), S. 482

29 AZ, 31.1.27, S. 1

30 Hiezu sind einige Seminararbeiten, die in meinem Seminar im Wintersemester 2001/02 an der Univ. Wien ausgearbeitet werden, aufschlußreich, vor allem die von: Clemens Stachel, Georg Brockmeyer, Christian Bruckner, Herbert Edlinger, Robert Kornmüller und Answer Lang.

31 NFP, 1.2.27, S. 1

32 RP, 31.1.27, S. 1

33 Ebda.

34 Gulick, Bd. 2, S. 482

35 Weitaus weniger bedeutungsvoll als der „Justizpalastbrand", siehe dazu: Gerald Stieg: Frucht des Feuers. Canetti, Doderer, Kraus und der Justizpalastbrand, Wien 1990.

Gerhard Botz

Der „15. Juli 1927": Ablauf, Ursachen und Folgen

Noch in der Nacht zum 15. Juli breitete sich die Nachricht von dem Urteil im „Schattendorfer Prozeß" unter der Bevölkerung Wiens aus.[1] Die Nachtschicht der Städtischen Elektrizitätswerke war unter den ersten, die davon erfuhr. Da gerade die Belegschaft dieses Betriebes stark links orientiert war und nicht wenige Mitglieder der kommunistischen Partei einschloß, löste die Nachricht hier sofort einen Empörungssturm aus. Die Betriebsräte beschlossen daher, am Morgen eine Protestaktion zu unternehmen.[2]

Im sozialdemokratischen Parteihaus an der Rechten Wienzeile, wohin die E-Werksarbeiter eine Delegation entsandten, war keine eindeutige Stellungnahme zu erhalten. Der intellektuelle Führer der Sozialdemokratie, Otto Bauer, wich einem Zusammentreffen mit den Delegierten aus.[3] Friedrich Austerlitz, der Chefredakteur der „Arbeiter-Zeitung", hatte sich eben die Empörung in den flammenden Worten seines Leitartikels vom Leibe geschrieben. Zwar gefielen diese Worte den Arbeitern, aber klare Weisungen konnte er der Delegation nicht geben. Angeblich war es der spätere Kommunist Ernst Fischer, damals seit kurzem Redakteur bei der „Arbeiter-Zeitung", der vorschlug: *„Selbstverständlich Generalstreik, Demonstration auf der Ringstraße …, aber spontan, nicht auf Weisung der Partei, sondern aus dem revolutionären Empfinden der Arbeiter."* Aber Richtlinien des sozialdemokratischen Parteivorstandes lagen nicht vor. So zog die Delegation unverrichteter Dinge wieder ab, allerdings nicht ohne ihre feste Entschlossenheit zum Streik ausgedrückt zu haben.[4]

Die sozialdemokratische Parteiführung stand vor einem schweren, kaum lösbaren Problem: Wie den Protest gegen das Schwurgerichtsurteil äußern und zugleich die Schwurgerichtsbarkeit nicht mit dem Odium des Versagens belasten? Man vermeinte eine Entscheidung herbeiführen zu können, indem man sich nicht entschied. So weit heute überschaubar, waren Otto Bauer, Austerlitz, Karl Seitz und andere der Meinung, es würde am 15. Juli spontan zu lokalen und zeitlich begrenzten Arbeitsniederlegungen kommen. Demonstrationen vor dem Parlamentsgebäude könnten

sie aber nach einigen scharfen Worten gegen die „Bürgerlichen"
von der Parlamentsrampe aus wieder beruhigen und zur Rückkehr zum Arbeitsplatz veranlassen, wie das in der Geschichte der
Ersten Republik immer wieder der Fall gewesen war.[5] *„Man kann
die Arbeiter nicht immer zurückhalten ... Sollen die Bürgerlichen
nur einmal sehen, daß sich die Arbeiter nicht alles gefallen lassen. Es
wird schon nichts geschehen ..."*, war die vorherrschende Meinung
im Parteihaus an der Rechten Wienzeile, wie der sozialdemokratische Journalist Otto Leichter schon 1934 mitteilte.[6]

Unter diesem Aspekt ist auch der bekannte Leitartikel Austerlitz' in der „Arbeiter-Zeitung" vom 15. Juli zu verstehen, der dem
tief verletzten Gerechtigkeitsgefühl aller Sozialdemokraten und
vieler Bürgerlich-Liberaler[7] Ausdruck verlieh und vor dem „schweren Unheil" warnte, das aus fortgesetzter Versagung der Gerechtigkeit entstehen müsse. Obwohl durchaus nicht als Aufforderung
zum Handeln gedacht, suggerierte dieser Artikel doch bis zu
einem gewissen Grad Protestdemonstrationen. *„Die Sozialdemokratie, sonst immer mit sicherem Instinkt für die Massenstimmung,
verkannte zweifellos die Größe der Gefahr, die Partei blieb in diesem
entscheidenden Augenblick inaktiv"*, schrieb der dem linken Flügel
der sozialdemokratischen Partei angehörende Otto Leichter, während im Oktober 1927 Karl Renner von rechts kritisierte: *„Ich habe
den Eindruck, daß, wenn am Morgen des 15. Juli die ,Arbeiter-Zei-
tung' gesagt hätte – breiter, wirksamer, was ich in 3 Worten sage:
,Das Urteil ist furchtbar, morgen wird die Parteivertretung Stellung
nehmen, bis dorthin Gewehr bei Fuß', so wäre vielleicht nach mensch-
lichem Ermessen das Ärgste verhütet worden."*[8]

Während die Auslieferung der „Arbeiter-Zeitung" am 15. Juli
begann, faßten zwischen fünf und sechs Uhr früh die Betriebsräte der Städtischen Elektrizitätswerke in der Mariannengasse im
9. Bezirk endgültig den Beschluß, von acht bis neun Uhr zum Zeichen des Protestes den elektrischen Strom für die Straßenbahn
abzuschalten. Julius Deutsch, der Obmann des Republikanischen
Schutzbundes, versuchte zwar die E-Werksarbeiter vom Streik abzuhalten. Er dürfte als einer von wenigen die Tragweite dieser Protestaktion geahnt haben, konnte sie doch zum Fanal für einen allgemeinen Streik werden. Seine Bemühungen blieben aber erfolglos.[9]

Bald nach Arbeitsbeginn und Erscheinen der „Arbeiter-Zeitung" fanden in vielen Wiener Großbetrieben stürmische Protest-
versammlungen statt. Nun wäre es für die verantwortlichen sozial-

demokratischen Funktionäre an der Zeit gewesen, im Sinne ihrer bisherigen Taktik den Republikanischen Schutzbund zur Ordnung der voraussehbaren Demonstrationszüge einzuberufen. Aber es geschah nichts dergleichen, um der Protestbewegung nicht den Anschein der Spontaneität zu nehmen. Um acht Uhr, als schon Tausende Demonstranten auf dem Anmarsch in das Stadtzentrum waren, ersuchte Deutsch aber die Polizeidirektion, genügend starke Polizeikontingente bereitzustellen, *„um alle Hitzköpfe in Schranken zu halten"*, die Polizisten jedoch nicht zu bewaffnen, *„denn das könne die Demonstranten provozieren".*[10]

Die Wiener Polizei war zu diesem Zeitpunkt ebenso unvorbereitet auf Massendemonstrationen, wie die sozialdemokratische Partei von dem gänzlichen Freispruch der Schattendorfer „Frontkämpfer" und von dessen Aufnahme bei der Arbeiterschaft überrascht worden war. Die Staatspolizei hatte bei der Frontkämpferorganisation, bei der sozialdemokratischen Partei und bei den Kommunisten erkunden lassen, ob Demonstrationen geplant seien, und, als dies von allen Seiten negativ beantwortet worden war, hatte sie angeblich sogar einen Teil ihrer während der letzten Tage in Bereitschaft gehaltenen Mannschaften entlassen.[11]

Damit war eine weitere wesentliche Voraussetzung zum Ausbruch der Unruhen gegeben. Die Polizei konnte, so sehr sie sich auch anstrengen mochte, ihre Mannschaften nicht mehr in genügender Stärke in Dienst stellen. Von nun an entwickelte sich das Geschehen auf den Straßen des Parlamentsviertels bis in die frühen Nachmittagsstunden mit innerer Logik. Dies wird erst aus historischer Sicht deutlich, für die Zeitgenossen war dies um etwa acht Uhr früh noch kaum erkennbar. Wie überraschend der „15. Juli" für alle Seiten – einschließlich der kommunistischen Partei – tatsächlich kam, illustriert auch folgendes Zitat: Der sicher nicht schlecht unterrichtete Korrespondent der „Neuen Zürcher Zeitung" sandte folgendes, für die Abendausgabe seiner Zeitung bestimmtes Telegramm ab: *„Zum Zeichen des Protestes standen heute die Straßenbahnen und einige Fabriken eine Stunde still. Für morgen* [also erst für den 16. Juli; Anm. d. Verf.] *werden große Straßenkundgebungen erwartet."*[12]

Während die Straßenbahnen nicht fuhren und die Arbeiter einzeln, in losen Gruppen oder in geschlossenen Zügen in die Innenstadt zu strömen begannen, formierten sich auch im Hof des Direktionsgebäudes der Elektrizitätswerke die Arbeiter und

Angestellten dieses Betriebes zu einem Demonstrationszug. Als erste erreichten sie, von der Alserstraße kommend, bei der Universität die Ringstraße. Sie trugen eine Tafel mit sich, auf der geschrieben war: *„Protest dem Schandurteil. Wir greifen zur Selbsthilfe!"* Schon bei der Universität kam es zwischen erregten Arbeitern und Studenten sowie einigen Wachleuten zum ersten, allerdings noch nicht gefährlichen „Wirbel" dieses Tages. Besonnene Arbeiter vermittelten und bewogen die Demonstranten schließlich zum Weiterziehen.[13]

Gegen halb 10 Uhr näherte sich dieser Demonstrationszug, der schon vom Rathaus und von allen Radialstraßen Zuzug erhielt, dem Parlamentsgebäude. Wenige Polizisten versuchten, vor der Rampe einen Sperriegel, der von den Demonstranten noch wenig beachtet wurde, zu bilden, außer Schimpfworten und Drohungen kam es aber zu keinen Gewalttätigkeiten. Ein Teil der Arbeiter zog um das Parlamentsgebäude herum und begann wieder in die Betriebe zurückzukehren.[14] Ein anderer Teil jedoch blieb unentschlossen davor stehen. Allmählich wurden die Protestrufe lauter. Da ließ nun Stadthauptmann Albert Tauß, der Leiter des Polizeieinsatzes an Ort und Stelle, gegen die nur etwa 500 Menschen zählende Menge eine Reiterattacke unternehmen. Damit sollte die Polizistenkette vor dem Parlamentsgebäude von den allmählich vordrängenden Demonstranten entlastet werden. Rasch wichen diese vor den Reitern in die Parkanlagen aus. Voll Empörung, daß gegen sie in ihrem Wien, im „roten Wien", Polizeikavallerie vorgehe, sammelten sie sich wieder hinter den Reitern und bewaffneten sich mit Steinen, die ihnen eine Straßenbahnbaustelle in der Stadiongasse lieferte. Weitere, kopflos durchgeführte Reiterattacken trieben schließlich die Demonstranten vom Parlament auf den Schmerlingplatz, wo sie sich im Park in immer größerer Zahl sammelten.[15]

Zuerst ließen die Demonstranten den Justizpalast noch unbeachtet. Dann wendeten sie sich gegen die dort postierten wenigen Wachleute, die sich vor dem Steinhagel allmählich in das Gebäude zurückziehen mußten. Von der Polizei abgegebene Pistolenschüsse erregten die Menge nur noch mehr, ohne sie ernsthaft zu beeindrucken. Die Polizeireiter konnten sich hier nicht mehr durchsetzen, da rasch errichtete Barrikaden aus Parkbänken, Teilen von Baugerüsten, in der Nähe abgestellten Schneepflügen, Mülltonnen und ähnlichen Dingen ihre Aktionsmöglichkeit wesentlich behinderten und die Angriffe der Demonstranten, die sich mit Holzlatten und Eisenstücken von der Parkeinfriedungen bewaffneten, immer verwegener wurden.[16] Von 11 Uhr an mußte die Polizei den Demonstranten die Straße überlassen und sich auf die Sicherung des Parlamentsgebäudes sowie die Verteidigung des Haupttores des belagerten Justizpalastes beschränken. Etwa zur gleichen Zeit wurde das Polizeiwachzimmer vor dem Tor des Rathauses in der Lichtenfelsgasse erstürmt. Dabei wurden die ersten Demonstranten durch Schüsse der Polizei getötet, die Wachleute selbst mußten schließlich in Privatwohnungen vor der nun tobenden Menge Zuflucht suchen. Ebenfalls gegen 11 Uhr verwüstete eine kleine Demonstrantengruppe die Redaktion der deutschnationalen „Wiener Neuesten Nachrichten" in der nahegelegenen Josefsgasse im 8. Bezirk.[17]

Der Justizpalastbrand

Vor dem Haupttor des Justizpalastes, worauf sich die Angriffe der Demonstranten hauptsächlich richteten, zog nach 11 Uhr eine kleine Schutzbundabteilung auf, die versuchte, die Demonstranten zurückzuhalten. Denn nun hatten auch sozialdemokratische Partei- und Gewerkschaftsfunktionäre erkannt, daß ohne Aufgebot des Republikanischen Schutzbundes die Lage nicht mehr zu retten war. Nun war es aber zu spät, da sich viele Schutzbündler schon den Demonstranten angeschlossen hatten und die wenigen, die sich zum Einsatz meldeten, erst allmählich bei den neuralgischen Punkten zusammengezogen werden konnten.[18] Dazu kam, daß die Schutzbündler gegen die Demonstranten, in denen sie doch ihre Genossen und Arbeitskollegen sahen, nicht allzu energisch vorgingen. So war es auch nicht verwunderlich, daß die sozialdemokratischen Ordner vor dem Justizpalast, als sie ebenfalls von der Menge angegriffen wurden, sich in das Gebäude zurückzogen und auch hier, ebensowenig wie die Sicherheitswache, nicht mehr lange imstande waren, die Demonstranten am Eindringen zu hindern. Etwa um 12 Uhr stiegen einzelne Demonstranten durch die Fenster und das Haupttor in den Justizpalast ein, begannen die Büroeinrichtung zu zerschlagen und zusammen mit den Akten auf die Straßen zu werfen.[19] Schließlich verbreiteten sich Parolen, wie *„Die Akten verbrennen!"*, *„Wir werden sie ausräuchern!"*, und um 12 Uhr 28 wurde die Feuerwehr von Bränden im Justizpalast verständigt. Als die Löschzüge vorfahren wollten, wich jedoch die Menge nicht zurück und zwang die Feuerwehrleute zur Untätigkeit. Wirksame Löscharbeiten konnten vorerst nicht beginnen. Dagegen war es der Feuerwehr beim Wachzimmer Lichtenfelsgasse, wo ebenfalls ein Brand gelegt worden war, unter Mithilfe des Schutzbundes möglich, durch rechtzeitiges Eingreifen größeren Schaden zu verhindern.[20]

Auch das „Reichspost"-Gebäude in der Strozzigasse wurde von Demonstranten erstürmt, zum Teil verwüstet und in Brand gesteckt. Hier jedoch gelang es der Feuerwehr selbst, die Menschenmenge, die sich ihr entgegenstellte, dazu zu bewegen, daß sie die Löschfahrzeuge durchließ und die Feuerwehrmänner nicht allzusehr behinderte. Nach kurzer Zeit wurde der Brand unter Kontrolle gebracht und schließlich gelöscht, bevor er das ganze Gebäude oder gar die Nachbarhäuser erfaßt hatte.[21]

Während sich bis etwa ein Uhr mittags diese Vorgänge auf den Straßen abspielten, war auch die Regierung nicht untätig geblieben. Kurz nach 10 Uhr fand am Ballhausplatz eine Ministerbesprechung statt, an der unter anderen auch Bundeskanzler Seipel und Vizekanzler Karl Hartleb, der auch die Agenden des Innenministers übernommen hatte, teilnahmen. Bald darauf stellte Polizeipräsident Johannes Schober an den Wiener Bürgermeister Seitz in dessen Funktion als Landeshauptmann telephonisch ein Ansuchen um Bereitstellung des Bundesheeres, da die Polizei völlig unzureichend gerüstet war. Seitz lehnte ab. Obwohl der Bundesheereinsatz nach den gesetzlichen Bestimmungen auch ohne Zustimmung des Landeshauptmanns möglich gewesen wäre, unterblieb er bis zum Abend dieses Tages. Offensichtlich hielt die Regierung die Wiener Soldaten nicht für so verläßlich, daß sie ohne Unterstützung durch die Sozialdemokratie ihren Einsatz gewagt hätte. Der Polizeipräsident versuchte nun, vom Bundesheer bessere Bewaffnung für seine Einheiten zu erhalten. Der dafür zuständige Minister, Carl Vaugoin, machte jedoch unerwarteterweise ebenfalls Schwierigkeiten. Die Hintergründe dafür können in der machtpolitischen Rivalität der beiden Politiker aus unterschiedlichen „Lagern" vermutet werden. Erst nach einiger Zeit gelang es Schober nach Intervention Seipels, mehrere hundert Wachleute und Polizeischüler – diese galten als regierungstreu, da meist aus ländlichen Gebieten angeworben – mit Bundesheer-Karabinern auszurüsten.[22]

Als diese bewaffneten Einheiten schon bereitstanden, kündigte Schober dem im Parlament weilenden Seitz an, er werde scharf schießen lassen, wenn die Menge weiterhin die Feuerwehr vom Justizpalast abhalte. Seitz versuchte daraufhin selbst, einem Löschzug die Weiterfahrt zu ermöglichen. Er wurde aber von der Menschenmenge, die jetzt teilweise unter kommunistischem Einfluß stand, beschimpft und sogar tätlich angegriffen, so daß er resigniert aufgeben mußte. Im sozialdemokratischen Parteivorstand, wo Seitz über seine ständigen Verhandlungen mit der Polizeidirektion und seine Versuche berichtete, die Polizei vom Einsatz ihrer brutalsten Mittel zurückzuhalten, sagte der Vorsitzende der sozialdemokratischen Partei und Wiener Bürgermeister, *„er sei schließlich selbst im Schwanken gewesen, ob nicht geschossen werden müsse, und zwar in dem Zeitpunkt, als sich der Schutzbund zurückziehen mußte.“*[23] Während Julius Deutsch, der oberste Schutzbundführer, gemeinsam mit Republikanischen Schutzbündlern diese Versuche fortsetzte und schließlich tatsächlich einen Löschzug zum brennenden Justizpalast durchbringen konnte, marschierten schwer bewaffnete Polizeieinheiten zum Schmerlingplatz.[24]

Die im brennenden Justizpalast eingeschlossenen Richter, Beamten und Polizisten hatten sich unterdessen alle in Sicherheit gebracht. Dabei waren einige Polizisten, die an ihren Uniformen erkannt wurden, von der Menge geschlagen und zum Teil erheblich verletzt worden. Der größte Teil der Wachleute und Richter aber hatte als Schutzbündler verkleidet oder als Verletzte getarnt unbehelligt die Menschenmassen rund um den Justizpalast passiert. Einer Einheit des Republikanischen Schutzbundes und Theodor Körner, der als technischer Berater der Schutzbund-Zentralleitung angehörte, gebührt als Verdienst, unbeschadet der politischen und sozialen Stellung die von der Lynchung oder vom Verbrennungstod Gefährdeten gerettet zu haben, und zwar ohne Gewaltanwendung.[25]

DIE EINDÄMMUNG DER UNRUHEN

Schober hatte unterdessen an seine Polizisten den Feuerbefehl erteilt, doch dann, wie Deutsch in seinen Erinnerungen nicht ganz glaubwürdig schreibt, widerrufen. Jedenfalls konnte er aber die aufmarschierende Polizei davon nicht mehr unterrichten, so daß diese gegen 14.30 Uhr, als sich auch ihnen die Menge entgegenstellte, scharfe Schüsse abgab.[26] Die zum Teil erst halb ausgebildeten, von den Ereignissen am Vormittag mit Bitterkeit erfüllten Wachleute „säuberten" ohne große Rücksichtnahme auf Menschenleben die Umgebung des Justizpalastes. Ein Augenzeuge berichtete davon in der „Neuen Freien Presse": *„Wahrheit ist, daß die Abteilung geschlossen fest in der Hand des Führers vorging und zuerst nur in die freie Höhe feuerte. Dann allerdings, als der Pöbel, durch die Rücksicht sicher geworden, eine herausfordernde Haltung einnahm und höhnisch johlte, gab es wohl scharfe Schüsse und damit auch Verletzte."*[27] Wir müssen ergänzen: und viele Tote.

Otto Bauer, der vom Parlamentsgebäude aus die Vorgänge beobachtete, berichtete darüber: *„Da geht nun eine Abteilung vor, ich habe sie gehen gesehen, das Gewehr in der Hand. Leute, die zum großen Teil nicht schießen gelernt haben, sie stützten den Kolben auch beim Schießen auf den Bauch und schossen links und rechts auf die Seite und wenn sie Menschen sahen – es war eine kleine Gruppe vor dem Stadtschulratsgebäude, eine größere Gruppe gegenüber dem Parlament –, da schossen sie."* Weiters berichtet er: *„Der Menschen bemächtigte sich eine wahnsinnige Angst; sie hatten zum großen Teile die Abteilung gar nicht gesehen. Man sah die Leute in blinder Angst davonlaufen, und die Wachleute schießen den Laufenden nach."*[28] Selbst der offiziell Verantwortliche, Vizekanzler Hartleb, erinnerte sich daran: *„Natürlich, fallweise hats ausgeschaut wie eine Hasenjagd."*[29]

Anfangs planlos, erfolgten die Räumungsaktionen der Polizei schließlich doch systematisch in der Weise, daß sie versuchte, die schließlich Zehntausende zählende Menge der Demonstranten und Neugierigen immer weiter in die Außenbezirke abzudrängen. Noch wiederholt wurde von den Wachleuten scharf geschossen, immer noch stieg die Zahl der getöteten und schwer verletzten Zivilisten. Sogar ein Kriminalbeamter, Ferdinand Striegel, wurde beim Parlament durch die Salven der Polizei getötet – das erste Todesopfer auf seiten der Polizei an diesem Tag.[30]

Der Brand im Justizpalast hatte bereits so weit um sich gegriffen, daß ihm der Großteil des Gebäudes mit seinen Akten und reichen Archivbeständen zum Opfer fiel. Die Feuerwehr war, obwohl sie nun unbehindert arbeiten konnte, faktisch machtlos. Auch die Verzichtserklärung Kaiser Karls vom 11. November 1918, sozusagen die Geburtsurkunde des neueren Österreich, ist im Feuer vernichtet worden.

Nach den Salven der Polizei erreichte die Stimmung der erbitterten Arbeiter den Siedepunkt. Nicht nur linke Sozialdemokraten und Kommunisten sondern breite Bevölkerungsschichten und Schutzbündler forderten von den sozialdemokratischen Führern die Ausgabe von Waffen, damit der Kampf in einen bewaffneten Aufstand übergeleitet werden könne.[31] Über geheime Waffenlager verfügte bekanntlich jedes der politischen „Lager". Binnen weniger Stunden konnte Österreich im Bürgerkrieg stehen. Die Entscheidung darüber lag bei der sozialdemokratischen Partei. In rasch einberufenen Konferenzen des Parteivorstands und der Gewerkschaftsführer blieben aber die demokratischen Sozialisten den Verfechtern einer Gewaltlösung gegenüber in der Mehrzahl.[32]

Zunächst aber vermeinten viele von ihnen, die Lage ausnützend, zu einem raschen politischen Erfolg gelangen zu können, indem sie Seipel zum Rücktritt veranlassen könnten. In der ihm dann wohl folgenden neutralen Beamtenregierung würden nach den Vorstellungen Otto Bauers, die von der Mehrheit des Führungsgremiums der sozialdemokratischen Partei gebilligt wurden, zwar noch keine Sozialdemokraten vertreten sein. Diese von allen Parteien getragene „Regierung der Versöhnung" solle aber den Weg zu einer sozialdemokratischen Regierungsbeteiligung ebnen und die Erfüllung der sozialdemokratischen Forderungen sowie eine Beruhigung der Massen garantieren. Seipel, zu dem sich Otto Bauer und Seitz noch am Nachmittag begaben, lehnte aber ein solches Ansinnen schroff ab.[33]

Um auf Seipel stärkeren Druck auszuüben, proklamierte sie sozialdemokratische Partei daraufhin einen eintägigen Generalstreik und einen unbefristeten Verkehrsstreik. Eine andere damit verknüpfte Absicht war, die Arbeiterschaft, deren Führung der Partei am Vormittag entglitten war, wieder unter ihren Einfluß zu bringen und den radikalen Forderungen den Wind aus den Segeln zu nehmen.[34]

Seipel zeigte jedenfalls bei den weiteren Verhandlungen, die noch an den folgenden Tagen, manchmal zweimal täglich, geführt wurden, für diese Taktik seiner Gegner ein gewisses Verständnis, aber weder bezüglich der Regierungsneubildung, noch in der Frage einer Amnestie für die meisten Vergehen am 15. Juli und der Einsetzung eines parlamentarischen Untersuchungsausschusses gab er nach. Bauer berichtete darüber dem sozialdemokratischen Parteivorstand am 18. Juli: *„Seipel für seine Person sei bereit, eine Politik*

im Sinne unserer Wünsche zu machen. Er könne aber keine Bindun-
gen für die Mehrheitsparteien eingehen. Die Gegner fühlen sich offen-
bar stark. Es sei unmöglich, von Seipel eine Erklärung zu bekommen,
mit der man vor die Massen treten könne."[35] Der Bundeskanzler ver-
sprach nur eine Amnestie für den Verkehrsstreik und erhob gegen
die Aufstellung einer auch von Schober gebilligten Stadtschutzwa-
che durch den Wiener Landeshauptmann für die Dauer der Gefahr
keinen Einspruch.[36] Die meist aus dem Republikanischen Schutzbund genommenen Mitglieder dieser Formation wurden mit Poli-
zeisäbeln ausgerüstet, wie überhaupt gerade in diesem Punkt die
Zusammenarbeit von Sozialdemokraten mit der Polizeidirektion
eng war. Erst als Seitz diese Wache nach wenigen Tagen nicht
mehr auflöste, sondern zu einer ständigen Einrichtung machte,
protestierte Seipel, da er erkannte, daß sie zu einer Art sozialdemokratisch kontrollierter „Hilfspolizei" werden konnte.[37]

Nach den Salven der Polizei machten sich große Teile der Arbeiterschaft die kommunistischen Parolen zu eigen und verlangten
ihre Bewaffnung. In der Innenstadt stellte die Polizei zwar die
Ruhe her, dafür aber kam es in den Außenbezirken in der Nacht
vom 15. auf 16. Juli vielfach noch zu Ausschreitungen, Plünderun-
gen, Erstürmung von Wachzimmern und Kämpfen mit der Polizei, die weitere Todesopfer, nun auch auf seiten der Exekutive, forderten. Da auch die sozialdemokratische Partei, vor allem durch
Aufrufe und den Einsatz des Schutzbunds beruhigend wirkte, war
die Polizei am Abend des 16. Juli wieder völlig Herr der Lage. Von
den niederösterreichischen Garnisonen nach Wien verlegte verläß-
liche Bundesheereinheiten brauchten außer zu Sicherungsmaßnah-
men beim Parlament nirgends eingesetzt zu werden. Am Sonntag,
dem 17. Juli, herrschte in ganz Wien wieder „Friede", von einzelnen
erregten Szenen und Ausschreitungen abgesehen.[38]

Während dieser Tage fanden auch in den Bundesländern vereinzelt Arbeiterdemonstrationen statt. Nur in Bruck an der Mur
in der Obersteiermark und in Pottenstein in Niederösterreich kam
es zu Übergriffen sozialdemokratischer Parteigänger den örtlichen
Behörden gegenüber. Dagegen marschierten in Steiermark, Tirol
und Vorarlberg die Heimwehren schwer bewaffnet auf und betätig-
ten sich als „Hilfspolizei" mit eigener Zielsetzung.[39] Der Verkehrs-
und Nachrichtenstreik, bisher ein ungebrochenes linkes Machtin-
strument, kam hier nicht voll zur Wirkung und machte das Macht-
gefälle der Sozialdemokratie zwischen Wien und einigen Industrie-

gebieten einerseits und der „Provinz" andererseits deutlich. Unter dem Eindruck dieses Mißerfolgs mußte die Sozialdemokratie den Verkehrsstreik am 19. Juli wieder abbrechen, obwohl man sich in den Führungsgremien bewußt war, daß dies *„zweifellos eine Steigerung des Kraftbewußtseins der anderen"* bedeutete.[40]

Das blutige Ergebnis der Unruhen am 15. Juli 1927 und ihrer polizeilichen Repression waren: 89 direkt Getötete oder binnen kurzem an Verletzungen Verstorbene. Nur vier von diesen Opfern waren Angehörige der Sicherheitswache. Außerdem hatten etwa 120 Polizisten schwere, fast 480 leichte Verletzungen, überwiegend Schlag- und Hiebwunden, erlitten. Die genaue Zahl der verletzten Zivilisten konnte dagegen nie ermittelt werden, da sehr viele, auch schwere Verwundungen, aus Furcht vor strafrechtlicher Verfolgung verheimlicht wurden. Die Wiener Polizeidirektion berichtete von 548, die „Arbeiter-Zeitung" von 1057 verletzten Demonstranten, 328 davon mußten sich längere Zeit zur stationären Behandlung in Krankenhäusern aufhalten, 57 davon waren schwer verletzt.[41]

URSACHEN

Die Ursachen des „15. Juli 1927" selbst lassen sich rückblickend vereinfacht in einer Reihe von tiefen gesellschaftlichen, politischen und ideologischen Widersprüchen ausmachen.[42]

1. Seit 1923 hatten die in meinem Beitrag über „Schattendorf" beschriebenen politischen Zusammenstöße zwischen Rechtsradikalen und sozialdemokratischen Arbeitern mehrfach zum Tod von Menschen geführt. Während die Rechte die Folgen des brutalen Einsatzes ihrer gefährlichen Waffen kalt kalkuliert zu haben scheint, waren die Todesopfer ausschließlich auf der Linken zu beklagen. Im umgekehrten Verhältnis zur Schwere der Tat stand die Bestrafung der Täter durch die Gerichte. Schon bei den Urteilen im Fall Birnecker (Favoriten) und Still (Mödling) hatte gerade dieser Sachverhalt starke Erregung unter der Arbeiterschaft hervorgerufen. Umso mehr wurde durch eine Häufung solcher Fälle bis zum Jahre 1927 und aufgrund der offensichtlichen Offenkundigkeit der Verschuldensfrage im „Schattendorfer Zusammenstoß" das elementare Gerechtigkeitsgefühl der politisch bewußten Arbeiter herausgefordert. Ein weiterer Verstärkungseffekt ging offensichtlich von der Tatsache aus, daß es sich bei den Getöteten von

Schattendorf um solche Mitglieder der Gesellschaft handelte, die infolge ihrer physischen Gebrechlichkeit eine besondere Schutzstellung einnehmen: Invaliden und Kinder.

Wie sozialhistorisch-soziologische Forschungen nachgewiesen haben, spielt auch sonst gerade der offene, persönliche Machtmißbrauch beim Ausbruch spontaner Streikaktionen eine große Rolle. Schlagartig können dadurch die dem Einzelfall zugrundeliegenden Machtstrukturen, die sonst von den Abhängigen kaum beachtet werden, ins Bewußtsein treten und handlungsrelevant werden.[43] Ähnlich auch am 15. Juli 1927, als der Freispruch im Schattendorfer Prozeß großen Teilen der Arbeiterschaft vor Augen führte, was die zuletzt wieder im Linzer Programm der Sozialdemokratie apostrophierte „Klassenherrschaft der Bourgeoisie in der Republik" praktisch bedeuten konnte.

2. Der Anstoß zum Handeln ergriff anscheinend auch deshalb die Massen, weil unter den Nachwirkungen der „Stabilisierungskrise" (seit 1923) die österreichische Arbeiterschaft noch immer litt, während die wohlhabenden Schichten des Bürgertums und die Bauern – nicht der sogenannte „neue Mittelstand" – schon von dem einsetzenden Konjunkturaufschwung profitierten. In Österreich sank sogar in den Jahren wirtschaftlicher „Prosperität" die Rate der Stellensuchenden nicht unter zehn Prozent. In einzelnen Industriezweigen, vornehmlich in Ostösterreich, erreichte die Arbeitslosigkeit noch höhere Werte: in Handel und Verkehr 17 %, in der Bekleidungsindustrie 19 %, in der Eisen- und Metallindustrie 30 %.[44]

3. Widersprüchlich war auch die Bewußtseinslage der sozialdemokratischen Anhängerschaft. Wegen ihrer organisatorischen Stärke und historischen Rolle bei der Gründung der Republik, wegen theoretischer Fehleinschätzungen des Austromarxismus und des seit 1920 wieder kontinuierlichen Ansteigens der Wählerzahlen der sozialdemokratischen Partei war das Machtbewußtsein der Linken, insbesondere in Wien, im Juli 1927 außerordentlich stark.[45] Trotzdem herrschte auch ein starkes Gefühl der Enttäuschung darüber, daß sich die politische Vertretung der Arbeiterschaft weiterhin auf dem Rückzug befand, daß die bürgerlichen Parteien nach den Frühjahrswahlen 1927 eine Koalitionsregierung gebildet hatten, obwohl die Sozialdemokratie stark an Stimmen wie Mandaten gewonnen hatte, daß die Umpolitisierung des Bundesheeres weiter fortschritt und eine provokatorische Waffensuche

wie am 27. März 1927 im Arsenal von den bürgerlichen Mitwissern der dort schon 1918 angelegten Waffenverstecke unternommen werden konnte.[46]

4. Einerseits hatte die sozialdemokratische Partei längst bewiesen, daß sie in ihrer praktischen Politik durchwegs reformistisch und parlamentarisch-demokratisch orientiert war, und die Gewalt in ihrer politischen Theorie nur als Defensivinstrument im Kampf um die Staatsmacht erwogen wurde, andererseits aber hatte sie im täglichen politischen Kampf ihre Massenpropaganda nicht selten auf einen Klassenkampfbegriff „im Heugabelsinn", wie sich Karl Renner auf dem sozialdemokratischen Parteitag von 1927 ausdrückte, eingestellt. Dadurch unterblieb im politischen Bewußtsein ihrer Anhänger die Bildung einer klaren Vorstellung vom Wesen der Demokratie, „und zwar auch der, von den Massen allzuoft gering gewerteten ‚Demokratie'". Die Gewalt wurde immer noch von einem nicht geringen Teil der Arbeiterschaft als ein Mittel der Politik angesehen.[47]

5. Zwiespältig waren auch die Haltung der führenden sozialdemokratischen Funktionäre dem „Schattendorfer Urteil" gegenüber, zwiespältig waren auch ihre Handlungen in der Nacht vom 14. auf den 15. Juli. Obwohl die Ungerechtigkeit des Urteils evident war, wollten die in der Parteiführung maßgebenden Männer dagegen keinen offenen Protest erheben, da dieses Urteil von Laienrichtern gefällt worden war und das konservative Bürgertum nur auf einen solchen Anlaß zum Angriff auf die Geschworenengerichtsbarkeit zu warten schien. Als die Demonstrationsbewegung am Morgen des 15. Juli um sich griff, setzte sich diese Haltung in unsicheren und zögernden Maßnahmen dagegen noch fort.

6. Ebenso überrascht vom Ausmaß der Protestbewegung wie die sozialdemokratischen Politiker wurde auch die Exekutive. Obwohl zu schwach, um sich mit den herkömmlichen Gewaltmitteln gegenüber der großen Menschenmenge durchsetzen zu können, griff die Polizei, anders als bei den Unruhen am 1. Dezember 1921 in Wien, zu unzweckmäßigen und zu den brutalsten Mitteln, somit den Widerspruch enthüllend zwischen dem Monopolanspruch des staatlichen Apparats auf rationale und legitime Anwendung von Gewalt und dem beobachtbaren Sachverhalt, daß sich auch die „Hüter von Recht und Ordnung" der Irrationalität der Situation in tätlichen Auseinandersetzungen nicht zu entziehen vermochten und die angewendeten Gewaltmittel nicht vom vor-

geblichen Gemeinwohl, sondern nur vom Standpunkt herrschender Interessentengruppen zu rechtfertigen waren.

Hauptsächlich diese sechs Ursachenkomplexe müssen zu einer Erklärung der geschilderten Ereignisse des 15. Juli 1927 und der folgenden Tage herangezogen werden.[48] Den historischen Blick zurück nach vorne wendend können die Folgen dieses Ereignisses abgeschätzt werden:

DIE INNENPOLITISCHEN FOLGEN

Der Sieg der bürgerlichen Koalitionsregierung am 15. Juli 1927 bedeutete natürlicherweise eine starke Hebung ihres Ansehens. Seipel galt nun im Bürgertum nach seiner Sanierung der Finanzen Österreichs im Jahre 1922 ein zweites Mal als „Retter des Vaterlandes". Auch der Wiener Polizeipräsident, Schober, profitierte politisch vom Ruf eines „starken Manns". Zwar hielt sich Seipel zunächst noch an seine formelle Zusage, die er während des Höhepunktes der Krise einer sozialdemokratischen Parteidelegation gegenüber gemacht hatte, den 15. Juli 1927 nicht zum Angriff auf die sozialpolitischen Errungenschaften der Ersten Republik auszunützen. Aber anscheinend wollte er sich von jetzt an mit Halbheiten und Kompromissen nicht mehr abgeben. Sein langfristiges Konzept war die politische und soziale Niederwerfung der sozialdemokratischen Arbeiterbewegung, auch und gerade um den Preis der Beseitigung der Demokratie.[49]

Eine parlamentarische Untersuchung des Vorgehens der Polizei, die von der sozialdemokratischen Partei verlangt wurde, lehnte er ebenso ab, wie eine Amnestie aller jener, die im Zusammenhang mit den Ereignissen in Strafuntersuchungen gezogen worden waren. Die nun anlaufende Denunziations- und Verhaftungswelle erfaßte gegen 1400 Menschen, von denen mehr als die Hälfte aber als unschuldig wieder entlassen werden mußten. Von September bis Ende 1927 rollten die Gerichtsverhandlungen ab. Es ist eine merkwürdige Ironie auf Seipels Strenge in seiner bekannten Parlamentsrede, daß die 31 wegen schwerer Delikte Angeklagten von den Geschworenengerichten freigesprochen, die leichteren Vergehen aber vor Berufsrichtern durchgehend „ohne Milde" geahndet wurden.[50]

Bei der am 26. Juli 1927 stattfindenden Sondersitzung des Nationalrates zeigte sich die politische Härte des christlichsozialen Bundeskanzlers in ganzer Offenheit, die in seinem berühmt-berüchtigten Ausspruch über die Milde gipfelte: *„Verlangen Sie nichts vom Parlament und von der Regierung, was den Opfern und den Schuldigen an den Unglückstagen gegenüber milde erscheint, aber grausam wäre gegenüber der verwundeten Republik. Verlangen Sie nichts, was ausschauen könnte wie ein Freibrief für solche, die sich empören.* (Rufe rechts: Sehr richtig!) *Verlangen Sie nichts, was Demonstranten und denen, die sich ihnen anschließen, um zu plündern und Häuser in Brand zu stecken, den Mut machen könnte, ein anderes Mal wieder so etwas zu tun, weil ihnen ohnehin nicht viel geschehen kann. Es liegt uns nichts ferner, als hart sein zu wollen, aber fest wollen wir sein.* (Lebhafter Beifall und Händeklatschen rechts.) *Fest sein heißt ebensowenig hart sein, als milde sein schwach sein heißen muß. Aber es muß für beides Tag und Stunde richtig gewählt sein.* (Stürmischer, anhaltender Beifall und Händeklatschen und Hochrufe rechts.)"[51]

Der sozialdemokratischen Partei wurde es daher leicht gemacht, durch eine Propagandakampagne gegen die katholische Kirche, als deren politischer Repräsentant in Österreich Seipel galt, den Priester und die Kirche durch eine umfangreiche Austrittswelle schwer zu treffen.

Die Regierung und die christlichsoziale Partei begnügten sich aber nicht nur mit dem Gewinn von Prestige. Sie nutzten die Lage entschlossen aus, um ihre personalpolitischen Positionen in Verwaltung, Bundesheer und Exekutive auszubauen. Die sozialdemokratischen Personalvertreter im Heer und bei der Wiener Polizei gerieten bald in die Minderheit.[52]

Innerhalb der „Sozialdemokratischen Arbeiterpartei Deutschösterreichs" stärkte die offene Niederlage jene Gruppen, die für einen Kurswechsel und für die Regierungskoalition mit den bürgerlichen Parteien eintraten. Dieses Problem beschäftigte diese Partei bis zum Parteitag Ende Oktober 1927. Zu diesem Zeitpunkt, als der Parteitag stattfand, war jedoch schon klar geworden, daß der politische Gegner auf ein offizielles Koalitionsangebot nicht eingehen würde. Daher waren Befürworter und Gegner der Koalition bald darin einig, daß diese Frage damals nicht mehr aktuell sei.[53]

Parteiintern vollzog sich eine weitere Stärkung der zentralen Lenkungsinstanzen, die darin ihren Ausdruck fand, daß fortan große Demonstrationen und Streiks in lebenswichtigen Betrieben nicht mehr ohne Zustimmung der Führungsgremien stattfinden durften. Auch die Verteidigungsstrategie der sozialdemokratischen Arbeiterbewegung wurde wegen der schlechten Erfahrungen mit der Massenspontaneität noch mehr auf den nach straff militärischen Gesichtspunkten reorganisierten Republikanischen Schutzbund verlagert, die politischen und wirtschaftlichen Kampfmittel wurden in verhängnisvoller Weise unterschätzt.[54]

Die schwerwiegendste Folge des „15. Juli 1927" war jedoch das verstärkte Anwachsen der Heimwehr und antidemokratischer Tendenzen im österreichischen Bürgertum sowie die Herausbildung einer latenten Bürgerkriegssituation, denen schließlich die österreichische Demokratie erlag.

Anmerkungen

1   Dies ist ein nur geringfügig veränderter Nachdruck eines Kapitels meines Buches: Gerhard Botz: Gewalt in der Politik. Attentate, Zusammenstöße, Putschversuche, Unruhen in Österreich 1918 bis 1938, 2. Aufl., München 1983, S. 142–154, 158–160; ergänzend dazu siehe vor allem: Die Ereignisse des 15. Juli 1927. Protokoll des Symposiums in Wien am 15. Juni 1977, Wien 1979; Gerald Stieg: Frucht des Feuers. Canetti, Doderer, Kraus und der Justizpalastbrand, Wien 1990; Gerhard Botz: Die „Juli-Demonstranten", ihre Motive und die quantifizierbaren Ursachen des Justizpalastbrandes 1927, in: ders.: Krisenzonen einer Demokratie, Frankfurt/Main 1987, S. 65–117; Gerhard Oberkofler: Der 15. Juli 1927 in Tirol, Wien 1982; Hugo Portisch: Österreich I, Bd. 1. Die unterschätzte Republik, München 1989, S. 438 ff. Quellen: Protokolle des Ministerrates der Ersten Republik: 1918–1938 , Abt. 5.1 , Kabinett Dr. Ignaz Seipel: 1. 21. Okt. 1926 bis 29. Juli 1927, Bearb. Eszter Dorner-Brader, Wien 1983; Vom Justizpalast zum Heldenplatz. Studien und Dokumente 1927 bis 1938, Wien 1927, S. 283–288

2   Julius Braunthal: Die Wiener Julitage. Ein Gedenkbuch, (Wien 1927), S. 16

3   Ernst Fischer: 15. Juli 1927, in: Rundschau über Politik, Wirtschaft und Arbeiterbewegung, 3. Jg., Nr. 41, Basel 19. Juli 1934, S. 1668. Telephonische Befragung Ernst Fischers am 3. Oktober 1967 und Interview mit Otto Leichter am 25. Juni 1971 durch den Verfasser, Gedächtnisprotokoll bzw. Tonbandaufzeichnung im Besitz des Verf.

4   Ernst Fischer: Erinnerungen und Reflexionen (Reinbek bei Hamburg 1969), S. 170

5   Vgl. Otto Bauer in: Parteitag 1927. Protokoll des sozialdemokratischen Parteitages, abgehalten vom 29. Oktober bis 1. November 1927 …, Wien (1927), S. 106 f.; Adolf Schärf: Österreichs Erneuerung 1945–1955. Das erste Jahrzehnt der Zweiten Republik (Wien 1955), S. 376; Julius Braun-

thal: Die Wiener Julitage, (Wien 1927), S. 21; dagegen Befragung Alfred Migschs am 23. und 24. Oktober 1972 durch den Verfasser.

6 Leichter, Glanz, S. 51 f.

7 Vgl. etwa den Kommentar der „Neuen Freien Presse" (NFP), Morgenblatt (Mobl.), 15. Juli 1927, S. 12

8 Otto Leichter: Glanz und Ende der Ersten Republik, Wien (1964), S. 52; Parteitag 1927, S. 134 f.; der Artikel Austerlitz', in: „Arbeiter-Zeitung" (AZ), 15. Juli 1927, S. 1 f., wiederholt nachgedruckt, so in: Ausschreitungen in Wien am 15. Und 16. Juli 1927. Weißbuch, Hg.: Polizeidirektion in Wien, Wien 1927, S. 53 ff. und: Austerlitz spricht. Ausgewählte Aufsätze und Reden, Wien 1931, S. 301 f.

9 Julius Deutsch: Ein weiter Weg. Lebenserinnerungen, Zürich (1960), S. 165 f.

10 G. E. R. Gedye: Fallen Bastions. The Central European Tragedy, London 1939, S. 30 f. (nicht jedoch in der deutschen Ausgabe: Die Bastionen fielen, Wien o. J. enthalten); siehe Schärf, Erneuerung, S. 376 f.; vgl. auch Ausschreitungen (Weißbuch), S. 6 f.

11 Ausschreitungen (Weißbuch), S. 5; Gedye, Bastionen, S. 25; Robert Danneberg: Die Wahrheit über die „Polizeiaktion" am 15. Juli, Wien 1927, S. 12

12 Neue Zürcher Zeitung, Abendausgabe, 15. Juli 1927, S. 7

13 Ausschreitungen (Weißbuch), S. 10 f.; 64 ff.; Braunthal, Julitage, S. 17

14 Leopold Kunschak in: Stenographische Protokolle über die Sitzungen des Nationalrates der Republik Österreich, 3. Gesetzgebungsperiode, Wien 1927, S. 151; AZ, 19. Juli 1927, S. 5. Die chronologische Rekonstruktion der Ereignisse stützt sich hier und in der Folge hauptsächlich auf eine Analyse von photographischen Aufnahmen und deren zeitliche Bestimmung mit Hilfe des Schlagschattens; siehe hierzu Gerhard Botz: Beiträge zur Geschichte der politischen Gewalttaten in Österreich von 1918 bis 1933, ungedruckte phil. Diss., Bd. 2, S. 375; 379 ff.

15 Ausschreitungen (Weißbuch), S. 68 f.

16 Ebda.: unter anderem S. 107 ff.; 133; 137; 143

17 Ebda.: S. 14; 73 f.; 77 f.; 80; 91 ff.; 154

18 Braunthal, Julitage, S. 21 f.

19 Ausschreitungen (Weißbuch), S. 122; 128; 150

20 Ebda.: S. 21; 130; 133; Brand-Tagebuch 1927, 2. Teil und „Das Feuer im Wiener Justizpalast am 15. Juli 1927", F. Zl. J. Nr. 36/17, 43, Archiv der Feuerwehr der Stadt Wien.

21 Weißbuch, S. 155 f.; Bericht über die Tätigkeit und Verwaltung der Feuerwehr der Stadt Wien vom 1. Jänner 1920 bis 31. Dezember 1929, Wien 1930, S. 218; RP, 18. Juli 1927, S. 4

22 Befragung Karl Hartlebs am 24. und 25. September 1961 durch Ludwig Jedlicka, Tonbandaufnahme im Institut für Zeitgeschichte, Universität Wien; Amtliche Darstellung, RP, 18. Juli 1927, S. 5; Sechzig Jahre Wiener Sicherheitswache. Ein Gedenkbuch, Wien 1929; vgl. auch Jacques Hannak: Johannes Schober. Mittelweg in die Katastrophe, Wien (1966), S. 86; Leopold Kunschak: Österreich 1918–1934, Wien 1934, S. 89

23 „Notizen [Adolf Schärfs] über den 15. Juli 1927", Protokolle über die Sitzungen des Parteivorstandes, gemeinsam abgehalten mit der Gewerkschaftskommission und dem Vorstand des Verbandes der sozialdemokratischen Abgeordneten und Bundesräte für die Sitzungen vom 16. bis 19. Juli 1927, S. 3 (maschinschriftliche Übertragung Schärfs; der erste Teil dieses Satzes ist gestrichen und von Seitz handschriftlich abgeändert in: „Sehr schwer sei das gewesen in dem Zeitpunkt"), Archiv des Vereins für Geschichte der Arbeiterbewegung, Wien.

24 Die Stunde, Wien, 19. Juli 1927, S. 3; Ausschreitungen (Weißbuch) S. 139; Otto Bauer: Der blutige 15. Juli. Rede gehalten im Nationalrat in der Sitzung am 26. Juli 1927, Wien 1927, S. 13 f.; Julius Deutsch: Ein weiter Weg. Lebenserinnerungen, Zürich (1960), S. 168

25 (Ausschreitungen) Weißbuch, S. 22, 108 ff.; 116; 128 f.; Eric C. Kollman: Theodor Körner. Militär und Politik, Wien 1973, S. 198 f.

26 Deutsch, Weg, S. 168; Ausschreitungen (Weißbuch), S. 94 f.

27 NFP, Mobl., 19. Juli 1927, S. 1

28 Bauer, 15. Juli, S. 16 (auch: Stenographische Protokolle, 3. Gesetzgebungsperiode, S. 141)

29 Befragung Hartlebs, a. a. O.

30 Ausschreitungen in Wien am 15. und 16. Juli 1927, Pr. Z. IV-1-766 (Manuskript des Weißbuches), S. 46, AdBPD.

31 Vgl. die Wiener Julikämpfe 1927 (Hrsg.: Kommunistische Partei Österreichs, Wien o. J.), S. III; Sammlung von Flugschriften und Zeitungen zum 15. Juli 1927, angelegt vom Bundesministerium für Justiz, Archiv des Ludwig-Boltzmann-Instituts für Geschichte der Arbeiterbewegung (nun: Kulturgeschichte), Universität Linz; Sigmund Kunfi, Der 15. Juli und seine Lehren, in: Der Kampf, 20. Jg., Nr. 8, Wien 1927, S. 349; Adolf Sturmthal: The Tragedy of European Labour 1918–1939, 2. Aufl., New York 1951, S. 149 f.

32 Deutsch, Weg, S. 169; Braunthal, Julitage, S. 42; Charles A. Gulick: Österreich von Habsburg bis Hitler, Wien (1950), Bd. 2, S. 505; Norbert Leser: Zwischen Reformismus und Bolschewismus. Der Austromarxismus als Theorie und Praxis, Wien (1968), S. 406

33 „Notizen über den 15. Juli 1927", a. a. O. (Anm. 23), S. 2, Spitzmüller, Ursach, S. 416; Hannak, Schober, S. 84 ff.; Rudolf Blüml: Prälat Dr. Ignaz Seipel. Ein großes Leben in kleinen Bildern, Klagenfurt (1933), S. 284

34 Schober-Archiv, Faszikel 37, Archiv der Bundespolizeidirektion in Wien; Neue Zürcher Zeitung, 18. Juli 1927, Abendausgabe, Bl. 5

35 „Notizen über den 15. Juli 1927", a. a. O. (Anm. 23), S. 7

36 Ebda.: S. 2 f.

37 Ebda.: S. 4 f.; Gulick, Österreich, Bd. 3, S. 507; Stenographische Berichte über die öffentlichen Sitzungen des Gemeinderates der Bundeshauptstadt Wien, 1927, S. 4181, Archiv der Stadt Wien.

38 Vgl. etwa Strafsache gegen Johann Koplenig, Vr. 4472/27, Landesgericht für Strafsachen, Wien; Ausschreitungen (Weißbuch), S. 33 ff.; Mitteilungsblätter der sozialdemokratischen Partei und der Regierung am

16. und 17. Juli 1927, Sammlung von Flugschriften und Zeitungen zum 15. Juli 1927, a. a. O., Linz.

39 Bruce F. Pauley: Hahnenschwanz und Hakenkreuz. Steirischer Heimatschutz und der österreichische Nationalsozialismus 1918–1934, Wien (1972), S. 48 ff.; Gulick, Österreich, Bd. 2, S. 508 f.

40 Notizen über den 15. Juli 1927, a. a. O. (Anm. 23), S. 7; vgl. auch Leser, Reformismus, S. 410 f.

41 Totenschaubefunde 1927, J. A. 17001–18000, Archiv der Stadt Wien; Ausschreitungen (Weißbuch), S. 181; Ausschreitungen in Wien am 15. und 16. Juli 1927, Pr. Z. IV-1-766, Archiv der Bundespolizeidirektion in Wien; Parteitag 1927, S. 21; Stenographische Protokolle, 3. Gesetzgebungsperiode, S. 140; vgl. auch: Die Wahrheit über den 15. Juli, S. 13; Leopold Spira: Vor 25 Jahren – der 15. Juli 1927, in: Weg und Ziel, 10. Jg., Nr. 7/8, Wien 1952, S. 510; Das wahre Gesicht der Wiener Schreckenstage, Wien 1927, S. 33

42 Vgl.: Gerhard Botz: Der 15. Juli 1927, seine Ursachen und Folgen, in: Österreich 1927 bis 1938, Wien 1973, S. 31–42

43 Vgl. Friedrich Fürstenberg: Die Machtstruktur der industriellen Arbeitsbeziehungen, in: Zeitschrift für die gesamte Staatswissenschaft, Bd. 126, Tübingen (1970), S. 312

44 Kurt W. Rothschild: Wurzeln und Triebkräfte der Entwicklung der österreichischen Wirtschaftsstruktur, in: Wilhelm Weber (Hg.): Österreichs Wirtschaftsstruktur gestern – heute – morgen, Bd. 1, Berlin (1961), S. 80 f.

45 Leser, Reformismus, S. 402 ff.

46 Oskar Trebitsch: Der 15. Juli und seine rechte Lehre, Wien (1927), S. 8 ff.; Leichter, Glanz, S. 46 ff.; Josef Gerdenitsch: Das Wiener Arsenal in der Ersten Republik, phil. Diss., Wien 1967.

47 Trebitsch, 15. Juli, S. 13 f.; Parteitag 1927. Protokoll des sozialdemokratischen Parteitages, abgehalten vom 29. Oktober bis 1. November 1927 im Ottakringer Arbeiterheim in Wien, Wien 1927, S. 132 ff.

48 Eine ausführliche Darstellung des „15. Juli 1927" des Verfassers befindet sich in Vorbereitung, hier sei nur auf einige ältere Arbeiten verwiesen: Gulick, Österreich, Bd. 2, S. 468 ff.; Helmut Andics: 50 Jahre unseres Lebens, Wien 1968, S. 154 ff.; Friedrich Rennhofer: Der 15. Juli 1927 im Rahmen seiner innenpolitischen Ursachen und Folgen, in: Neue Volksbildung, 18. Jg., Wien 1968, S. 337 ff.; ders.: Ignaz Seipel. Mensch und Staatsmann; Wien 1978. Ignaz Seipel. Themenheft der „Christlichen Demokratie", Wien 1985.

49 Klemens von Klemperer: Ignaz Seipel. Christian Statesman in a Time of Crisis, Princeton, N. J. 1972, S. 263; August Maria Knoll: Von Seipel zu Dollfuß, Wien 1934, S. 10; Walter Goldinger; Geschichte der Republik Österreich, Wien 1962, S. 131

50 Stenographische Protokolle, 3. Gesetzgebungsperiode, S. 130; Gulick, Österreich, Bd. 2, S. 522 f.; Ausschreitungen (Weißbuch), S. 152

51 Stenographische Protokolle, 3. Gesetzgebungsperiode, S. 133; Ergänzungen nach Neues Wiener Tagblatt, 27. Juli 1927, S. 4

52 Anton Staudinger: Bemühungen Carl Vaugoins um Suprematie der Christlichsozialen Partei in Österreich (1930–33), in: Mitteilungen des Österreichischen Staatsarchivs, 23. Bd., Wien 1971, S. 299; Ludwig Jedlicka: Ein Heer im Schatten der Parteien, Graz 1955, S. 76 f.; Trebitsch, 15. Juli, S. 12 f.

53 Vgl. Oskar Helmer: Fünfzig Jahre erlebte Geschichte, Wien 1957, S. 118; Jacques Hannak: Karl Renner und seine Zeit, Wien (1965), S. 485 ff.

54 Parteitag 1927, S. 45; Gretl Frisch: Zur Analyse der Sozialdemokratie: der 15. Juli 1927, in: Marxistische Kritik, 1. Jg., Nr. 1, Wien 1971, S. 40 f.; Leser, Reformismus, S. 485 ff.

NORBERT LESER

DER 15. JULI 1927 ALS PERIPETIE DES AUSTROMARXISMUS UND DER ÖSTERREICHISCHEN DEMOKRATIE DER ERSTEN REPUBLIK

Der sozialdemokratische Politiker und Publizist Wilhelm Ellenbogen, eine der liebenswürdigsten und zugleich tiefgründigsten Figuren der Szene des österreichischen Sozialismus des 19. und 20. Jahrhunderts, hat das Schicksal des Austromarxismus als politischer Bewegung rückblickend folgendermaßen charakterisiert: *„Ein Drama, folgerichtig gebaut nach den aristotelischen Grundsätzen, war dieses Parteischicksal: Exposition, Entwicklung, Peripetie, Katastrophe. Hinreißend in seiner Tendenz, spannend in seiner Entwicklung, erschütternd in seinem Untergang."*[1] Ellenbogen hat daher den später verfaßten Teil seiner Erinnerungen, die ich im Archiv für Sozialgeschichte entdeckte und 1983 veröffentlichte, *„Die Katastrophe der österreichischen Sozialdemokratie"* genannt. Die früheren Memoiren *„Menschen und Prinzipien"* hat Friedrich Weissensteiner schon 1981 ediert und damit der Öffentlichkeit zugänglich gemacht.

Wendet man das von Ellenbogen zur Sprache gebrachte Deutungsschema, das der historischen Größe des Austromarxismus gerecht wird, auf den realen Verlauf der Parteigeschichte an, so kann man den 15. Juli 1927 als die Peripetie dieser Bewegung ansehen. Eine Peripetie ist jener Punkt, von dem an sich alles auf die Katastrophe zubewegt, von dem an es langsam, aber sicher bergab geht. Nicht selten tritt diese Peripetie, die alles zum Schlechteren wendet, nach einer Periode des Erfolges, in der sich alles einem positiven Höhepunkt zuzubewegen scheint, auf und zerstört mit einem Schlage alle vordem gehegten Hoffnungen und Träume. Freilich wird dieser Umschlag den Zeitgenossen, den Helden und Opfern wie den bloßen Zuschauern des Geschehens, nicht voll bewußt, im Rückblick aber läßt sich die eherne Gesetzmäßigkeit des Geschehens mit Sicherheit konstatieren. Der tragische Held steht auch nach der Peripetie als der sich ankündigenden Katastrophe im Banne der Verblendung, die Teil seines Schicksals ist, das er aber nicht zu wenden vermag, sondern nur noch durch eigenes Zutun beschleunigt. Der tragische Held ist im Falle des Austromarxismus die große Masse der Anhänger und Gläubigen mit ihren Zukunftshoffnungen, die sich später als Illusionen entpuppen sollten. Auch führende Akteure des Austromarxismus weisen tragische Züge auf, so hat Wilhelm Ellenbogen Otto Bauer, den eigentlichen Kopf und Führer des Austromarxismus, mit der Shakespearischen Figur des Hamlet, der sich der Erfüllung seiner eigentlichen Aufgabe durch Zögern und Zaudern entzieht, verglichen und wie folgt über ihn geurteilt: *„Es liegt eine tiefe Tragik in dem Schicksal Bauers, würdig der dramatischen Gestaltungskraft eines Aischylos, um das eherne Muß dieses Konflikts in der Laufbahn und in der Seele dieser Persönlichkeit in seiner Wucht dem menschlichen Bewußtsein einzuprägen. In ‚Hamlet' ist eine Seite dieses Problems auf die Bühne gestellt."*[2]

Will man das Wesen und den historischen Punkt der Peripetie, die in die Katastrophe mündet, begreifen, muß man weiter ausholen und eine geraffte Darstellung der Exposition und der Entwicklung voranstellen. Ohne eine solche Einbettung in das historische Gesamtgeschehen würde die Peripetie nicht jene Aussagekraft haben, die sie aus den Zusammenhängen mit deren Verarbeitung gewinnt.

EXPOSITION UND ENTWICKLUNG

Die österreichische Sozialdemokratie beginnt, wenn man vom Neudörfler Parteitag 1874, der eine Art Vorspiel der eigentlichen Gestaltwerdung war, absieht,[3] erst mit dem Parteitag von Hainfeld, der 1888/89 stattfand und nicht nur eine Jahreswende als Tagungstermin benützte, sondern auch, ohne sich der Tragweite der eingeleiteten Entwicklung voll bewußt zu sein, eine Zeitenwende markierte. Selbst Karl Renner, der im Gegensatz zu Otto Bauer und seiner Sprache im allgemeinen ein nüchterner Mann war, der die Dinge beim Namen nannte, ohne damit die Massen zu faszinieren, kam im historischen Rückblick geradezu ins Schwärmen, wenn er den Parteitag von Hainfeld als *„das Bethlehem des österreichischen Sozialismus"*[4] feierte. Und in der Tat läßt sich der Vergleich trotz dem gewaltigen Unterschied der historischen und geistigen Dimension rechtfertigen. Denn sowohl in Bethlehem nahm, von der Außenwelt kaum bemerkt, eine Botschaft ihren

Ausgang, die, einmal in die Welt gesetzt, immer weitere Kreise ziehen und immer mehr Menschen in ihren Bann schlagen sollte. Renner läßt mit diesem Vergleich aber auch ein Deutungsschema anklingen, das mit dem aristotelischen konkurriert, ohne ihm zu widersprechen: das spezifisch christliche einer Verkündigungs-, Leidens- und Passionsgeschichte, die mit Kreuzigung und Auferstehung endet. Obwohl der politische und kulturprägende Austromarxismus sich selbst nicht als eine Ersatzreligion empfand, sondern als zur Aktion gewordene wissenschaftliche Theorie in Form des Marxismus, war er doch eine quasi-religiöse Bewegung, an der hunderttausende Menschen nicht nur mit ihren Hirnen, sondern vor allem mit ihrem Herzen hingen.

Der Parteitag von Hainfeld bescherte der Sozialdemokratie nicht nur ein zukunftweisendes Programm, das im wesentlichen jahrzehntelang galt und als eine Art Leitstern fungierte, sondern, mit dieser programmatischen Einigung eng verbunden, auch eine organisatorische Geschlossenheit nach Jahrzehnten von Fraktionskämpfen zwischen „Radikalen" und „Gemäßigten".[5] Wenn der französische Politologe Maurice Duverger die allgemeine Aussage „...das gesamte Leben der Partei trägt den Stempel ihrer Geburt"[6] traf, so läßt sich dies im speziellen besonders gut auf die österreichische Sozialdemokratie anwenden. Die österreichische Partei hatte gegenüber der deutschen Sozialdemokratie, mit der sie nicht allein aufgrund der gemeinsamen Sprache in enger Fühlung war, eine um etwa zwei Jahrzehnte verzögerte Entwicklung. Was Ferdinand Lassalle und August Bebel schon 1863 und 1869 gelang, nämlich die Gründung einer eigenen politischen Partei, kam in Österreich erst 1888/89 zustande. Trotz dieser zeitlichen Verzögerung weisen die deutschen Parteigründungen mit der österreichischen eine Gemeinsamkeit auf, die reflektiert zu werden verdient, weil sie nicht nur für die Entstehungszeit gültig und charakteristisch ist, sondern auch in weiterer Folge zutraf: die überragende Stellung, die Persönlichkeiten bei der Gründung von Parteien einnahmen: in Deutschland waren es August Bebel und Ferdinand Lassalle, die der Arbeiterbewegung den Weg wiesen, in Österreich spielte der aus dem jüdischen Bürgertum kommende Arzt und Philanthrop Victor Adler eine bestimmende Rolle. Er führte die Massen bis an die Schwelle des vermeintlich goldenen Zeitalters der Republik, in das gelobte Land, das er selbst nicht mehr betreten konnte, da er am Tag vor der Ausrufung der Republik, die am

12. November 1918 erfolgte, starb.[7] Das gelobte Land sollte später freilich zum Schauplatz der Niederlage der Sozialdemokratie, zum Kreuz und Grab der einst so stolzen Bewegung werden. Immerhin aber waren der Sozialdemokratie bis 1927 mehr als sieben Jahre, die zwar keine fetten, aber hoffnungsträchtige waren, beschieden, bevor 1927 die mageren rund sieben Jahre, die zur Erschöpfung der Kräfte und zum Zusammenbruch führten, begannen.

Der Geburtsakt in Hainfeld, an dem Victor Adler mehr als Hebammendienste leistete, prägte die Partei, die damals aus der Taufe gehoben wurde, und die unter diesen Vorzeichen entstand, nicht nur nachhaltig, er ließ auch eine Art Geburtstrauma als Dauerprägung zurück. Die Angst, in die Flügelkämpfe vor Hainfeld zurückzufallen, war so groß, daß jeder Versuch einer Fraktionsbildung, wie sie in anderen sozialistischen und kommunistischen Parteien durchaus üblich war, in der SPÖ schon im Keime erstickt wurde. Aus der Tugend der Einheit und Geschlossenheit wurde im Laufe der Zeit das bequeme Schema, um nicht zu sagen kontraproduktive Laster, allen Konflikten aus dem Wege zu gehen und die Geschlossenheit nach außen über die echte Bereinigung innerparteilicher Konflikte zu stellen. Es entwickelte sich ein Mechanismus des Abschiebens von Problemen und des Aufschubes von Problemlösungen, der sich verhängnisvoll auswirken sollte und jeden davor zurückschrecken ließ, einen solchen Versuch auch nur in Angriff zu nehmen, da er von vornherein dazu verurteilt war, an der Mauer und Wand der Einheit, die die Partei nach außen darstellte und darstellen wollte, abzuprallen.[8]

DIE „K. K. SOZIALDEMOKRATIE"

Bis zum Ersten Weltkrieg, der auch für die Partei überraschend ausbrach, obwohl in der sozialistischen Internationale immer wieder von der drohenden Kriegsgefahr die Rede gewesen war, wurde die österreichische Sozialdemokratie nicht nur durch das Hainfelder Parteiprogramm zusammengehalten, als geistige Klammer gab es auch das Brünner Nationalitätenprogramm, das 1899 auf einem eigenen Parteitag beschlossen wurde. Die nationale Frage, die Schicksalsfrage des alten Österreich, an deren Unlösbarkeit es letzten Endes zerbrechen würde, sollte nach den Intentionen der Sozialdemokratie gelöst werden, um für die soziale Reform und die Umgestaltung der Gesellschaft mehr Raum zu gewinnen. Karl Renner publizierte, zum Teil unter Pseudonymen, Schriften zur Nationalitätenfrage, die dieses aus der Umklammerung durch den Dualismus von Österreich und Ungarn und aus dem daraus resultierenden Kronländersystem, das – wie Renner ausführte – *„rücksichtslose Majoritäten"* und *„verzweifelte Minoritäten"* schuf, herauslösen und einer positiven Lösung zuführen sollte.[9] Renner stellte der herrschenden *„atomistisch-zentralistischen"* Auffassung des Gesamtstaates ein *„organisches"* Konzept eines Nationalitätenbundesstaates entgegen. Renner schlug vor, daß die nationalen Einheiten analog zu den Religionsgesellschaften eine auf dem Bekenntnisprinzip beruhende rechtliche, das Gesamtterritorium umfassende Einheit und Autonomie bilden sollten. Der Gesamtstaat sollte sich als Gesamtheit aller Gliedstaaten auf absolut notwendige gemeinsame Kompetenzen beschränken und alle anderen Agenden den nationalen Personenverbänden, die sich über das gesamte Territorium des Staates erstrecken sollten, überlassen. Im besonderen sollten die Nationen berechtigt sein, ihre eigene Sprache auch im öffentlichen Raum, also in der Schule und gegenüber den Behörden, zu verwenden. Der Gesamtstaat sollte nach dieser Konzeption in einen Doppelzug staatlicher Verwaltung und nationaler Selbstverwaltung zerfallen, die einander ergänzen und überlagern sollten.

Auch Otto Bauer trat als erst Sechsundzwanzigjähriger 1907 mit einem großen Werk über *„Die Nationalitätenfrage und die Sozialdemokratie"* hervor, die ihn mit einem Schlag berühmt machte und seinen Ruf als hervorragender Theoretiker begründete. Seine in diesem Buch enthaltene Definition der Nation kann sich noch heute sehen lassen und erweist sich anderen Lesarten, wie der Lenins und Stalins, die auf das Territorium und gemeinsame objektive Kriterien abstellen, auch in heutiger Sicht noch als überlegen. Bauers Formel lautete: *„Die Nation ist die Gemeinschaft der durch Schicksalsgemeinschaft zu einer Charaktergemeinschaft verknüpften Menschen."*[10] Bauer trat wie Renner, mit dessen Reformvorschlägen er im wesentlichen übereinstimmte, für die Erhaltung des supranationalen Rahmens des habsburgischen Vielvölkerstaates ein, ohne freilich für dieses Gebilde oder gar für die habsburgische Dynastie Sympathien zu empfinden. Renner hingegen hielt aus tiefster Überzeugung mit allen Fasern seines Herzens an der Konstruktion des übernationalen Gesamtstaates fest. Er hielt ihm auch dann noch die Treue, als die historische Realität längst über diese Möglichkeit hinweggegangen war und als Otto Bauer längst die Idee selbständiger Nationalstaaten bejahte und verfolgte. Es ist eine Ironie der Geschichte, daß gerade Karl Renner entgegen dem, was er bis zuletzt festhalten wollte, in die Lage kam, als Staatskanzler an der Spitze der neuen Republik zu stehen, eine Rolle, die ihm unter ganz anderen Vorzeichen 1945 noch einmal zufiel.[11] Renner, der den Ersten Weltkrieg, ohne Militarist zu sein, als nationale und kulturelle Selbstverteidigung bejahte und unterstützte, wollte die Niederlage, die auch ein Aus für den übernationalen Staat bedeuten sollte, so lange wie möglich nicht wahrhaben, was ihn nicht hinderte, die neuen Realitäten rechtzeitig zur Kenntnis zu nehmen, ja sich an deren Spitze zu stellen.

Trotz der Unterschiede, die zwischen Renner und Bauer in der Einschätzung der nationalen Frage bestanden, waren doch beide überzeugt, diese friedlich lösen zu können. Beide unterschätzten die Dynamik des nationalen Faktors, der sich nicht mit Schul- und Sprachenkonzessionen zufrieden geben sollte, sondern nach dem territorialen Nationalstaat strebte, der wieder jene Mehrheiten und Minderheiten schuf, denen Renners Konzept ein Ende bereiten sollte. Bauer hielt den nationalen Haß überhaupt nur für einen *„transformierten Klassenhaß"*[12] und verstellte sich mit dieser marxistischen Formel den Blick auf die tiefe Bewegtheit des nationalen Gefühls, dem man mit rationalen Begründungen und Überwindungsversuchen nicht beizukommen vermag. Doch dieses Urteil über die Sozialdemokraten Karl Renner und Otto Bauer läßt sich auch auf die bolschewistischen Widersacher des Austromarxismus ausdehnen, die den nationalen Faktor rücksichtslos einsetzten, um den zaristischen Vielvölkerstaat, der in mancher Hinsicht mit Österreich vergleichbar war, zu sprengen und zu zerstören. Doch auch die Bolschewiki gaben sich der Illusion hin, daß die Nationalismen, nachdem sie ihre historische Funktion als Sprengmittel der bestehenden Ordnung erfüllt hatten, ihre Kraft verlieren würden und sich friedlich in eine sozialistische Gesellschaft einordnen ließen. Gar bald aber mußte der an der Macht befindliche Kommunismus den Nationalismus bekämpfen, wo er sich nicht in die politischen Pläne der neuen Herrscher fügte, so bei der Niederschlagung des georgischen Aufstandes 1921, der vom proklamierten Selbstbestimmungsrecht der Völker gegen den neuen Staat Gebrauch machte. Das Recht auf Selbstbestimmung und Loslösung vom Gesamtstaat war gut genug gewesen, um den alten Staat zu zerstören, es wurde aber mit Füßen getreten, wenn es sich gegen die neuen Machthaber wendete. Allen Schulen und Schattierungen des Marxismus ist also bei aller Verschiedenheit der historischen Einkleidung die Unterschätzung der Dynamik und Wirkmächtigkeit des nationalen und die gleichzeitige Überschätzung des Klassenkampfes und seiner Attraktivität gemeinsam. Man erkannte nicht, daß der nationale Faktor die Oberhand über den politisch-revolutionären gewinnen und behaupten kann und sich schon deshalb als überlegen erweist, weil er die Menschen zu einer Einheit verbindet, während der Klassenkampf die Menschen trennt. Der nationale Faktor ist dem politischen quantitativ, aber auch in der emotionalen Stärke und psychologischen Verankerung qualitativ überlegen. Jedenfalls hat sich der Nationalismus historisch erstaunlich gut gehalten und wirkt weltweit an allen Ecken und Enden noch weiter, während sich die Idee des Sozialismus vergleichsweise verflüchtigt hat, obwohl das Streben nach einer gerechteren Gesellschaft als der bestehenden nie aus dem Repertoire menschlicher Illusionen, aber auch legitimer Kampfziele verschwinden wird.

Doch um zum Hauptthema des Austromarxismus zurückzukehren, muß festgehalten werden, daß er jahrzehntelang in einem Widerspruch verharrte, der auch seine spätere historische Wirksamkeit durchzog und charakterisierte: der zwischen einer revolutionär klingenden, auf die totale Umwälzung der Gesellschaft abzielenden Programmatik und Agitation und einer sich in den gegebenen staatlichen Rahmen einfügenden Praxis. Man hat nicht zu Unrecht von einer „k. k. Sozialdemokratie"[13] gesprochen und damit gemeint, daß sich die Sozialdemokratie im Rahmen des habsburgischen Vielvölkerstaates revolutionär gebärdete, de facto aber eine staatserhaltende Kraft war, ohne daß sie sich dies eingestand und ohne daß ihr die herrschenden Kreise des alten Österreich die verdiente Anerkennung zollten, geschweige denn die angebotenen Vorschläge aufgriffen. Die k. k. Sozialdemokratie spielte so lange die Rolle einer unbedankten Staatserhalterin, bis die Geschichte über die Möglichkeit, die diese Reformen im Falle ihrer Anwendung eröffnet hätten, hinwegging. Dieses Mißverständnis ihrer selbst und des Mißverstandenwerdens durch andere sollte sich in der Ersten Republik wiederholen und Teil des Schicksals der Sozialdemokratie sein, ein Schicksal, dem sie durch eine radikale Sprache, die die eigenen Anhänger mit einem Übermaß an Kraftgefühl erfüllte und die Gegner vor den Kopf stieß, Vorschub leisten sollte.

Ein Beispiel aus der Geschichte des alten Österreich, das diese Ambivalenz im Umgang mit dem Bestehenden illustriert, ist die des *„Hofganges",* die die Gemüter am Parteitag 1909 erregte. Engelbert Pernerstorfer hatte als Vizepräsident des Abgeordnetenhauses an einem Empfang beim Kaiser teilgenommen. Otto Bauer, damals noch nicht Führer der Partei, warnte vor dem *„Revisionismus der Hofgängerei",* gleichzeitig aber vor einem *„Radaurevisionismus".*[14] Bauer und andere, die sich zu dieser Frage äußerten, standen vor dem Dilemma, entweder den eigenen Prinzipien treu zu bleiben und Veranstaltungen am Hof zu meiden, oder diese Hofgänge zu unternehmen, damit aber zuzugeben, daß man ein Teil der Ordnung, gegen die man ankämpft, ist. Victor Adler führte am Parteitag 1909 zu dieser Frage aus: *„Es gibt nicht nur eine opportunistische Opportunität, es gibt auch eine prinzipielle Opportunität. Es ist viel leichter, prinzipiell zu sein und auf der geraden Linie zu reiten, als es ist, Notwendigkeiten Rechnung zu tragen."* Adler, der von einer „prinzipiellen Opportunität" sprach, wollte wohl sagen, daß auch eine Anpassung an die Notwendigkeit prinzipientreu sein könne, ließ aber durch seine Formulierung „prinzipielle Opportunität" die weniger freundliche Deutung, das Unvereinbare doch vereinbaren zu können und rhetorisch zu überbrücken, offen. Die Symbolik des Hofganges war eine vergleichsweise harmlose Selbstentlarvung, bis zur verhängnisvollen Selbstentlarvung am 15. Juli 1927 sollten noch fast zwei Jahrzehnte vergehen.

DIE „ÖSTERREICHISCHE REVOLUTION"

Mit dem Zusammenbruch des alten Österreich war der Weg frei für einen eigenen Staat Deutsch-Österreich und für die Republik. Dieser neue Staat war nicht, wie die anderen Österreich umgebenden Nationalstaaten, wie Ungarn und die spätere Tschechoslowakei, das Ergebnis einer zielstrebigen, auf die Selbständigkeit hinarbeitenden Planung seitens der Österreicher, sondern das Ergebnis des Exodus der nicht-deutschen Nationalitäten, die nicht länger unter einem Dach und unter einer Krone zusammenleben, sondern ihre eigenen Staaten begründen und bevölkern wollten. Die Erste Republik war also von Anfang an eine Reaktionsbildung auf den ohne eigenes Zutun zustandegekommenen Zerfall des alten Österreich. Friedrich Austerlitz, der langjährige Chefredakteur der

„Arbeiter-Zeitung", brachte den tatsächlichen Zusammenhang und Sachverhalt in den stürmischen Umbruchstagen wie folgt auf den Punkt: *„Der deutsche Staat in Österreich ... hat ein Grundgebrechen. Er ist nicht im Kampf geboren, nicht durch das Feuer des Kampfes gehärtet. Er hat eine große Ähnlichkeit mit der reichsdeutschen Demo-kratie, der man, die sozusagen eine Niederlage-Demokratie ist, auch nicht recht froh wird."*[15] Es war daher kein Zufall, sondern eine Folge dieses Geburtsfehlers, daß sowohl die österreichische als auch die deutsche Demokratie dem Druck von innen nicht standhalten konnten und die historische Bewährungsprobe nicht bestanden.

Doch noch war es 1918 und in den folgenden Jahren längst nicht so weit. Deutsch-Österreich, das sich später Österreich nennen mußte, wurde in die Selbständigkeit gestoßen und mußte sehen, wie es mit dieser ungewohnten Lage zurechtkommt. Für die Österreicher war die Reduzierung auf ein Rest-Österreich ein Schock, vergleichbar der Situation einer vielköpfigen Familie, die bis dahin in einer geräumigen Wohnung logieren konnte, nunmehr aber auf die Beengtheit einer Kleinwohnung zurückgeworfen war. Statt sich die Frage vorzulegen, ob es nicht möglich sei, auch unter bescheideneren Verhältnissen und auf engem Raum zu leben, hiel-ten die Österreicher nach einer großen Ersatzwohnung Ausschau. Nicht wenige klammerten sich noch an die Hoffnung einer Wie-derherstellung der Monarchie, der Restauration des alten Öster-reich. Aber auch diese Nostalgiker mußten zur Kenntnis nehmen, daß auf absehbare Zeit keine Chance für diese Lösung bestand. Und so kam es, daß die meisten Österreicher und der neue Staat als solcher in dem Anschluß an Deutschland die einzig Lösung des Kleinstaatsproblems sahen, mit dem man sich nicht abfinden wollte. Der Beschluß der provisorischen Nationalversammlung vom 12. November 1918 rief den neuen republikanischen Staat ins Leben, um im nächsten Passus diesen eben erst kreierten Staat zum Bestandteil der deutschen Republik zu erklären. Dieser historisch wohl einzigartige Vorgang der gleichzeitigen Schöpfung und Auf-lösung des Geschaffenen in einer höheren Einheit war Ausdruck der schier unlösbaren Situation und Konfliktstellung, in der man sich damals befand. Der Anschluß an Deutschland wurde Öster-reich in dem aufgezwungenen Friedensvertrag von St. Germain 1919, der in Wirklichkeit ein Friedensdiktat war, verboten und blieb so bis 1938 eine bloße Proklamation; viele Österreicher aber hatten das Gefühl, daß ihnen die eigentliche Lösung der Probleme dieses Staates durch dieses Verbot vorenthalten wurde. Sie betrachteten diesen Staat als ein bloßes Provisorium und Transitorium und waren daher auch nicht bereit, allzuviel Kraft und Hoffnung in diesen Staat zu investieren. Die allgemein verbreitete Überzeugung von der fehlenden Lebensfähigkeit Österreichs war nicht das Ergebnis einer angestellten rationalen Analyse, sondern der Ausdruck der Unwilligkeit, sich auf die dauernde Realität des neuen Staates einzulassen und sich voll mit ihm zu identifizieren. Erst der 1938 durch militärische Gewalt seitens Hitler-Deutschlands vollzogene Anschluß brachte die Erfüllung des 1918 proklamierten Wunsches. Er kam allerdings unter Umständen und mit Folgewirkungen zustande, die den Österreichern die Lust am Anschluß ein für allemal verleidete und sie den Wert der Existenz eines eigenen Staates schätzen ließ.

In der Ersten Republik war es jedenfalls noch nicht so weit, es waren nur kleine Gruppen und einzelne Stimmen, wie die von Anton Wildgans in seiner *„Rede über Österreich"* von 1930, die dem Staat die Treue hielten und ihn unter allen Umständen erhalten sehen wollten. Der Staat der Ersten Republik ist nicht nur den Stürmen der Weltgeschichte und der Gewalt von außen erlegen, sondern ist auch an seinen Grundgebrechen zugrundegegangen. Das Beispiel des Österreich der Ersten Republik lehrt, daß jeder Staat auf die Dauer zum Untergang verurteilt ist, dessen Bevölkerung nicht ein Minimum an Konsens aufweist, sondern von Anfang innerlich geteilt und zerfallen ist.

Denn wenn die Österreicher auch die kleinmütige Überzeugung, nicht aus eigener Kraft und mit eigenen Mitteln den neuen Staat aufbauen und aufrechterhalten zu können, einte, so war es doch eine verschiedene Gefühlslage, mit der die verschiedenen Volksschichten der neuen Wirklichkeit, unabhängig davon, ob sie als provisorisch oder dauernd gedacht wurde, gegenübertraten. Die sozialistische Arbeiterschaft und die sie führenden Sozialdemokraten waren zwar auch voll der Ungewißheit über den Stellenwert der Republik im Vergleich zu Deutschland und zu Europa, aber dieses flaue Gefühl wurde durch die große Hoffnung versüßt, die man an den nunmehr entstandenen Staat knüpfte. Die Sozialdemokratie witterte politische Morgenluft, zumal auch in Deutschland ein sozialdemokratischer Präsident in der Person Friedrich Eberts an der Spitze stand. Die Sozialdemokratie weinte dem alten Österreich, dessen Untergang so viele aus den anderen politischen

Lagern beklagten, keine Träne nach und fand sich mit der neuen Lage nicht nur leicht ab, sondern gewann ihr überwiegend positive Seiten ab und nützte sie zu einer sozialen Gesetzgebung, die die Basis für den später etablierten Wohlfahrtsstaat legte.

Die Sozialdemokratie nützte ihre Regierungszeit 1918 bis 1920 nicht nur zu sozialen Initiativen im Interesse der in ihren Reihen vereinigten Arbeiterschaft, sondern steigerte sich in ihrem artikulierten Selbstverständnis in die Rolle der Schöpferin und Verteidigerin dieser Republik hinein. Man sprach nicht erst 1923, als Otto Bauer seine Geschichtsdarstellung *„Die österreichische Revolution"* veröffentlichte und die Nachkriegsjahre Revue passieren lassen sollte, von der *„österreichischen Revolution"* und verlieh damit dem gesteigerten Selbstbewußtsein Ausdruck. Man bediente sich einer revolutionär klingenden Sprache, aber nicht nur zur Erhöhung des eigenen kollektiven Ego, sondern auch um die Gegner der Republik einzuschüchtern und die eigenen Anhänger davon zu überzeugen, daß das tatsächlich Geschaffene und Erreichte das Maximum des Erreichbaren sei. Denn es gab innerhalb der Arbeiterschaft, nicht nur durch das Beispiel des räterepublikanischen Ungarns angespornt, aber dadurch wohl auch ermuntert, starke Kräfte, die dafür plädierten, die Situation nicht nur zu Sozialgesetzen, sondern auch zu einer sozialistischen Machtergreifung, zu einer proletarischen Diktatur auszunützen. Die Führer der Sozialdemokratie, nicht nur der tonangebend gewordene Otto Bauer, sondern auch Friedrich Adler, der durch das am 21. Oktober 1916 gegen den österreichischen Ministerpräsidenten Graf Stürgkh gerichtete Attentat große Popularität in der Arbeiterschaft gewonnen hatte, traten diesen Versuchen einer Etablierung der Rätediktatur entgegen und benützten die vorhandenen Arbeiterräte nur als Druckmittel, nicht aber als Kampfinstrumente zum völligen Umsturz der Gesellschaft. Sie wendeten statt des konsequenten Rätesystems das typisch österreichische und austromarxistische *„Zuredesystem"* an. Diese Haltung entsprang nicht nur der realistischen Einschätzung der konkreten Lage und ihrer Möglichkeiten, sondern auch der Natur der Partei, die zwar revolutionäre Parolen im Munde führte, im Grunde aber keine gewaltbereite revolutionäre Kraft war.

Schon in diesem Stadium der Entwicklung sollte sich abzeichnen, daß der Verbalradikalismus der Sozialdemokratie nicht nur die günstigen Folgen der Einschüchterung der Gegner und der

Beruhigung der anvertrauten Massen hatte, sondern auch die nicht unerhebliche Nebenwirkung, beim politischen Gegner Haß und Rachsucht zu provozieren. Die Sozialdemokratie brachte sich durch ihre revolutionäre Agitation nicht nur um die Früchte der Anerkennung der Zurückhaltung, die sie sich beim Kampf um die Macht auferlegt hatte, sie betätigte sich nicht nur wieder einmal als unbedankte Staatserhalterin, sondern wurde von den Gegnern beim revolutionären Wort genommen und als gefährlicher Wolf identifiziert, während die Sozialdemokraten in Umkehrung des biblischen Bildes und Wortes in Wahrheit *„Schafe im Wolfspelz"* waren und gar nicht daran dachten, sich auf revolutionäre Weiterungen und Abenteuer einzulassen.

So wurde die *„österreichische Revolution",* die keine Revolution in militärischem Sinne, die mit Blut und Gewalt einhergeht, und auch keine im marxistischen Verständnis war, da es zu keiner grundlegenden Änderung der Eigentumsverhältnisse kam, doch von Freund und Feind als ein revolutionäres fait accompli betrachtet, dem man positiv oder negativ gegenüberstand. Sowohl das Selbstverständnis der Sozialdemokratie als auch das des Bürgertums und Kleinbürgertums, das auf die Christlichsozialen und Großdeutschen verteilt war, entsprach nicht den historischen Tatsachen: die Sozialdemokratie reklamierte eine Revolution für sich, die ihr durch die historischen Umstände in den Schoß gefallen war, und die konservativen Bevölkerungsteile empfanden sich als Opfer feindlicher Mächte von innen und außen und stellten keine Gewissenserforschung an, ob sie nicht auch durch eigenes Tun und vor allem Unterlassen von rechtzeitigen Reformen zum Untergang des alten Österreich beigetragen hatten. Sie fühlten sich durch den parallelen bescheidenen Aufstieg der Arbeiterschaft noch mehr gedemütigt und der sozialen Deklassierung anheimgefallen. So verschieden diese beiden Reaktionen, die stolze, brustgeschwellte der Sozialdemokratie, und die wehleidige der bürgerlichen Schichten auch waren, sie waren und blieben beide Stilisierungen der Geschichte, die dem eigenen Selbstgefühl schmeichelten, aber in verhängnisvoller Weise ineinandergriffen und einander entzweiten und aufschaukelten. So kam es, daß der 12. November, der Tag der Ausrufung der Republik, nur von der Sozialdemokratie und als Pflichtübung von den Staatsspitzen gefeiert, für weite Kreise der übrigen Bevölkerung aber als schwarzer Tag angesehen wurde, an dem es nichts zu feiern, aber viel zu beweinen gab.

Die Sozialdemokratie verließ im Juni 1920 erleichtert die Koalition mit den bürgerlichen Parteien und zog sich in die Opposition zurück, auch in diesem Falle nicht nur aus einer konkreten Einschätzung der Situation heraus, sondern weil für sie, wie Otto Bauer am Parteitag 1920 programmatisch ausführte, *„die natürliche Stellung des Proletariats gegenüber dem bürgerlichen Staat, auch in seiner republikanischen Form, die der Opposition“*[16] sei. Er hielt es für selbstverständlich, daß die Führung des Staates, solange er noch ein bürgerlicher ist, den bürgerlichen Klassen zufiel. Otto Bauer konnte den Weg in die Opposition ohne Sorge um die Zukunft der Partei und der Arbeiterschaft antreten, da für ihn nach seiner Lesart des Marxismus die Zukunft doppelt als für den Sozialismus reserviert und abgesichert war: zum einen vertraute er auf die steigende Zahl der unselbständig Erwerbstätigen, die ihrem sozialen Sein durch den bewußten Akt der Wahlentscheidung zugunsten der Sozialdemokratie Ausdruck verleihen würden, zum anderen war er von der Überzeugung durchdrungen, daß der Kapitalismus ohnehin an seinen inneren Widersprüchen zugrunde gehen müsse. Bauer legte sich über das zeitliche Verhältnis des Eintretens der beiden Punkte, die Wendepunkte zum Sozialismus waren, keine Rechenschaft ab, noch kam es ihm in den Sinn, daß beide Punkte in der Ferne nur Irrlichter waren, die den Blick für die Realitäten nicht schärften, sondern ins Nebulose lenkten.

Was in dieser optimistischen Zukunftserwartung und Perspektive nicht einkalkuliert blieb, war die Möglichkeit, daß die Menschen das ihnen von der marxistischen Theorie her zugemutete Schicksal der Proletarisierung nicht hinnehmen und durch ihr Wahlverhalten nachvollziehen würden, sondern sich dagegen auflehnen könnten. Der Faschismus als Fehlreaktion auf eingetretene Veränderungen war, obschon in Italien an der Herrschaft, noch nicht als allgemeine Gefahr für den Sozialismus, im besonderen den österreichischen, identifiziert. Auch die Ausweichperspektive des Zusammenbruchs des Kapitalismus trat nicht in der erwarteten Form und mit der gewünschten Schnelligkeit ein: daß nicht der Kapitalismus, sondern der Sozialismus, in der einzigen damals konkreten Gestalt des russischen Kommunismus, dereinst zusammenbrechen würde, blieb überhaupt außer Betracht, obwohl der große Lehrmeister der deutschen und österreichischen Sozialdemokratie, Karl Kautsky, dem in Rußland an die Macht gelangten Kommunismus leninscher Prägung für eine Abirrung vom Geist und Buchstaben des Marxismus hielt und ihm nicht eine große Zukunft, sondern einen Zusammenbruch voraussagte, ein Zusammenbruch, der freilich erst Jahrzehnte nach dem Zweiten Weltkrieg eintreten sollte.[17] Die von Bauer ausgegebene Devise *„Hände weg von der Sowjetunion!"* brachte zum Ausdruck, daß man das russische Experiment nicht stören, sondern ihm Wohlwollen und Sympathie entgegenbringen wollte. Die Überschätzung, ja völlige Fehleinschätzung der positiven Wirkungen, die vom Sowjetkommunismus für den Weltsozialismus und dessen Sieg ausgehen können, wurde durch die Unterschätzung des Faschismus als einer Alternative zum Sozialismus nicht wettgemacht, vielmehr bedingten und unterstützten sich die beiden Annahmen und trübten den Blick für die Realität. Doch die gemeinsame Prämisse von der historischen Notwendigkeit und Unumgänglichkeit des Sozialismus war so stark, daß sie eine nüchterne Betrachtung der Wirklichkeit blockierte und der sozialistischen Taktik nicht jenen Stellenwert zuerkannte, der ihr in der Realität zukam, sorgte doch angeblich die Gesamtstrategie der dem Sozialismus in die Hände arbeitenden historischen Entwicklung dafür, daß die Rechnung trotz aller Fehler und Schnitzer, die man beging, letzten Endes und in gar nicht so ferner Zukunft aufgehen würde.

Doch wir haben der sich erst später manifestierenden tatsächlichen Entwicklung vorgegriffen, um auf sie wieder zurückzukommen. Rückgriff und Vorgriff sind bei der Darstellung historischer Prozesse nicht nur zulässig, sondern geradezu erforderlich, um den Gesamtzusammenhang verständlich zu machen.

Der Kampf um Genf

Schon im Jahre 1922 sollte sich eine Gelegenheit ergeben, um die eigene Strategie und Taktik mit der der bürgerlichen Regierungsmacht zu messen und eine Kraftprobe zu wagen, von der viel für die Zukunft abhängen sollte. Die große Schlacht, die im Oktober 1922 stattfand, war der Kampf um die Genfer Sanierung des Staatshaushalts. Österreich befand sich nach der Inflation, die Hunderttausende um ihre Ersparnisse brachte und damit proletarisierte, in einer Wirtschaftskrise, die man als *„Tragödie der Erschöp-*

fung"[18] charakterisieren konnte. Es war dringend notwendig, den Staatshaushalt einer Konsolidierung zuzuführen, um einen Staatsbankrott mit all seinen schrecklichen Folgen zu vermeiden. Seipel unternahm Reisen nach Berlin, Prag und Verona und es gelang ihm tatsächlich, eine Anleihe des Völkerbundes in der Höhe von 650 Millionen Goldkronen zu erhalten, die Seipel am 4. Oktober in Genf auch unterzeichnete, die aber noch der Ratifizierung durch das Parlament bedurfte. Die Sozialdemokratie kündigte nach der Rückkehr Seipels aus Genf ihren entschlossenen Widerstand gegen den *„Genfer Knechtungsvertrag"*[19] an, der Österreich der Kontrolle eines Völkerbundkommissars unterstellte. Die Sozialdemokratie blieb bei ihrer schon am 1. Oktober 1921 der Regierung überreichten Denkschrift, in der sie der sich abzeichnenden Finanzkrise durch ein Bündel gezielter Maßnahmen beikommen wollte. Der sozialdemokratische Finanzplan enthielt die Forderungen einer progressiven Vermögenssteuer, nach Erhöhung der Grundsteuer, bei gleichzeitigem Verzicht auf Erhöhung der Verbrauchssteuern, eine Reihe innerer Zwangsanleihen, deren Erträge für Investitionen verwendet werden sollten, und befürwortete die Übertragung zahlreicher Bundesbetriebe an gemeinwirtschaftliche Anstalten. Doch diese Forderungen stießen mit Ausnahme des Vorschlags des Abbaus von Staatszuschüssen an Lebensmittel auf den Widerstand der Regierungsparteien, die darin einen Ausfluß der von ihnen prinzipiell abgelehnten sozialdemokratischen, auf Klassenkampf ausgerichteten Programmatik sahen. Alle von der Sozialdemokratie vorgebrachten Vorschläge wären auch in einer Koalitionsregierung, die man ja 1920 freiwillig verlassen hatte, nicht leicht durchsetzbar gewesen, einer bürgerlichen Regierung erschien es umso weniger zumutbar, dem zuzustimmen, was allenfalls in den beiden ersten Nachkriegsjahren erreichbar gewesen wäre. Die Sozialdemokratie verlangte im Grunde die verspätete Nachholung dessen, was schon unter dem Vorzeichen des *„Gleichgewichts der Klassenkräfte"*,[20] mit dem Otto Bauer unter Berufung auf ein Theorem von Friedrich Engels die Zulässigkeit der Nachkriegskoalition rechtfertigte, nicht durchsetzbar war und angesichts der inzwischen eingetretenen Verschiebung zu einer bürgerlichen Klassengesellschaft umso weniger durchgesetzt werden konnte. Außerdem bezweifelten der Sozialdemokratie durchaus wohlwollend gegenüberstehende Beobachter und Kommentatoren, wie Hans Kelsen, ob die von der Sozialdemokratie lancierten Vorschläge auch im

Falle ihrer Anwendung ausgereicht hätten, die überfällige Sanierung herbeizuführen.

Konfrontiert mit dieser Situation, in der auch die öffentliche Meinung überwiegend auf der Seite Seipels stand, ja ihn als Retter in der Not feierte, wäre es ratsam gewesen, ein bedingtes Ja zum Genfer Vertrag zu sprechen und sich so wenigstens einen Teil des Erfolges sichern und mit Seipel teilen zu können, den Seipel, der durch sein Vorgehen in Wahrheit vollendete Tatsachen schuf, infolge der Ablehnung durch die Sozialdemokratie voll für sich in Anspruch nehmen konnte.

Statt dessen kam es am sozialdemokratischen Parteitag am 14. und 15. Oktober 1922 zu einem Kriegsrat, der zum Kampfe blies, aber die Antwort schuldig blieb, wie dieser Kampf gewonnen werden könne. Karl Renner war der einzige, der schon in diesem Stadium der Überzeugung war, den Vertrag, den die Sozialdemokratie mit sozialen und nationalen Argumenten als die *„Schmach von Genf"* bekämpfte, nicht mehr verhindern zu können.[21] Otto Bauer brachte seinen Standpunkt, der der offizielle der Partei war, auf die Formel: *„Um jeden Preis darf man Kredite nicht annehmen."* Er ließ mit dieser Stellungnahme aber auch durchblicken, daß er nicht prinzipiell gegen einen Kredit, aber nicht unter diesen Bedingungen war. Nun liegen die Bedingungen und Auflagen eines Kredits aber meist nicht in der Hand des Kreditnehmers, sondern des Gläubigers.

Die Sozialdemokratie hätte aber nach ihrem strikten Nein noch die Möglichkeit gehabt, das Wirksamwerden des Vertrages zu verhindern, indem sie sich im Parlament überstimmen ließ und den Verfassungsgerichtshof anrief, da eine so weitgehende Einschränkung der Budgethoheit, wie sie das Vertragswerk implizierte, zweifellos einer Zweidrittelmehrheit bedurft hätte. Dies aber hätte wahrscheinlich an sich schon genügt, um die Kreditgeber von ihrem Vorhaben abzubringen und den Genfer Vertrag so tatsächlich zu Fall zu bringen. Die Verantwortung für ein solches Scheitern aber wollte die Sozialdemokratie nicht übernehmen. Ebensowenig dachte sie im Ernst daran, das Vertragswerk durch außerparlamentarische Streiks und andere Kampfmaßnahmen zu torpedieren. Sie ließ sich damit abfinden, im Wege eines außerordentlichen Kabinettsrates die Zustimmung zum laufenden Vollzug des Reform- und Finanzprogramms vom Parlament abhängig zu machen. Mit dieser Zustimmung zum von Seipel angebotenen Kompromiß begab sie sich der Möglichkeit, die Verfassungsfrage offensiv aufzuwerfen und so den letzten Trumpf auszuspielen. Sie betätigt sich wieder einmal als unbedankte Staatserhalterin und mußte sich eingestehen, von Seipel in die Knie gezwungen worden zu sein. So meinte Otto Bauer resignierend: „*Der 4. Oktober 1922 war Seipels Revanche für den 12. November 1918.*"[22]

Der vermeintliche Weg zur Macht

Seipel hatte den Kampf um Genf jedenfalls nach Punkten gewonnen und gewann schon damals die Einsicht, die mir August Maria Knoll, der Sekretär Seipels in den letzten Lebensjahren, erzählte und die sich auch später in der Auseinandersetzung mit Bauer bewahrheiten sollte: daß er nämlich „*zwei linke Hände für die Politik*" hatte, also eine linke Politik linkisch betrieb. Bauer zollte Seipel nach dessen Tode nicht zuletzt aufgrund der Erfahrung, die er 1922 mit ihm gemacht hatte, Bewunderung und Anerkennung. Das kalte Kalkül Seipels sollte auch in weiterer Folge den Sieg über die Rhetorik Bauers davontragen, hinter der keine echte Entschlossenheit stand.

Otto Leichter, ein führender Publizist des Austromarxismus und ein enger Vertrauter Otto Bauers, der in der Zweiten Republik vergeblich versuchte, wieder Fuß in der SPÖ zu fassen, resümierte die Vorgangsweise der Sozialdemokratie, die sich im Kampf um Genf am deutlichsten manifestierte, mit den folgenden, nicht nur für diese verlorene Schlacht von Genf gültigen Worten: „*Zuerst den äußersten Widerstand androhen, aber schließlich doch zu verhandeln und in einer – freilich geänderten Situation – einen Großteil dessen zuzugestehen, um dessentwillen man vorher den entscheidenden Widerstand angekündigt hatte.*"[23] Doch Otto Bauer waren die selbstzerstörenden Konsequenzen einer solchen Taktik und Strategie auch nach der Genfer Sanierung nicht bewußt. Er war voller Optimismus und versprühte diesen in Wort und Schrift. So führte er in der Broschüre „Der Kampf um die Macht" 1924 verheißungsvoll aus: „*Die Zahlen beweisen es: Wir können in wenigen Jahren mit dem Stimmzettel die Mehrheit und damit die Macht in der Republik, die Herrschaft über die Republik erobern!*"[24] Er war sich aber auch darüber im klaren, daß dazu eine Gewinnung neuer Schichten erforderlich sei: „*Wir müssen bleiben, was wir schon sind, die Partei der Arbeiterklasse. Aber wir müssen jetzt, um der Arbeiterklasse die Macht zu erobern, zu mehr werden: zur Partei des sich unter der Führung der Arbeiterklasse sammelnden arbeitenden Volkes."*

Die Partei sollte also für die, wenn man den Trend der Zahlen in die Zukunft verlängerte und extrapolierte, absehbare Machtübernahme gerüstet werden und Teile der Bevölkerung, die man bisher zur „*reaktionären Masse*" gerechnet hatte, aus der Umklammerung durch den bürgerlichen Klassengegner losreißen und auf die eigene Seite, die des historischen Fortschrittes ziehen. Die Partei gab sich in Verfolgung dieses Zieles ein eigenes Agrarprogramm, dem Otto Bauer mit seiner programmatischen Schrift „*Der Kampf um Wald und Weide*"[25] die theoretische Grundlage geliefert hatte.

Das Linzer Programm

1926 hielt man die Zeit für gekommen, programmatische Erwägungen im Hinblick auf die bevorstehende Machtübernahme anzustellen und sie in einem Programm zu verankern. Dieses Programm war das am Linzer Parteitag 1926 beschlossene sogenannte „*Linzer Programm*". Es war noch vom Hochgefühl des Austromarxismus und seiner Naherwartung geprägt, war aber insofern gleichzeitig von des Gedankens Blässe angekränkelt und defensiv, als es das eigene Handeln nur als Reaktion auf das der Gegenseite definierte und Situationen, deren Eintreten man befürchtete, vorwegnahm. Die Partei war zwar optimistisch, was den Sieg mit dem Stimmzettel anbelangte, aber pessimistisch in bezug auf das, was nach einem sozialistischen Wahlsieg eintreten würde. Man war mißtrauisch und fühlte sich verpflichtet, jene zwei Fälle anzuführen, die nach einem sozialistischen Wahlsieg eintreten könnten. Der eine war, daß die Bourgeoisie versuchen würde, eine mit der Mehrheit ausgestattet Sozialdemokratie an der Übernahme der Macht zu hindern. Für diesen Fall galt die Ankündigung des Programms: „*Wenn es aber trotz allen diesen Anstrengungen der Sozialdemokratischen Partei einer Gegenrevolution der Bourgeoisie gelänge, die Demokratie zu sprengen, dann könnte die Arbeiterklasse die Staatsmacht nur noch im Bürgerkrieg erobern.*" Der andere befürchtete Fall war, daß eine schon an der Macht befindliche Sozialdemokratie seitens der Bourgeoisie gehindert würde, „*durch die planmäßige Unterbindung des Wirtschaftslebens, durch gewaltsame*

Auflehnung, durch Verschwörung mit ausländischen gegenrevolutio-
nären Mächten" ihre Macht auszuüben, *„dann wäre die Arbeiter-*
klasse gezwungen, den Widerstand der Bourgeoisie mit den Mitteln
der Diktatur zu brechen." [26]

Es erhebt sich nicht erst rückblickend die Frage, ob es notwendig
und zweckdienlich war, befürchtete Entwicklungen zum Gegenstand eines Programms zu machen und sich auf eine bestimmte
Verhaltensweise festzulegen und dabei den Begriff der *„Diktatur",*
dem der Ludergeruch der Revolution und eine Assoziation von
Blut und Gewalt anhafteten, wenn auch nur defensiv, ins Spiel
zu bringen. Julius Deutsch berichtet in seinen Lebenserinnerungen, daß er sich als Mitglied der Programmkommission gegen die
Aufnahme dieses durch die bolschewistische Revolution diskredi-
tierten Begriffes aussprach, mit dieser seiner ablehnenden Haltung
aber nicht durchdrang.[27] Die Formulierungen des Programms
waren und sind primär als Widerspiegelung der inneren Kräfteverhältnisse der Partei zu verstehen. Um eine noch linkere direkte
Bejahung der *„Diktatur"* im marxschen Sinne, wie sie Max Adler
und die Parteilinke forderte, abzuwehren und ihr doch entgegenzu-
kommen, fand der unglückselige Begriff Eingang in das Programm
und öffnete der bürgerlichen Propaganda das Tor für Mißverständ-
nisse und Fehlinterpretationen, die sich an den Begriff allein klammerten, ohne den Zusammenhang, in dem dieser Passus stand,
zu berücksichtigen. Hätten die Verfasser und Akklamatoren des
Linzer Programms geahnt, daß kaum ein Jahr später, am 15. Juli
1927 nämlich, eine bürgerkriegsähnliche Situation eintreten würde,
die sich propagandistisch besonders gut gegen die Sozialdemokratie ausschlachten ließ, hätten sie wohl nichts unternommen, um
ihrem Ansehen und ihrer Glaubwürdigkeit Schaden zuzufügen.

Aber auch abgesehen von der Verbindung, die von der Gegenseite zwischen dem Linzer Programm und dem blutigen 15. Juli
geschlagen wurde, ist die Frage aufzuwerfen, ob es notwendig und
taktisch klug war, sich programmatisch auf bestimmte Reaktionen festzulegen und sich so vom Willen des Gegners den eigenen
Marsch blasen zu lassen. Wäre es nicht besser gewesen, die Dinge
an sich herankommen zu lassen, statt eine Verhaltensweise zu prä-
judizieren, die man als Notwehrrecht noch immer im Fall des
Falles hätte ausüben können, ohne sie vorher anzukündigen?

Doch der Wunsch, Freund und Feind durch die eigenen Erklä-
rungen in den Bann ihrer Rhetorik und Programmatik zu schlagen,

war in der Partei so stark, daß sie alle diesbezüglichen Bedenken in den Wind schlug oder schon im Keime erstickte. Wie überflüssig, ja schädlich es war, mögliche Szenarien der Zukunft an die Wand zu malen, hat die tatsächliche weitere Entwicklung gelehrt, die es weder zum einen noch zum anderen im Linzer Programm erwähnten Fall kommen ließ. Die Ausschaltung der Demokratie 1933/34 fand statt, ohne daß einer der beiden Fälle vorlag, die bürgerliche Gegenseite ließ es nämlich gar nicht so weit kommen, daß einer der zwei vorgesehenen Fälle eintrat. Sie nützte die Schwäche der parlamentarischen Demokratie, die sich am 4. März 1933 in den Fängen ihrer eigenen Geschäftsordnung verfing und den Vorwand zur Ausschaltung der parlamentarischen Demokratie gleichsam am Silbertablett lieferte, aus, um ein autokratisches System an die Stelle des demokratischen zu setzen. Damals wäre es notwendig und legitim gewesen, der autoritären Entwicklung mit allen zu Gebote stehenden Mitteln, wie Massendemonstrationen und Generalstreik, entgegenzutreten. Die Anwendung von Gewalt wäre mindestens ebenso legitim gewesen wie die angedrohte Gewaltanwendung in den beiden Fällen, die das Linzer Programm ins Visier nahm. Denn die vorbeugende Ausschaltung der Demokratie ist ein Fall, der den beiden anderen Fällen logisch und zeitlich voraus liegt und daher besonders bekämpfenswert wäre.

Doch bei dieser Probe aufs Exempel zeigte sich deutlich, daß die Drohungen des Linzer Programms und auch die Drohungen vor und nach ihm nicht wirklich ernst gemeint waren, sondern nur den Zweck erfüllen sollten, sich selbst etwas vorzumachen und den Gegnern eine Entschlossenheit und Stärke zu suggerieren, die in Wirklichkeit nicht vorhanden waren. Es ist daher nicht übertrieben oder böswillig, wenn man das Spielen mit einer Drohung, hinter der kein ernstlicher Wille steht, als Bluff qualifiziert. Auch der Bluff freilich ist ein legitimes Mittel des politischen Kampfes: solange man selbst weiß, daß es sich um einen solchen handelt, und der Gegner diesen nicht als solchen durchschaut. Schon 1922 hatte es in einer Denkschrift sozialdemokratischer Offiziere fragend und vielsagend geheißen: *„Will man die Reaktion bluffen oder beabsichtigt man, eine wirkliche Kampfgruppe der Proletariats zu schaffen?"*[28]

Auch Theodor Körner, der ein militärischer Kopf ersten Ranges war, erkannte die mangelnde Ernstlichkeit der sozialdemokratischen Kriegsführung, die ein Militärspiel ohne Entschlossenheit zum Kampf im Ernstfall betrieb, und zog sich mit dem von Ohrenzeugen überlieferten Ausspruch aus dem Schutzbund zurück: *„Mit einer Armee von Pazifisten kann man keinen Krieg führen."*

DER 15. JULI 1927

Der 15. Juli 1927 sollte mehr als alle Ereignisse und Versäumnisse vorher und nachher die Schwäche der sozialdemokratischen Position an die Oberfläche bringen, mit der Wirkung, daß fortan alle Faktoren zusammenwirkten, um der Sozialdemokratie, und damit der Demokratie, deren verläßlichste Stütze die Sozialdemokratie trotz ihrem Verbalradikalismus war, ein Ende zu bereiten.

Wie konnte es zu den blutigen Ausschreitungen des 15. Juli mit an die hundert Toten und hunderten Verletzten kommen, wo sich die Partei der Machtübernahme doch schon so nahe fühlte? Nicht nur das Linzer Programm mit seiner Selbstbestätigung des Austromarxismus hatte die Segel der Partei gebläht, auch die Nationalratswahlen vom 24. April 1927 hatten der Partei einen großen Stimmenzuwachs und ein Überspringen der Vierzigprozentmarke der Zustimmung der Wählerschaft beschert. Man schien sich auf den Punkt einer noch größeren Machtakkumulation zuzubewegen und hielt es förmlich nicht mehr aus, sich nur mit Worten und Proklamationen zufriedenzugeben. Otto Bauer gab in seiner auf die Ereignisse zurückblickenden Rede am Parteitag 1927 zu, daß der tiefere Grund des Ausbruchs der Massenleidenschaft, der sich am 15. Juli ereignete, in der *„Stimmung der Enttäuschung und Erbitterung"*[29] zu suchen sei, der sich trotz oder gerade wegen dieses Wahlerfolges verbreitete. Denn das bestärkte Gefühl der Macht, über die die Partei potentiell verfügte, stand im krassen Gegensatz zu dem Bewußtsein der Ohnmacht, dem Bewußtsein, daß sich nichts von dieser Kraft unmittelbar umsetzen ließ, sondern die Parole nach wir vor *„Abwarten"* lautete. Schon am ersten Kongreß der Zweiten Internationale in Paris 1889 hatte Victor Adler die Parole ausgegeben: *„Aber eines liegt in unserer Macht: Uns für diesen Augenblick vorzubereiten ... Bereit sein, das ist alles."*[30] Immer wieder wurde angesichts des einerseits als so nahe bevorstehend, andererseits in so weite Ferne gerückten Punktes, an dem sich alles zum Besseren wenden und der Sozialismus seinen Anfang nehmen sollte, an die Geduld der Massen, an ihre Einsicht und Disziplin, appelliert. Dieses Spiel mit und zwischen der Nah- und Fernerwartung ist einem Wechselbad der Kneippschen Wasserkur vergleichbar, wo auch abwechselnd eiskalte und brühheiße Anwendungen und Duschen verabreicht werden. Ist es angesichts eines solchen ständigen Spiels mit den Gefühlen der Massen verwunderlich, wenn der Patient eines Tages kollabiert, und daß ihm dann auch der Geduldsfaden reißt? Der sozialistische Theoretiker Karl Kautsky hat ein Buch mit dem Titel *„Am Tag nach der sozialen Revolution"* geschrieben, dessen populärer Titel schon beweist, daß man sich die ersehnte Revolution, ob gewaltsam oder friedlich, als das Werk eines Tages, der sich wieder auf eine rettende Stunde zusammendrängte, vorstellte und diesen verheißenen Tag, der so lange nicht kommen wollte, herbeisehnte und ihn auch wenn möglich durch eigene Aktion beschleunigen und herbeizwingen wollte. Wenn man der Kirche vorwarf, ihre Gläubigen auf das Jenseits zu vertrösten, so war doch nicht zu übersehen, daß auch der austromarxistische politische Glaube eine Vertröstung auf einen kommenden Tag war, an dem der Kapitalismus von selbst zusammenbrechen oder eine Wahl die Schwelle zur Mehrheit überschreiten würde.

Anlass und tiefere Ursachen

Es war schon fast in Vergessenheit geraten, daß zwischen dem erhebenden Linzer Parteitag vom November 1926 und den erfolgreichen Wahlen im April 1927 im burgenländischen Ort Schattendorf am 30. Jänner 1927 ein Zusammenstoß zwischen Frontkämpfern und Schutzbündlern erfolgt war, in dessen Verlauf ein Invalide und ein unbeteiligtes Kind erschossen wurden. Drei Männer, die die tödlichen Schüsse abgegeben hatten, wurden identifiziert und befanden sich seit diesem Ereignis in Untersuchungshaft in Wien. Sie kamen vor ein Geschworenengericht und wurden wider Erwarten nicht verurteilt, sondern freigesprochen. Daraufhin schrieb der Chefredakteur der „Arbeiter-Zeitung", Friedrich Austerlitz, einen Leitartikel, der wieder einmal Dampf ablassen und die Wut der Massen besänftigen sollte. Doch in diesem Falle und an diesem Tage, dem Morgen des 15. Juli 1927, funktionierte der schon eingespielte und unschlagbar scheinende Mechanismus der bloß verbalen Abreaktion aufgestauter Gefühle nicht. Der Geduldsfaden riß, der hin- und hergeschüttelte Patient wurde rabiat, und aus dem bloßen Zündeln, das schon so oft seine Wirkung getan hatte, wurde ein mächtiger Brand. Die letzten Worte des als Ventil gedachten Leitartikels von Friedrich Austerlitz sprachen vom Bürgerkrieg. Die rhetorische Frage „*Ist dies nicht schon der Bürgerkrieg?*" wurde in der erregten Situation als Aufforderung zum Tanz verstanden. Die „Arbeiter-Zeitung", damals noch tägliches Brot und oft die einzige geistige Nahrung der Wiener Arbeiter, ging in den frühen Morgenstunden von Hand zu Hand. Die Parolen der aufgebrachten Menge gingen von Mund zu Mund und entfesselten eine bis dahin in dieser Intensität noch nie dagewesene Massenstimmung, die sich zu Massenzügen, die sich statt zu den Arbeitsplätzen in die Innere Stadt bewegten, formierten.

Der besonnene Wilhelm Ellenbogen gab in seinen Erinnerungen eine Darstellung der Ereignisse, die einen Eindruck von der die Partei überrollenden Massenmobilisierung vermittelt: „*Als ich im Klublokal der sozialdemokratischen Abgeordneten die tobenden Männer sah, von denen einige sich mit Schaum vor dem Munde am Boden wälzten, die blutiggeschlagenen Wachleute und Schutzbündler ... außerhalb des Parlaments aber die besinnungslos empörte Menge, die die eigenen Schutzbündler mißhandelte und den überaus populären Bürgermeister Seitz nicht anhören wollte, hatte ich den Eindruck einer ausgesprochenen Massenpsychose.*"[31]

Daß sich das Feuer dieser entfesselten Massenleidenschaft, die durch die Hitze des Hochsommertages noch gesteigert wurde, bis zum Brand des Justizpalastes entwickelte, war nicht eigentlich überraschend. Dieser sichtbare Brand entsprang und entsprach der explosiven Massenstimmung, die nach einem sichtbaren Zeichen, nach einer Materialisierung der Leidenschaft an einem Objekt, das als Ausdruck des Systems angesehen wurde, verlangte. Was verschlug es demgegenüber, daß der Anlaß der Massenleidenschaft ein denkbar unpassender und die Reaktion eine durchaus inadäquate war? Denn die Wut der Massen richtete sich nur vordergründig gegen ein Geschworenengerichtsurteil, das im konkreten Fall die Sozialdemokratie betraf und zu verhöhnen schien, aber auch schon vorher in anderen politischen Fällen und Urteilen ganz ähnlich verfahren war, ohne daß sich daran solche dramatischen Folgen knüpften. Und war die Laiengerichtsbarkeit nicht eine Errungenschaft der bürgerlichen Revolution 1848, an der die Sozialdemokratie prinzipiell nicht rütteln lassen wollte und die sie sonst immer verteidigte? Doch nicht nur der Anlaß dieses Massenausbruches war ein Scharten ins eigene Schwert schlagender, auch das Objekt, an dem sich der Zorn in Form einer Flamme entzündete, war ein untaugliches Objekt. Denn die Prozeßakten, die man ins Feuer werfen wollte, befanden sich nicht im Justizpalast, sondern im Straflandesgericht. Doch elementare Ausbrüche dieser Art handeln nicht nach logischen und rational vertretbaren Kriterien, sondern ersetzen eben diese Logik mit der Unberechenbarkeit der Stimmung und Gewalt.

Man tut dem 15. Juli 1927 zu viel Ehre bzw. Unehre an, wenn man ihn mit der großen Französischen Revolution vergleicht, doch die Erregung der Beteiligten erscheint trotz dem gewaltigen Unterschied der historischen Dimension durchaus vergleichbar. Der Sturm auf die Bastille fand auch zu einer Zeit statt, in der sich nur mehr wenige Gefangene im Inneren dieser Festung befanden, nichtsdestoweniger war und blieb die Bastille ein Symbol für den feudalen Absolutismus, wie der Justizpalast am 15. Juli 1927 als Sitz und Zwingburg der verhaßten Klassenherrschaft angegriffen und in Brand gesteckt wurde. Die Klassenjustiz war im konkreten Fall eine Volksjustiz gewesen, der man aber zu Leibe rückte, als hätte es sich um ein Urteil von Berufsrichtern gehandelt. Dabei besteht kein Zweifel, daß Berufsrichter im konkreten Fall nicht freigesprochen, sondern sicher wegen eines Straftatbestandes, wie der fahrlässigen Tötung, verurteilt hätten. Doch die revolutionäre Stimmung nimmt auf objektive Kriterien keine Rücksicht, sondern überläßt sich ihrem Gefühl.

Alle diese Überlegungen belegen und unterstreichen die Behauptung, daß es nicht die objektive Bedeutung des Anlasses war, die zu den schrecklichen Folgen führte, sondern eine Massenstimmung, die nur auf einen Anlaß wartete, um sich freizuspielen und loszubrechen. Der Anlaß war nur die Lunte, die nichtsahnend ins Pulverfaß geworfen wurde und so zur Explosion führte. Die Massen begaben sich aus der Deckung, in der sie sonst brav und diszipliniert verharrten und offenbarten ihren Zustand der ohnmächtigen Wut, enthüllten aber damit und dabei gleichzeitig den Zustand, in dem sich die Partei und ihre Führung befand. Auch in dieser Hinsicht traf der weise Wilhelm Ellenbogen den Nagel auf den Kopf, wenn er kaum ein Jahr nach diesen Ereignissen ausführte: *„Die Etablierung einer sozialdemokratischen Mehrheit schien nur noch eine Frage der Zeit, das heißt, der nächsten oder zweitnächsten Nationalratswahl. … Je mehr in dieser Zeit der Kampf sich der Entscheidung* *näherte, um so mehr traten die wirklichen Schwächen der Partei, die reine Algebra Lügen strafend, aus ihrer Verborgenheit an die Oberfläche.*"[32]

Der spontane Ausbruch der Massenleidenschaft brachte die Stärke der potentiellen Macht der Partei, gleichzeitig aber deren Ohnmacht zum Vorschein und an die Oberfläche. Dieser Tag mit all seinen Folgen war eine geradezu vernichtende Enthüllung der Schwäche und Inkonsequenz der Führung, die – auch diese Anklage stammt von niemand geringerem als von Ellenbogen – die Massen bewußt sich selbst überlassen hat. Es hätte zwei Möglichkeiten gegeben, um das, was später mit elementarer Gewalt losbrach, im Griff zu behalten und nicht unkontrolliert ausarten zu lassen. Die eine hätte darin bestanden, den Schutzbund rechtzeitig aufzubieten und die Demonstration in geordnete Bahnen zu lenken und sie in diesen zu halten. Die andere wäre gewesen, die Massen nach Hause zu schicken und den Unmut im Keim zu ersticken. Man konnte sich weder zu der einen noch zu der anderen Vorgangsweise rechtzeitig durchringen, sondern ließ den Dingen bzw. den Massen den Lauf und versuchte erst zu spät zu retten, was noch zu retten war. Es kam eine Situation zustande, in der der Schutzbund nicht als Anwalt und Hilfsorgan der Arbeiter, sondern als Hüter der bestehenden Ordnung, gegen die man verbal immer angekämpft hatte, in Erscheinung trat. Diese Verkehrung der Rollen innerhalb der Sozialdemokratie selbst war der sichtbare Ausdruck der Entfremdung zwischen Masse und Führung, aber auch der Entfremdung von Partei und Schutzbund, die zwar parallel, aber nicht konform agierten. In dieser tiefen Spaltung zwischen Masse und Schutzbund lag bereits der Keim der späteren Niederlagen, in denen jeder auf den anderen wartete, statt geeint aufzutreten und vorzugehen. Und die Führung selbst bot ein Bild der Ratlosigkeit und Inkompetenz. Die Tatsache, daß sich Otto Bauer gegenüber Abgesandten der demonstrierenden Arbeiter verleugnen ließ und die Verantwortung, die in seiner Funktion gelegen wäre, nicht wahrzunehmen wagte, spricht Bände. Doch was hätte er in diesem Stadium der Entwicklung, in dem bereits die Zügel schleiften und die Eigendynamik ihren verheerenden Verlauf nahm, auch tun oder sagen können? Hätte er Öl ins Feuer gegossen, wäre es vermutlich genau so schlecht und wirkungslos gewesen wie wenn er Öl auf die Wogen geträufelt hätte.

Seipel hatte recht, wenn er den sozialdemokratischen Führern, die ihn am Abend dieses Tages angesichts des Blutbades zum Rücktritt aufforderten, die Antwort gab: *„Wenn jemand zurückzutreten hat, dann sind es Sie, meine Herren."*

Selbst ein der Sozialdemokratie so wohlgesonnener, ja geradezu kritiklos gegenüberstehender Historiker wie Charles Gulick konnte nicht umhin festzustellen, daß der 15. Juli das *„Ergebnis eines Widerspruches zwischen der wahren Macht der Bewegung und der Illusion der Massen"*[33] war. Allerdings muß man hinzufügen, daß diese Illusionen von der Führung genährt worden waren, daß man ihnen nicht rechtzeitig entgegengetreten war, sondern sie üppig ins Kraut schießen ließ.

Der 15. Juli als Anagnoresis

Der Vergleich, den Ellenbogen zwischen dem austromarxistischen Parteischicksal und dem Aufbau eines klassischen Dramas im aristotelischen Sinn anstellte und der auch meinen Überlegungen als Leitmotiv diente, läßt sich auf einen Punkt ausdehnen und anwenden, den Aristoteles als *„Anagnoresis"* bezeichnete. Damit meinte er einen Punkt der Entwicklung, an dem bisher verborgene oder nur angeklungene Bedeutungen Klarheit gewinnen, ein Punkt, an dem eine Situation durchschaut wird und damit auch eine Wende eintritt. Wenn Sigmund Freud einmal bemerkte, daß man in menschlichen Belangen schon dann von Glück sprechen könne, wenn das Schicksal nicht alle Drohungen auf einmal wahr mache, so kann man umgekehrt Unglück als den Fall definieren, in dem das Schicksal alle seine Drohungen an einem Tag verwirklicht und sich auf einen Punkt konzentriert. Als ein solcher schwarzer Tag läßt sich der 15. Juli 1927, ohne daß man dabei übertreiben müßte, verstehen.

Alle Befürchtungen, die von einzelnen vereinzelt geäußert wurden, alle Warnungen, die im Laufe der Parteigeschichte ausgesprochen wurden, erfüllten sich an diesem einen Tag. In diesem Sinne ist der 15. Juli der Gegen-Tag, der den ersehnten rettenden Tag des Umschlags in den Sozialismus nicht näherbrachte, sondern in unbestimmte Ferne rückte. Die zu erörternden Gedankensplitter paßten an sich gar nicht in das durchwegs optimistische Bild, das sich die Massen und deren Führer von der Zukunft, dessen Verheißung der Sozialismus war, machten; umso verräterischer erscheinen sie im Rückblick. Die Tatsache, daß sich die Führer des Austromarxismus nicht zu der persönlichen Schuldeinsicht und der Erkenntnis der Strukturbedingtheit des Geschehens durchrangen, spricht nicht dagegen, daß die Situation an diesem Tage nicht prinzipiell durchschaubar geworden ist und im Rückblick natürlich umso mehr an Aufschluß gewinnt.

Der 15. Juli läßt sich aber nicht nur als jener Tag und jenes Menetekel verstehen, an dem sich alle Befürchtungen der Altvorderen konzentrierten und kristallisierten, sondern auch ein Ereignis, das man im Sinne Freuds als *„überdeterminiert"* ansehen kann, da viele Ursachen am Zustandekommen dieses Tages beteiligt waren und in einer untrennbaren Einheit von Zufall und Notwendigkeit das fatale Resultat herbeiführten.

Doch nicht nur Aristoteles und Freud lassen sich bemühen, um die Bedeutung dieses Tages gebührend zu würdigen, auch Meister Goethe, der für so gut wie alle Lebenssituationen einen passenden Vers gefunden hat, läßt sich heranziehen, um das Verständnis von Führung und Masse zu charakterisieren. Denn erging es diesen Führern nicht wie dem Zauberlehrling, der entsetzt ausrief: *„Die ich rief, die Geister, werd' ich nun nicht los"*?

Doch nun zunächst zu den verstreuten Warnungen und Befürchtungen derer, die die Tücken des Mechanismus, den sie routiniert bedienten, ahnten und daher fürchten müßten, daß er einmal versagen werde.

Victor Adler sagte am vierten Parteitag der österreichischen Sozialdemokratie 1894 folgendes: *„Und wenn wir über unsere Kräfte die Gegner täuschen können, so mag das für uns von Vorteil sein, wehe aber der Partei, wenn sie sich selbst über ihre eigene Kraft täuscht."*[34] Gerade das, was Adler so früh als Gefahr an die Wand malte, sollte sich nach dem 15. Juli 1927 ereignen und den Untergang der Sozialdemokratie herbeiführen. Bis zum 15. Juli läßt sich zugunsten der sozialdemokratischen Strategie und Taktik sagen, daß sie zwar auf einer Selbsttäuschung beruhte, aber immerhin auch die erwünschte Wirkung, den Gegner einzuschüchtern und seine Zurückhaltung herbeizuführen, tat. Nach dem 15. Juli aber war es nur die Partei und deren Führer, die sich noch Selbsttäuschungen hingaben und sich den Zusammenbruch der eigenen Strategie und Taktik nicht eingestehen wollten, nicht aber die Gegenseite, allen voran Ignaz Seipel. Er hat an diesem Tage die Schwäche der Sozialdemokratie erkannt und als politischer Feldherr die Schlußfolgerung gezogen, daß man zur Vernichtung des geschwächten Gegners schreiten könne. August Maria Knoll, der im politischen Wirken Seipels vier Kurse unterschied: den altösterreichischen, den republikanischen Linkskurs, den Sanierungskurs und den Heimwehrkurs, datiert den 15. Juli als die Hinwendung zum Heimwehrkurs.[35] Diese Wendung macht dem Feldherrn Seipel alle Ehre. Als Priester, der er wohl auch und nicht zuletzt war, hätte er aus der erkannten Schwäche die Konsequenz der Versöhnung mit dem angeschlagenen, ja geschlagenen Gegner ziehen müssen. Es ist dem Urteil von Julius Deutsch zuzustimmen, der diesbezüglich die Aussage machte: *„Seipel hätte bei einiger Einsicht einen billigen Ausgleich mit der Sozialdemokratie haben können, vielleicht wäre sogar der Gang der weiteren Entwicklung ein anderer geworden. Aber Seipel lehnte die von uns verlangte Liquidierung des 15. Juli ab, und damit war wieder eine der Gelegenheiten verpaßt, die niemals wiederkehren.“*[36] Selbst der konservative und Seipel im allgemeinen wohlgesonnene amerikanische Historiker Klemens von Klemperer beurteilte das Verhalten Seipels nach dem 15. Juli wie folgt: *„Jene Großmütigkeit im Siegen, die zu Churchills Motto gehörte und die man von einem Geistlichen erwarten würde, war ihm nicht gegeben.“*[37]

Seipel und die führenden Männer der Gegenseite, und im besonderen der Heimwehr, mit Fürst Ernst Rüdiger Starhemberg an der Spitze, gingen von nun an aufs Ganze und stimmten nicht nur keinem von der Sozialdemokratie vorgeschlagenen Abrüstungsplan zu, sondern rüsteten mit dem Ziel der Vernichtung des Gegners auf. Die sozialdemokratische Führung grub sich dessen ungeachtet noch tiefer in ihrer Selbsttäuschung ein und meinte, das bisherige Spiel des Verbalradikalismus fortsetzen, ja mit Worten überbieten zu können. Doch diese Worte klangen in den Ohren der Gegner und der eigenen Anhänger mehr und mehr wie der Ruf eines Mannes, der seine Stimme im Wald laut und lauter erschallen läßt, um sich und andere zu überzeugen, daß er sich nicht fürchte, sondern daß ihn andere zu fürchten hätten. Im Grunde war man sich in der Führung des Ernstes der Situation bewußt, wollte sie aber nicht wahrhaben und schon gar nicht den Massen, die ohnehin schon entmutigt waren, vermitteln. So sagte mir Alfred Magaziner, ein austromarxistisches Urgestein, das auch in der Zweiten Republik noch eine Rolle als leitender Redakteur der *„Zukunft“,* des theoretischen Organs der SPÖ spielte, nicht bloß einmal: *„Wir im Hause* [gemeint war das Gebäude des „Vorwärts“ mit dem Sitz der „Arbeiter-Zeitung" in der Rechten Wienzeile] *haben nach dem 15. Juli gewußt, daß der Kampf um die Macht verloren ist.*" Er und seine Mitstreiter haben sich aber gehütet, diese ihre Einschätzung der Lage vernehmlich zu machen. Eine andere Form der Täuschung, die von der bürgerlichen Propaganda zielstrebig angewendet wurde und ihre Wirkung tat, war die, den kleinbürgerlichen Schichten das Fürchten zu lehren und den 15. Juli als Gefahr darzustellen, die sich bei nächster Gelegenheit wiederholen könne und daher durch eine entschlossenen Gegenwehr verhindert werden müsse. Die Führer der Gegenseite taten nur so, als ob sie sich weiterhin vor der Sozialdemokratie fürchteten, die Gefolgschaft des bürgerlichen Lagers aber fürchtete sich tatsächlich und ließ sich sogar einreden, daß der 15. Juli die Erfüllung des Linzer Programms gewesen sei. Symptomatisch für diese Angstpropaganda war ein christlichsoziales Wahlplakat für die Wahlen von 1930, auf dem ein Mann, der wie ein Ungeheuer aussah, im Hintergrund stand und in der linken Hand eine Petroleumflasche hatte. Darunter sah man den brennenden Justizpalast. Der Text dieses Plakats, das zur Wahl für die Christlichsoziale Partei und Heimatwehr aufforderte, lautete bezeichnenderweise: *„Denkt an den 15. Juli!"*

Am Weg zum 15. Juli und am Weg ab ihm bewahrheitete sich auch ein Satz, den Karl Renner ahnungsvoll 1928 in den Raum gestellt hatte: *„Die Armee wäre verloren, die ihre Feldprediger zu ihren Feldherrn machen wollte."*[38] Die Sozialdemokratie hatte genügend Feldprediger von Otto Bauer bis Max Adler, den Renner einmal scherzhaft *„Feldrabbiner"* nannte, aber keinen Feldherrn, der an Klarheit des Denkens und Entschlossenheit des Handels Seipel ebenbürtig oder gar überlegen war. Nicht einmal Karl Renner, der die einzige Führungsalternative zum linken Otto Bauer gewesen wäre, war seinem ausgleichenden Naturell und seiner kompromißbereiten Reformpolitik nach ein solcher. Er strich die Segel und warnte zwar am Parteitag 1927 wie schon wiederholt vorher vor dem Bauerschen Verbalradikalismus, hatte aber nicht die Absicht und die Kraft, diesen Kurs aktiv zu bekämpfen. Er sollte erst Jahrzehnte später ernten, was er in der Ersten Republik gesät hatte und was damals auf unfruchtbaren Boden gefallen ist. Im Rückblick erklärte Renner seine Haltung, die er schon 1920 anläßlich des freiwilligen Rückzugs der Partei in die Opposition eingenommen hatte und an der sich auch nach dem 15. Juli nichts änderte: *„Otto Bauer machte durch seine starre Haltung,* *durch das Gewicht seiner Persönlichkeit der Sozialdemokratie den Eintritt in die Koalition, außer um den Preis einer Parteispaltung, unmöglich.* Diesen Preis zu zahlen war aber kein Sozialdemokrat bereit.*"[39] So kam es denn, wie es unter diesen Prämissen kommen mußte: Alle relevanten Faktoren wirkten zum Zusammenbruch der Sozialdemokratie und dem Untergang der Demokratie gemeinsam.

Eine Frage, die sich aufdrängt, ist immer die, wieso die Parteiführung, die sich auf ihre enge Fühlungnahme mit den Massen so viel zugute hielt, die Gefahr des 15. Juli nicht rechtzeitig erkannte und ihr gegensteuerte. Auch in diesem Zusammenhang erscheint eine Ahnung, die Victor Adler in einem Brief an Friedrich Engels schon 1892 zum Ausdruck brachte, im Hinblick auf den 15. Juli 1927 wie eine Prophetie: *„Ich meine immer, der Krach wird uns über den Hals kommen, wenn wir Hofräte der Revolution am wenigsten daran denken."*[40]

Auch die Schicksalsstunde, die unvermutet hereinbricht und die Unvorbereiteten überrascht, stellt sich in diesem Zusammenhang als antike wie christliche Assoziation ein.

Geradezu gespenstisch mutet die ebenfalls schon früh gemachte Aussage an, die die Vorgänge des 15. Juli exakt beschreibt und vorwegnimmt. Und zwar machte der Gewerkschaftsführer Anton Hueber 1894 Victor Adler den Vorwurf des taktischen Zögerns, das ganze Gewicht der Arbeiter zugunsten des allgemeinen Wahlrechts in die Waagschale zu werfen. Am 15. Juli mit Bürgermeister Seitz auf dem Löschwagen der Feuerwehr wurde das wörtlich wahr, was Hueber am Parteitag 1894 bildlich angesprochen hatte: *„Wenn man das eine sagt, dann soll man auch konsequent bleiben; nicht aber, wenn man einmal entflammt hat, mit der Spritze kommen, die nicht imstande ist, die Flamme zu löschen."*[41] Die geahnte und real eingetretene Situation haben eine Art archetypische Bedeutung für die Sozialdemokratie, sie illustrieren die Behauptung, daß das Schicksal des Austromarxismus nicht bloß das Werk fremder und finsterer Mächte, sondern auch Nachvollzug des Gesetzes ist, nach dem diese Bewegung, nach Wilhelm Ellenbogen *„die schönste, die es wohl je gab"*[42], angetreten ist. Schuld und Verblendung waren am Zustandekommen dieses Schicksals ebenso beteiligt wie eine schwierige historische Situation, die aber erst durch die Kombination mit Schuld und Verblendung zu einer unbeherrschbaren wurde.

Ein Faktor, der wesentlich zum Untergang der Sozialdemokratie beitrug, war das Rote Wien, das der Stolz der Partei, das Experimentierfeld der sozialen Demokratie und das Angeld auf ein rotes Österreich hin war. Und die Experimente, die Hugo Breitner mit der Finanz- und Wohnbaupolitik und Julius Tandler mit seinem Wohlfahrts- und Gesundheitswesen anstellte, waren durchaus erfolgreich und konnten sich nicht nur in Österreich, sondern weltweit sehen lassen. Doch gerade das, was die Sozialdemokratie und ihre Anhänger am Beispiel des Roten Wien hoffen ließ und nach einer Steigerung auf der österreichischen Gesamtebene schrie, bestärkte die Gegenseite in ihrer Entschlossenheit, es nicht zu dieser Weiterung, zu diesem Sprung von Wien an die Regierung kommen zu lassen. Der traditionelle Gegensatz zwischen dem roten Wien und den schwarzen Ländern, die ihren Föderalismus gegen eine drohende Zentralgewalt verteidigen wollten, spielte bei der Zerschlagung aller Hoffnungen, die sich die Sozialdemokratie machte, ebenso eine Rolle, wie die Tatsache, daß die Vorgänge des 15. Juli in Wien stattfanden und so die Befürchtung, Wiener Verhältnisse könnten gesamtösterreichisch Schule machen und Mode werden, nährten und zu militanter Abwehr herausforderten. Auch dieser Aspekt des Kampfes um die Macht, diese regionale Sicht der Zusammenhänge, ist nicht zu vernachlässigen, wenn man zu einem möglichst vollständigen und gerechten Urteil über den historischen Prozeß und die daran beteiligten Kräfte gelangen will.

DAS ECHO AUF SCHATTENDORF

Die Ereignisse in Schattendorf wurden an Ort und Stelle und im ganzen politisch erstbetroffenen Burgenland unmittelbar nachher und daher auch noch ohne die Kenntnis der politischen Weiterungen, die erst der 15. Juli offenbarte, als Alarmsignal und als Aufruf zur Umkehr auf dem bisher eingeschlagenen Wege empfunden und verarbeitet. In der burgenländischen Landtagssitzung vom 8. Februar fand mein Onkel Ludwig Leser offene Worte, die, wenn sie beherzigt worden wären, der gesamtösterreichischen Politik eine neue Richtung hätten geben können: *„Ich glaube daher, daß sich der Landtag über das Persönlich-Tragische dieses Vorfalles hinaus in erster Linie mit der Atmosphäre zu beschäftigen hat, in der solches Geschehen möglich ist. Und da glaube ich wiederum, daß der*

Landtag vor allem mit aller Entschlossenheit und in allerfeierlichster Weise auf die Verletzung der Demokratie zu antworten hat und zwar mit einem bedingungslosen Bekenntnis zur Demokratie. Der Landtag hat mit seiner ganzen moralischen Autorität, die er als Körperschaft besitzt, auch mit der gesamten moralischen Autorität aller Abgeordneten dieses Landes an die Bevölkerung des Landes den Mahnruf hinauszurufen, bei der Austragung von politischen Gegensätzen nicht zu dem ruchlosen Mittel der Gewalt zu greifen. Der Landtag hat über die moralische Demonstration hinaus aufs ernsteste von der Landesregierung zu verlangen, daß der volle Machtapparat aller burgenländischen Behörden aufgewendet werde, um die demokratische Weiterentwicklung dieses Landes gegen faschistische Angriffe zu schützen, gegen die Methoden des Terrors und der Gewalt." Lesers mahnende Worte fielen im Landtag selbst auf fruchtbaren Boden und führten zur Verabschiedung einer Resolution, die Gewalt und Terror eine klare Absage erteilte. Der politische Frieden blieb dann im Burgenland auch länger erhalten als im übrigen Österreich, vermochte aber nichts an der abschüssigen Gesamtrichtung zu ändern, die die österreichische Politik seit dem 15. Juli nahm.

Karl Renner ging in seinen Erinnerungen auf die Bemühungen der sozialdemokratischen Führung, nach der Niederlage, die sie am 15. Juli erlitten hatte, eine Versöhnung herbeizuführen, wie folgt ein: *„Die bürgerliche Welt aber schwieg. In jedem anderen Land hätte ein solches Anerbieten wenigstens eine öffentliche Erörterung hervorgerufen, Intelligenz- und Wirtschaftskreise zum Reden gebracht. Gäbe es im Bürgertum und innerhalb der Kreise der bürgerlichen Parlamentarier eine überragende staatsmännische Begabung, so wäre jetzt die Probe aufs Exempel abzulegen.*" Renner fährt fort: *„Gewiß erhoben sich innerhalb der regierenden Parteien in vertraulichen Sitzungen Stimmen für eine völlige Änderung des seit 1920 eingeschlagenen Kurses, aber sie drangen im Inneren nicht durch und wurden nach außen nicht kund. Man hatte die Heimwehr im Rücken, und städtische und bäuerliche Abgeordnete brachten den Mut, eine Politik der Verständigung einzuschlagen, einfach nicht mehr auf.*"[43]

Obwohl beim Zustandekommen der Verfassungsnovelle 1929 noch ein für beide Seiten tragfähiger Kompromiß zustande kam, standen die Zeichen doch weiterhin auf Sturm, und es schien niemand im bürgerlichen Lager bereit, ein Kommando retour zu geben. Da machte Seipel, der noch immer spiritus rector des bürgerlichen Lagers war, der Sozialdemokratie nach dem Zusammenbruch der Creditanstalt 1931 das Angebot, in eine Konzentrationsregierung einzutreten, in deren Rahmen die Sozialdemokratie unter anderem auch den Posten der Innenministers hätte besetzen können. Dieses Angebot Seipels, der damals schon vom Tode gezeichnet war, war sicher keine bloße Finte, um die Sozialdemokratie für die Sanierungsmaßnahmen, die nach diesem Debakel einer so großen Bank notwendig waren, mitverantwortlich zu machen. Seit der Genfer Sanierung war immerhin fast ein Jahrzehnt vergangen, und es wäre an der Sozialdemokratie gelegen gewesen, nicht den Fehler, den die Partei bei der Schlacht um Genf gemacht hatte, zu wiederholen. Julius Deutsch berichtete von der lebhaften Debatte, die dieses Angebot am 19. Juni 1931 in einer Sitzung des Klubs sozialdemokratischer Abgeordneter hervorrief. Bauer sprach sich, was weiter nicht verwunderlich war, mit Unterstützung von Seitz und Danneberg, gegen die Annahme der Angebotes aus, zur allgemeinen Überraschung aber auch Karl Renner, und wohl nicht nur deshalb, weil nicht er, sondern Otto Bauer nach den Vorstellungen Seipels der vorgesehene Partner in der Regierung war. Das Mißtrauen gegen Seipel war aufgrund all dessen, was geschehen war, so groß, daß man ihm die ehrliche Absicht hinter seinem Angebot nicht abnahm. Deutsch fügte aber hinzu: *„Trotzdem ist die Ablehnung des Seipelschen Vorschlages nicht wenigen von ihnen schwergefallen.“*[44]

Hätten alle Beteiligten allerdings eingesehen, wie weit die Entwicklung gegen die Fortsetzung der Demokratie bereits fortgeschritten war, hätten sie nach dem Strohhalm gegriffen, der immerhin die Möglichkeit geboten hätte, einen Keil zwischen die Christlichsozialen und die Heimwehr zu treiben und durch die Regierungsbeteiligung einen Fuß in die Tür zu stellen. Hätte diese Koalition noch in die Zeit bis nach der Machtergreifung Hitlers in Deutschland gereicht, hätte der Widerstand gegen Hitler eine viel günstigere Basis gehabt als durch das autoritäre Regime, das die österreichische Demokratie nach deren Versagen und Zerstörung beerbte.

Noch war die Partei vor allem unter dem Einfluß Bauers überzeugt, letzte Trümpfe in der Hand und es nicht notwendig zu haben, zu einem so verzweifelten Mittel wie dem Eintritt in die Koalitionsregierung unter der Ägide Seipels zu greifen. So begründete Otto Bauer, wie immer, um keine Argumente verlegen, am

Parteitag 1931 die Ablehnung wie folgt: *„Nein, Genossen, der bloße Eintritt von Sozialdemokraten in die Regierung in dieser Zeit der schwersten Erschütterungen des Kapitalismus, in einer Zeit, wo offensichtlich nicht nur in unserem Land die Auflösung des kapitalistischen Systems allmählich großen Entscheidungen entgegenreift, würde uns in die große Gefahr bringen, daß wir in dieser Regierung nur die Geschäfte des zusammenbrechenden Kapitalismus mitadministrieren sollten und nicht in der Lage wären, wirklich den Interessen der Arbeiterklasse und den Idealen des Sozialismus in ihr entsprechend zu dienen."*[45] Bauer glaubte also nach wie vor, daß die unmittelbar bevorstehende Alternative Kapitalismus oder Sozialismus war und es nicht schon längst um die wesentlich bescheidenere Aufrechterhaltung von Demokratie und Rechtsstaat gegenüber dem immer mächtiger werdenden Faschismus ging.

Alfred Migsch, einer meiner politischen Mentoren, erzählte mir, daß er als junger Mensch am Parteitag 1932, als die bedrohliche Situation noch um einiges bedrohlicher geworden war, die Absicht hatte, sich zum Sprecher der bereits zahlreichen Skeptiker, ob die Rechnung der Partei aufgehen würde, zu machen und Bauer entgegenzutreten. Doch dann hielt Otto Bauer seine „Insel-Rede", in der er Österreich als Oase der Demokratie feierte und von den Delegierten bejubelt wurde. Migsch sagte mir, daß er daraufhin seine Absicht fallen ließ, denn er wäre noch viel kläglicher untergegangen als ich gegen Karl Czernetz am Parteitag 1962. Migsch ging nachher zu ihm hin und brachte inmitten eines Kreises brennend interessierter Zuhörer seine Bedenken und seine Befürchtung, daß alles nicht gut ausgehen werde, zum Ausdruck. Daraufhin antwortete Bauer: *„Ich gäbe Ihnen recht, Genosse Migsch, wenn Hitler in Deutschland an die Macht käme. Aber der hat seinen Höhepunkt bereits überschritten."* Otto Bauer war also solange nicht bereit, den illusionären Charakter seiner Lagebeurteilung einzusehen, bis die Geschichte vollendete Tatsachen schuf und über das Bauersche Wunschdenken, das das Credo einer im Banne Bauers stehenden Partei war, hinwegging. Als es zu der historischen Bewährungsprobe der österreichischen Demokratie im Jahre 1933 kam, machten die Führer ihre Drohung nicht wahr, die Demokratie und das Parlament als deren Sitz und Symbol zu verteidigen. Der 12. Februar 1934 war kein geordneter Widerstand mehr, sondern ein Verzweiflungsakt, der sich nicht nur gegen die Kräfte des fortgesetzten Verfassungsbruchs, sondern auch gegen die untätig gebliebene Führung, die die Massen, wie schon am 15. Juli 1927, wieder einmal sich selbst überließ, richtete. Das bürgerliche Lager hat die Hauptschuld an der Zerstörung der österreichischen Demokratie auf sich geladen, darüber aber darf man nicht die der sozialdemokratischen Führung gegenüber den eigenen Massen vergessen, die man dem Schicksal, an dessen Eintreten man selbst mitgewirkt hat, überließ.

So läßt sich denn der 15. Juli 1927 als Schlüsseldatum der österreichischen Geschichte der Zwischenkriegszeit verstehen, als Endpunkt einer Periode relativer Friedlichkeit und als Ausgangspunkt einer Entwicklung, die mit dem Zusammenbruch und dem Abwürgen der Demokratie endete. Die Dramatik jenes Tages kann gar nicht überdramatisiert werden und ist aus der Geschichte der Ersten Republik als deren vorweggenommenem Ende nicht hinwegzudenken.

DER 15. JULI ALS POLITISCHES LEHRSTÜCK

Der 15. Juli 1927 ist aber nicht nur im Hinblick auf den Gang der österreichischen Geschichte als ein Tag, der die Geschichte der Ersten Republik in zwei Teile teilte, interessant, sondern auch als politisches Fallbeispiel, an dem sich die Signaturen und Mechanismen der Macht ablesen lassen.

Bezieht man die Ereignisse des 30. Januar 1927 in Schattendorf auf die des 15. Juli in Wien, so kann man von kleineren Ursachen und großen Wirkungen sprechen. Damit soll die Tat, die an diesem Tag zwei unschuldigen Menschen das Leben kostete, nicht bagatellisiert werden, aber sie reicht nicht im entferntesten aus, um die Reaktion des 15. Juli zu verstehen. Die beiden Daten stehen einander nicht nur nach dem Schema tiefere Ursache und Anlaß gegenüber, sie sind vielmehr durch Zwischenglieder in einer allgemein gespannten Situation verbunden. Der 15. Juli bezog seine elementare Kraft nicht aus der Tat, die ein halbes Jahr vorher in Schattendorf begangen worden war, und auch nicht allein aus dem Freispruch, der diese Tat ungesühnt ließ, sondern aus einer Massenstimmung, die bereit war, jede Anregung zum Tätigwerden ihrer Dynamik zu benützen. Der 15. Juli lehrt aber auch, daß es Wendepunkte gibt, die sowohl eine Vertiefung als auch eine Besänftigung kulminierender Spannung ermöglichen. Daß es in Österreich nach diesem Datum nicht zu einer Wendung zum Besseren, sondern zur Konsequenz des Schlechteren kam, lag an der Blindheit der Hauptakteure. Die Hauptakteure des Regierungslagers sahen nur die Chance, nach der entscheidenden Schwächung des Gegners auf seine Vernichtung hinzuarbeiten, nicht aber die Gefahren, die auch für die eigene Seite in dieser Vorgangsweise lagen. Denn dem Sieg über die Sozialdemokratie 1933/34 folgte mit eherner Logik die Auslöschung der Unabhängigkeit Österreichs. Sieger gehen nicht nur, wie es eine Novelle von Ernest Hemingway ausdrückt, leer aus (*„winners take nothing"*), sondern werden nicht selten früher oder später Opfer eines gemeinsamen und noch größeren Feindes. Die eigentliche Borniertheit des bürgerlichen Lagers lag darin, in der Sozialdemokratie den Hauptfeind zu sehen, statt mit dieser gemeinsam gegen den von außen kommenden Feind, der Österreich selbst nach dem Leben trachtete, zu kämpfen und zusammenzustehen. Die Sozialdemokratie hingegen wollte nicht rechtzeitig wahrhaben, daß die Geschichte bereits über den vermeintlichen Sieg des Sozialismus hinweggegangen war und zog daher nicht die notwendigen Konsequenzen. Beide Kontrahenten blieben in der engen Perspektive, mit der sie die politischen Zusammenhänge sahen, befangen. Auch dies scheint ein ziemlich allgemeines Merkmal politischer Prozesse zu sein, daß es den handelnden Kräften in der Regel nicht gelingt, über ihren Schatten zu springen und damit eine neue Freiheit, eine neue Dimension des Handelns zu gewinnen.

Der 15. Juli lehrte aber auch, daß ein wenn auch noch so gekonntes und gut gemeintes Spiel mit den Massen ins Auge gehen kann, wenn sich die Massen verselbständigen und sich nicht mit der ihnen zugestandenen Rolle begnügen.

Der Vorwurf Ellenbogens, die Partei bzw. deren Führung haben die Massen sich selbst überlassen, wiegt schwer, denn er besagt im Klartext, daß sich die Führung nicht der selbstverständlichen Pflicht stellte, die Verantwortung für die Folgen des eigenen Tuns zu übernehmen. An diesem 15. Juli wurde die in Sonntagsreden so hoch gefeierte Masse, um das Bild des Passionsdramas, das der Austromarxismus auch war, wiederaufzunehmen, gekreuzigt und aufs Kreuz gelegt. Freud hat in seiner Schrift *„Massenpsychologie und Ich-Analyse"* ausgeführt, daß in der Massensituation eine Bindung der Teilnehmer der Masse aneinander und anderseits an den Führer besteht. Selbst dieses Rückhalts der Führung war die Masse des 15. Juli beraubt, es konnte nicht wundernehmen, daß sie unter diesen Umständen auch selbst kopflos wurde. Dafür wurde sie am Parteitag 1927 noch der Disziplinlosigkeit angeklagt, die Verantwortung, die man am 15. Juli selbst nicht wahrgenommen hat, wurde von einigen Rednern auch im Rückblick auf die Masse abgewälzt. Was die Masse in dieser schier ausweglosen Situation vollends zur Raserei brachte, war der Umstand, daß sie mit der vollen Macht der Polizei, deren Angehörige mehrheitlich selbst Wähler der Sozialdemokratie waren und die im entscheidenden Moment doch im Sinne der herrschenden Ordnung funktionierte, konfrontiert war, noch dazu mit berittener Polizei, die seit den Tagen des monarchischen Absolutismus aus dem Straßenbild verschwunden war und jetzt, da sich *„die Straße"* gegen die bestehende Ordnung erhob, wieder auftauchte. Die Masse wurde ins Herz getroffen und an einem Lebensnerv berührt, hatte sie sich doch bis dahin der Illusion hingegeben, so wie am 1. Mai wenigstens das Recht auf die Straße und deren Inanspruchnahme behalten zu haben. Elias Canetti hat die damaligen Vorgänge in seinem Werk *„Masse und Macht"* in Form einer geradezu klassischen Studie verarbeitet. Anhand seiner Thesen ist es auch heute noch möglich, den 15. Juli 1927 als ein Paradebeispiel für die Massenpsychologie zu verstehen, als eine *„einsame Masse"*, wie der amerikanische Psychologe David Riesmann die moderne Masse, die den einzelnen sich selbst überlasse, bezeichnete. Dabei wäre der blutige Zusammenstoß mit der Polizei vermeidbar gewesen, wenn der Schutzbund selbst die Ordnung wiederhergestellt hätte. Er war nahe daran, sich als eine solche Ordnungsmacht zu bewähren, aber auch im Falle der Vermeidung und Bewährung wäre die Kluft zwischen der nach revolutionärer Entladung strebenden und des auf Wiederherstellung der Ordnung bedachten Schutzbundes bestehen geblieben. Wie immer man es angestellt hätte, es war im Laufe dieses Tages schon zu spät, um das Unheil, das schon so lange in der Luft lag, abzuwenden. *„Was man von der Minute ausgeschlagen, gibt keine Ewigkeit zurück."* Mit diesen Dichterworten läßt sich das Versäumnis, noch in den Morgenstunden Vorkehrungen zu treffen, treffend umschreiben.

Das eigentliche Verhängnis der österreichischen Politik der Zwischenkriegszeit bestand darin, daß weder die eine noch die andere Seite die einer *„offenen Gesellschaft"* im Sinne Karl Poppers entsprechende Haltung einnahm, sich nicht als Teil des Ganzen, sondern als das Ganze selbst verstand. Die Partei war den Gegnern von damals nicht eine dem Wortsinn des lateinischen pars adäquate, man war nicht bereit, sich selbst zu relativieren und dem politischen Widerpart eine funktionale wie inhaltliche Notwendigkeit zuzubilligen. Man war überzeugt, daß nur im eigenen Lager und nicht auch im fremden Österreich war, die Gemeinsamkeit, die dieser Staat hätte stiften sollen, wurde in der Antinomie der politischen Kräfte zerrieben. Das bürgerliche Lager sah in der Sozialdemokratie eine Gefahr für alle traditionellen Werte, wie Kirche, Familie und Vaterland, und nahm die sozialdemokratische Agitation, die ein solches Zerrbild nahelegte, für bare Münze. Sie war außerstande, hinter der rauhen und feindlichen Schale das warme Herz zu entdecken, bei dem die Interessen der breiten Mehrheit der arbeitenden Bevölkerung gut aufgehoben gewesen wären. Als sich die Möglichkeit bot, die Sozialdemokratie nach dem Muster umgebender Staaten auszuschalten, hatte man das Gefühl, einen bösen Feind unschädlich gemacht zu haben und die Gesellschaft von einer sie zerstörenden Gefahr befreit zu haben. Die Sozialdemokratie hingegen bewegte sich auf dem Boden der Demokratie und hielt an ihm bis zur Selbstaufgabe fest, weil sie allzu lange davon überzeugt war, auf diesem Terrain mit einem Sieg rechnen zu können. Doch auch sie bekannte sich nicht im Geist der *„offenen Gesellschaft"* zur Demokratie, zum Mehrparteiensystem und zum Wechselspiel der Kräfte. Sie war überzeugt, daß die Überlegenheit der sozialistischen Konzeption eine so fundierte war, daß es nach der Eroberung der Mehrheit zu keinem Rückschlag mehr kommen könne, daß die Demokratie in den sich vollendenden Sozialismus umschlagen werde und die bürgerlichen Parteien höchstens noch die Funktion eines retardierenden Moments der Entwicklung, die eindeutig in Richtung Sozialismus geht, behalten könne. Sie erblickte im bürgerlichen Gegner nur einen hemmenden Faktor, den man zugunsten des Aufbaus einer sozialistischen Gesellschaft überwinden müsse. Das rationale Denken wurde auf beiden Seiten partiell bis total blockiert: die bürgerliche Seite war wie von Angst gelähmt, später aber erst recht dazu motiviert, diese Angst durch eine aggressive Politik, die die Existenzberechtigung der Gegenseite in Frage stellte, zu bekämpfen. Die Sozialdemokratie hingegen war durch ein Übermaß an Hoffnungen und scheinbar wissenschaftlich begründeten Erwartung außerstande, die realen Machtverhältnisse auch realistisch einzuschätzen. Sie nahm die Sorge wahlentscheidender Schichten vor einer Zukunft unter sozialistischen Vorzeichen nicht ernst und streute noch Salz in die Wunden derjenigen, die ansonsten in der Lage gewesen wären, ihr zur ersehnten Mehrheit zu verhelfen. Der 15. Juli 1927 war schließlich jener Tag, an dem diese unvereinbaren Konzepte aufeinanderprallten und nunmehr der Logik des Alles oder Nichts folgten, bis zum bitteren Ende, das Sieger wie Besiegte gleichermaßen traf.

Anmerkungen

1 Wilhelm Ellenbogen: Menschen und Prinzipien, Urteile und Reflexionen eines kritischen Sozialdemokraten.
   Bearbeitet und eingeleitet von Friedrich Weissensteiner. Wien – Köln – Graz 1981, S. 39
2 a. a. O. S. 73
3 Vgl. hiezu Walter Göhring: Der Neudörfler Parteitag 1874 – Gründung der österreichischen Sozialdemokratie, in: „Um Freiheit und Brot". Geschichte der burgenländischen Arbeiterbewegung von den Anfängen bis 1945, Eisenstadt 1984, S. 19 ff.
4 Karl Renner: Rückblick und Ausblick, Wien 1945, S. 5
5 Vgl. hiezu Ludwig Brügel: Geschichte der österreichischen Sozialdemokratie, Erster bis Dritter Band, Wien 1922
6 Maurice Duverger: Die politische Parteien, Tübingen 1953, S. 13
7 vgl. Julius Braunthal: Victor und Friedrich Adler. Zwei Generationen Arbeiterbewegung, Wien 1965. Lucian O. Meysels: Victor Adler. Die Biographie, Wien 1997
8 Vgl. Norbert Leser: Zwischen Reformismus und Bolschewismus. Der Austromarxismus als Theorie und Praxis. Wien – Frankfurt – Zürich 1968, besonders Zweiter Teil: Einheit um jeden Preis. S. 171 ff. 2. Gekürzte (nur den Hauptteil enthaltende) Aufl. Wien – Köln – Graz 1985
9 Rudolf Springer: Der Kampf der österreichischen Nationen um den Staat, Wien 1902. S. 42
10 Otto Bauer: Die Nationalitätenfrage und die Sozialdemokratie, Wien 1907 (2. Aufl. Wien 1924, S. 135)
11 Vgl. Walter Rauscher: Karl Renner – Ein österreichischer Mythos, Wien 1995
12 Die Nationalitätenfrage und die Sozialdemokratie, Wien 1907, S 263
13 vgl. Norbert Leser: Gab es eine k. k. Sozialdemokratie? Eine Antwort an J. W. Brügel, in: „Die Zukunft", Wien, Heft 6, März 1974
14 Verhandlungen des Parteitages 1909, Wien 1909, S. 177
15 Friedrich Austerlitz: Der deutsch-österreichische Staat, in: „Der Kampf", November 1918, S. 713, 717
16 Protokoll des Parteitages 1920, S. 143
17 Vgl. Karl Kautsky: Terrorismus und Kommunismus sowie: Die Diktatur der Proletariats, Wien 1919

18 Vgl. Gustav Gratz und Richard Schüller: Der wirtschaftliche Zusammenbruch Österreich-Ungarns. Die Tragödie der Erschöpfung, Wien 1930

19 Otto Bauer: Der Genfer Knechtungsvertrag und die Sozialdemokratie,
Wien 1922

20 Protokoll des Parteitages 1922, abgehalten am 14. und 15. Oktober 1922,
Wien, S. 159

21 a. a. O. S. 183

22 Otto Bauer: Die österreichische Revolution, Wien 1923, S. 285

23 Otto Leichter: Glanz und Ende der Ersten Republik: Wie es zum österreichischen Bürgerkrieg kam, Wien 1964. S. 48

24 Otto Bauer: Der Kampf um die Macht, Wien 1924, S. 25

25 Otto Bauer: Der Kampf um Wald und Weide. Studien zur österreichischen Agrargeschichte und Agrarpolitik, Wien 1925

26 Protokoll des Parteitages 1926, S. 123 u. 176

27 Julius Deutsch: Ein weiter Weg. Lebenserinnerungen. Wien – Zürich
1960, S. 163

28 Denkschrift sozialistischer Offiziere, im Kriegsarchiv, vgl. auch Norbert
Leser: Das Linzer Programm und der 15. Juli 1927 als Höhepunkte austro-
marxistischer Politik, in: Die Ereignisse des 15. Juli 1927. Protokoll des
Symposions in Wien am 15. Juli 1977, Wien 1979, S. 150 ff.

29 Protokoll des sozialdemokratischen Parteitages 1927, S. 105

30 Protokoll des Internationalen Arbeiterkongresses zu Paris vom 14. bis 20.
Juli 1889, Nürnberg 1890, S. 45

31 Menschen und Prinzipien, S. 75

32 a. a. O. S. 73

33 Charles Gulick: Österreich von Habsburg zu Hitler, Band II, Wien 1948,
S. 505

34 Victor Adler: Verhandlungen des vierten österreichischen sozialdemokratischen Parteitages 1894, S. 76

35 August Maria Knoll: Ignaz Seipel. In: Neue österreichische Biographie,
IX. Band, Wien 1956, S. 119

36 Ein weiter Weg, S. 171

37 Klemens von Klemperer: Ignaz Seipel. Staatsmann einer Krisenzeit,
Graz – Wien – Köln 1976, S. 217

38 Karl Renner: Ist der Marxismus Ideologie oder Wissenschaft? „Der
Kampf", Juni 1928, S. 255

39 Karl Renner: Österreich von der Ersten zur Zweiten Republik, Wien
1953, S. 43

40 Victor Adlers Aufsätze, Reden und Briefe. Erstes Heft: Victor Adler und
Friedrich Engels, Wien 1922, S. 43

41 Verhandlungen des vierten österreichischen sozialdemokratischen Parteitages 1894, S. 56

42 Wilhelm Ellenbogen: Menschen und Prinzipien, Wien 1981, S. 39

43 Karl Renner: Österreich von der Ersten zur Zweiten Republik, S. 80

44 Julius Deutsch: Ein weiter Weg, S. 179

45 Protokoll des Parteitages. Wien 1931, S. 29

PAUL SAILER-WLASITS

VOM WORT ZUR TAT –
POLITISCHE SPRACHE UND GEWALT

„Sie haben mich nicht predigen hören. Ich kann ein Regiment nur
mit einer Ansprach so in Stimmung versetzen, daß es den Feind
wie eine Hammelherd ansieht. Ihr Leben ist ihnen wie ein alter
verstunkener Fußlappen, den sie wegwerfen in Gedanken an den
Endsieg. Gott hat mir die Gabe der Sprachgewalt verliehen. Ich
predig', daß Ihnen Hören und Sehen vergeht."
(Dialog des Feldpredigers mit Mutter Courage[1]*)*

Im folgenden sollen sprach- und politikwissenschaftliche Aspekte
den Weg und die Richtung „vom Wort zur Tat" aufzeigen, den
Voraussetzungen politischer Sprache nach-denken und das Phänomen des Verbalradikalismus aus mehreren Perspektiven nach-
zeichnen. In einer Analyse politischer Rhetorik kommen ausgewählte Passagen von Reden führender politischer Exponenten der
Ersten Republik zur Sprache, ebenso das zu politischer Berühmt-
heit gelangte *„Linzer Programm"*[2] der sozialdemokratischen Partei,
sowie sprachpolitisch relevante Artikel aus Printmedien der Zeit.
Diese sollen, exemplarisch und stellvertretend, die Qualität des
soziopolitischen Diskurses der zwanziger Jahre des vergangenen
Jahrhunderts in Erinnerung rufen, der zu jener Polarisation beitrug, in der am 15. Juli 1927 die Tat das Wort überschritt.

KOLLEKTIVE SPRACHPRAXIS: DAS „LINZER PROGRAMM"

Mit der folgenden Lektüre des Parade-Parteiprogramms des Austromarxismus sollen jene Aspekte von politischer Sprache identifiziert werden, die dazu geeignet waren, eine Eskalation des
soziopolitischen Klimas zu begünstigen und zu beschleunigen.
Ideologischer Sprachgebrauch, rhetorische Sprachlenkung und
identitätsstiftende Sprachregelung, mit allen positiven und negati-
ven Konnotationen, werden in diesem Programm referentiell zum

Zweck der eigenen Legitimation eingesetzt und zur Decouvrierung der Widersprüchlichkeit des politischen Gegners bzw. seines Stereotyps. Im Linzer Programm wird darüber hinaus auch die Krise der frühen bürgerlich-liberalen parlamentarischen Demokratie in Österreich reflektiert und in radikaler Form ein Klischee und eine Karikatur der Bourgeoisie entworfen.

Drei Monate vor dem Zusammenstoß von Schattendorf fand in Linz vom 30. Oktober bis zum 4. November 1926 der Parteitag der sozialdemokratischen Partei statt. Das Parteiprogramm selbst und die aufschlußreichen Wortmeldungen und Diskussionsbeiträge während des Parteitages sollen im folgenden einer neuerlichen Lektüre unterzogen werden.

Politische Rhetorik und Metaphorik führten zu jenen Verbalisierungstendenzen, die alle nicht zur Deeskalation beitrugen, sondern die antagonistische Struktur des herrschenden politischen Diskurses mit performativem Vokabular weiter verschärften und den Boden für den gewalttätigen Zusammenprall von Macht und Ohnmacht am 15. Juli 1927 in der Art aufbereiteten, daß nur noch der sprichwörtliche Funke hinzukommen mußte, um die Katastrophe unabwendbar zu machen.

Zunächst ist der Aufbau des Parteiprogramms im Sinne seiner textuellen Organisation interessant, die ersten drei Punkte entsprechen bereits der klassischen Form von These, Antithese und Synthese: Unter *„I. Der Kapitalismus"*[3] werden die kapitalistische Gesellschaftsordnung und ihre Dependenzstrukturen aufgezählt und einer Kritik unterzogen. Antithetisch dazu werden unter *„II. Der Klassenkampf"* jene Verdienste des Sozialismus wertend aufgezählt, die dem Kapitalismus und der Bourgeoisie bereits abgerungen werden konnten, dazu gehörten der maßgebliche Einfluß auf den Gebieten der Gesetzgebung, Verwaltung und des Arbeiterschutzes. Am Ende des Abschnittes wird deklariert, der Klassenkampf zwischen Kapital und Arbeit, zwischen Unterdrückung und Ausbeutung sei bis zur Erreichung einer neuen Gesellschaftsordnung weiterzuführen und rhetorisch, geradezu syllogistisch wird auf die Synthese vorbereitet: *„III. Der Kampf um die Staatsmacht".* Diese Terminologie konnte von christlichsozialer Seite durchaus als politische Handlungsanleitung im Sinne des Mobilisierungsbestrebens aufgefaßt werden: *„Die sozialdemokratische Arbeiterpartei erstrebt die Eroberung der Herrschaft in der demokratischen Republik, nicht um die Demokratie aufzuheben, sondern um sie in den*

Dienst der Arbeiterklasse zu stellen, den Staatsapparat den Bedürfnissen der Arbeiterklasse anzupassen und ihn als Machtmittel zu benützen, um dem Großkapital und dem Großgrundbesitz die in ihrem Eigentum konzentrierten Produktions- und Tauschmittel zu entreißen und sie in den Gemeinbesitz des ganzen Volkes zu überführen."[4]

Zwar ist, sowohl vor, als auch nach dieser prekären Passage mehrfach die Rede von *„demokratischen Kampfmitteln"*, doch ist es nicht primär der demokratische Kampf um die Hegemonie, sondern das Ergebnis dieses Machtkampfes, welches den politischen Gegner beunruhigen mußte. Denn das Bedeutungsäquivalent des Entreißens von Produktions- und Tauschmitteln auf Basis von staatlich legitimierter Machtausübung lautet schlicht Expropriation. Der streng marxistische Ansatz läßt im Parteiprogramm allerdings die Frage offen, wie die Gesellschaft zu dem enteigneten Privatbesitz gelangen soll, ohne gleichzeitig die Rolle eines Subjektes über den individuellen Subjekten des Volkes zu spielen. Die Formulierung *„den Staatsapparat ... als Machtmittel zu benützen"* beunruhigt ebenfalls zu stark, als daß sie als bloße ästhetische Paraphrasierung der Klassenkampfterminologie abgetan hätte werden können.

Im Parteitagsprotokoll ebenfalls enthalten sind die ursprünglichen Entwürfe jener Passagen und Formulierungen, welche die Diskussionsgrundlage für das Parteiprogramm bildeten, nach Abschluß der Beratungen jedoch in abgeänderter Form Eingang in das offizielle Schlußdokument fanden. Einer dieser Entwürfe, ebenfalls zu Pkt. III gehörend, lautete: *„Die Bourgeoisie wird nicht freiwillig ihre Machtstellung räumen. Findet sie sich mit der ihr von der Arbeiterklasse aufgezwungenen demokratischen Republik ab, solange sie die Republik zu beherrschen vermag, so wird sie die demokratische Republik zu stürzen, eine monarchistische oder faschistische Diktatur aufzurichten versuchen, sobald das allgemeine Wahlrecht die Staatsmacht der Arbeiterklasse zu überantworten drohen oder schon überantwortet haben wird."* Und schließlich: *„Würde durch einen solchen Versuch der Bourgeoisie die Demokratie gesprengt, dann könnte die Arbeiterklasse die Staatsmacht nur noch im Bürgerkrieg erobern und in der Zeit des Bürgerkrieges nur mit den Mitteln der Diktatur ausüben."*[5]

Die erste Auffälligkeit dieser Passage ist zunächst der syntaktische Wechsel der Person: Im Unterschied zum vorangegangenen Abschnitt tritt hier die Sozialdemokratische Partei nicht mehr in der 1. Person auf, sondern schiebt rhetorisch die 3. Person in Form der Arbeiterklasse in den Vordergrund. Somit ist es nicht mehr die sozialdemokratische Partei, sondern ein diffuses, überparteiliches Kollektiv, *„die Arbeiterklasse"*, welches agiert und die Verantwortung trägt. Dadurch entlassen sich die Partei und ihre Exponenten aus der moralischen Letztverantwortung und delegieren diese an die abstrakte Arbeiterklasse. Die unmittelbare und offensichtliche Verbindung von sozialdemokratischer Partei und der Autorenschaft der Textpassage ist ebenfalls verschoben, stellt die Beschreibung der letzten möglichen Reaktionsweise der Arbeiterklasse doch „nur" eine wissenschaftlich gesicherte Anleihe beim dialektischen Materialismus dar. Nicht die sozialdemokratische Partei erscheint explizit als potentieller Machtfaktor, sondern die Arbeiterklasse ist Träger der Handlung, nicht die sozialdemokratische Partei verschränkt sich mit der Staatsmacht, sondern die Arbeiterklasse. Die programmatische Verwendung des Vokabulars, wie etwa *„Sprengung der Klassenstrukturen"*, ist per se als performative Sprache qualifizierbar, bereits der Begriff der Arbeiterklasse, als dialektische Negation der bürgerlichen Gesellschaft, ist trotz seiner Evokation von Solidarität nicht dazu geeignet, gesamtgesellschaftlich integrativ zu wirken, sondern betreibt Ausschließung.

Otto Bauer, der dominierende Redner des gesamten Parteitages,[6] definiert mit Hilfe von Kriegsmetaphern zunächst einige Prämissen des Klassenkampfes, er spricht von der *„Prüfung des Kampfgeländes"*[7], vom *„Kampfboden"*[8], auf dem der Klassenkampf zu erfolgen habe und beschwört die Einheit des Proletariats, das die Macht nur erringen könne, wenn die *„ganze Arbeiterklasse ein Heer in diesem Kampfe bildet"*[9]. Der Terminus *„Kampf"* ist in Otto Bauers Stellungnahme die bei weitem am häufigsten zu Anwendung gelangende Metapher für politische Ziele, er setzt *„Kampf"* hauptsächlich im Sinne einer rhetorisch-pathetischen Verstärkerfunktion ein, wenn er sagt: *„Wie ist nun der Kampf selbst zu führen, wie die Schlacht selber zu schlagen, mit welchen Mitteln der Gegner zu besiegen?"*[10] Das Übergewicht an agonalen und kriegerischen Termini ist in der politischen Sprache offensichtlich, die Metaphern reichen von der *„Mobilisierung der Parteimitglieder"* über *„Terraingewinne"*, *„politische Manöver"* bis hin zu *„Scheingefechten"*, *„verhärteten Fronten"* oder schließlich *„Kapitulation"*. Explizit betont Otto Bauer jedoch den defensiven Charakter der Anwendung von Gewalt, erst wenn die Demokratie ernsthaft in Gefahr und alle anderen Mittel ausgeschöpft wären, erst vor die Wahl gestellt, sich mit *„Waffen zu verteidigen oder in völlige Knechtschaft zu verfallen"*[11], wäre der Weg der Gewalt legitim beschreitbar.

Ideologischer Sprachgebrauch und referentielle Sprachlenkung: der Schlüsselbegriff „Diktatur"

Trotz dieser vielfachen Klarstellungen und Beteuerungen, die ideologische Aufrüstung und die physische Kampfbereitschaft hätten lediglich defensiven Charakter, für jenen Fall, daß trotz eines demokratisch zustandegekommenen Sieges der Sozialdemokraten die Christlichsozialen an der Macht festhalten sollten, blieb der Vorwurf bestehen, daß der ostentative Gebrauch und die oftmalige Paraphrasierung martialischer Wendungen beim politischen Gegner weder als politisches Taktieren noch als sozialromantische Emphase verstanden und hingenommen wurde, sondern eher bolschewistische Schreckensbilder einer Diktatur des Proletariats evozierte. Derartige Stereotype wurden in weiterer Folge nicht abgebaut, sondern konnten sich über Jahre festigen und verstärken: *„Demokratisch, solange wir können, Diktatur nur, wenn man uns zwingt und soweit man uns zwingt."*[12]

Je stärker an die Entschlossenheit und Bereitschaft appelliert wurde, Gewalt als Defensivmittel anzuwenden, je öfter die Drohung implizit mitschwang, daß der Gegner in einem einzigen Akt der Selbstverteidigung vernichtend geschlagen werden könne, desto mehr trug diese emotive Terminologie zur Herausbildung und Unterstützung gesamtgesellschaftlicher Antagonismen bei, die sich, auf die Probe gestellt, oft nur noch durch explosive, sthenischen Affekten gleichende Entladungen bürgerkriegsähnlichen Charakters auflösen ließen, oder um es mit den Worten Elias Canettis fragend zu formulieren: *„Es wäre auch dazu zu sagen, daß es durch Worte, bewußt und immer wieder eingesetzte mißbrauchte Worte zu dieser Situation gekommen ist, in der Krieg unvermeidlich wurde. Wenn durch Worte soviel auszurichten ist – warum läßt es sich nicht durch Worte verhindern?"*[13] Otto Bauer verkannte die politische Sprengkraft der Worte, wenn er im Hinblick auf terminologische Präzision etwas abschätzig formulierte: *„Nun gestehe ich, daß ich nicht gern Streitigkeiten um Terminologien führe. So wichtig der Streit um die Sache ist, um die Ausdrucksweise ist er weniger wichtig."*[14]

Die inhaltliche Diskussion rund um den Begriff Diktatur und darüber, ob und welchen Stellenwert er im Linzer Programm innehaben sollte, war ein deutliches Beispiel dafür, wie mit der Radikalisierung der Worte im Sinne der ideologischen Rückführung zu deren Wurzeln bei Marx und Engels, bzw. deren Auslegung und Praxis durch den Bolschewismus, nachhaltig und langfristig politische Unsicherheit generiert wurde. Der Begriff Diktatur fand letzten Endes doch substantiell Eingang in das Parteiprogramm, obwohl er nicht klar genug beschrieben und abgegrenzt wurde, sondern die gesamte Debatte hauptsächlich aufgrund eines politisch-taktischen Kompromisses überstand. Die Delegierten einigten sich weder auf einen Ersatzbegriff, obwohl dieser von Friedrich Adler mit dem zumindest tendenziell entschärfenden Terminus *„Klassenherrschaft des Proletariats"* vorgeschlagen wurde, noch auf die Einschränkung seiner Bedeutungsvielfalt, sondern ließen das Wort Diktatur, trotz seiner enormen Heterogenität, die nicht zuletzt aufgrund der politischen und sprachlichen Praxis gegen Ende des 19. Jahrhunderts und danach insbesondere im Kontext der bolschewistischen Revolution entstanden war, unverändert bestehen. Es ist daher zulässig, davon zu sprechen, daß der Begriff Diktatur nur im metaphorischen Sinne Eingang in das Linzer Programm fand: Zwar bemühten sich die verschiedenen Redner in Ihren Anträgen und Wortmeldungen, von Otto Bauer über Karl Renner bis Max Adler, redlich darum, terminologische Klarheit zu schaffen, doch die Vielfalt der Aspekte, die im Wort Diktatur mitgedacht wurden, konnte und wollte weder von einer der maßgeblichen Persönlichkeiten semantisch verringert werden, noch sollte sie, aus politisch-taktischen Erwägungen, verringert werden, um nach außen, dem politischen Gegner gegenüber, keine Schwäche zu zeigen. Doch gerade diese vermeintliche Stärke der geschlossenen ideologischen Position bot die eigentliche Angriffsfläche und trug im Laufe der folgenden Jahre als programmatische Referenz entscheidend zur Verschärfung des politischen Klimas bei. *„Jede Machtrhetorik steckt somit in dem Dilemma, Macht zeigen zu müssen und doch besser nicht zu zeigen. Beim Nichtzeigen droht die Macht zu verfallen, beim Zeigen droht sie Gegenmacht zu provozieren und ihr unterstelltes, lautloses Funktionieren zu stören."*[15] Um die verbalradikale Tendenz festzumachen, muß besonders der Beginn ihres Prozesses genau betrachtet werden: Die terminologische Debatte am Parteitag 1926 entspinnt sich zunächst hauptsächlich um den Begriff und die Bedeutung von *„Diktatur"*. Exemplarisch sollen hier einige der Teilaspekte des metaphorischen Begriffes Diktatur angeführt werden, nicht um einen neuen hermeneutischen Prozeß in Gang zu setzen, sondern um zu zeigen, wie viele Attribute dem Begriff Diktatur beigestellt werden, die – zusammengedacht und in-eins-gesetzt – dem Rezipienten jegliche begriffliche Sicherheit nehmen und ihn seinem je eigenen politischen Kontext überlassen.

Am Beginn der Debatte stand zur Diskussion, in welcher Hinsicht die Diktatur im Sinne von Marx und Engels und nicht als Terminus einer, von jedem Kontext losgelösten Gewaltherrschaft mißzuverstehen, sondern stets als zusammengesetzter Begriff der Diktatur des Proletariats zu denken wäre.[16] Die Diktatur des Proletariats stellt eine, innerhalb der demokratischen Gesellschaftsordnung ausgeübte, Hegemonie des Proletariats dar, wobei die Demokratie durchaus nur die Funktion des Überganges von der kapitalistischen zur klassenlosen Gesellschaft ausüben kann und daher aus marxistischer Perspektive die Begriffe von Demokratie und Diktatur keinesfalls diametral entgegengesetzt sind.[17] Die politische Demokratie im Sinne der Rechtsgleichheit ihrer Bürger wird in dieser Tradition sowohl von Max Adler als auch von Otto Bauer wiederholt nur als formales Zwischenstadium auf dem Weg zur sozialen Demokratie gewertet, als günstiger Kampfboden zur Überwindung und Beseitigung der Klassenherrschaft der Bourgeoisie.[18]

Der Terminus *„Diktatur des Proletariats"* beinhaltet jedoch noch mehr, als die Zustandsbeschreibung einer konstanten Ausübung von Herrschaft als soziale Funktion innerhalb der Demokratie: Diktatur des Proletariats scheint zunächst kein dynamischer sondern ein statischer Begriff zu sein, er suggeriert einen statischen, schwerfälligen Zustand der Hegemonie nach dem Ergreifen der Macht, mit dominierend verwaltungsstaatlichen und totalitären Elementen, allerdings aufbauend auf und ausgehend von demokratischen Strukturen. Doch im denkenden Anschauen des Begriffes Diktatur des Proletariats erkennt man noch zwei weitere Aspekte: zum einen wird der zur Erlangung der Macht notwendige Prozeß, sei er nun friedlich oder gewaltsam revolutionär, immer bereits partiell mitgedacht, und ist daher im statischen Begriff der Diktatur des Proletariats impliziert, als gehöre er zur Geschichte des

Begriffes Diktatur des Proletariats, zweitens stellt die Diktatur des Proletariats ein systemisches, zeitlich begrenztes Übergangsstadium von der kapitalistischen zur sozialistischen bzw. klassenlosen Gesellschaftsform dar. Die Diktatur des Proletariats trägt somit trotz ihres statischen Charakters unausgesprochen zwei dynamische Komponenten in sich, ex post jene des bereits erfolgten Prozesses der Machtergreifung im Sinne von Macht als Relation, und eine transitorische Komponente, die das Übergansstadium zum Sozialismus bezeichnet.

In diesem Sinne argumentiert auch Max Adler in seiner Replik auf die Rede Otto Bauers und empfiehlt, den Terminus Diktatur im marxistischen Sinne im Parteiprogramm beizubehalten,[19] obwohl der Begriff der Diktatur zu diesem Zeitpunkt bereits seit einem Jahrzehnt immer weniger mit dem wissenschaftlich-marxistischen Begriff der Diktatur des Proletariats, sondern immer stärker mit der bolschewistischen Praxis der Diktatur identifiziert wurde. Damit rekurrierte der Begriff Diktatur jedoch auf die harte, kompromißlose Führung durch die kommunistische Partei und die Unterordnung sämtlicher sozialer Partikularinteressen unter das dekretierte Kollektivziel der Überwindung der Klassen. Die Empfehlung der Beibehaltung der marxistischen Terminologie, wie dies Max Adler mit dem Argument historisch-politischer Verpflichtung aussprach, wurde von Karl Renner mit dem konsequent materialistischen Hinweis quittiert, die jüngste Geschichte Europas hätte gezeigt, daß nicht die theoretischen Begriffe als politische Handlungsvoraussetzung angenommen wurden, sondern umgekehrt die theoretischen Begriffe nach der fortschreitenden Praxis zu gestalten wären.[20] Renners Argumentation zielte darauf ab, nach Möglichkeit alle Fehlinterpretationen hintanzuhalten und in der täglichen politischen Praxis mit wenig Erklärungsbedarf konfrontiert zu sein. Sein bonmothaft, fast polemisch an Max Adler gerichteter Hinweis, die österreichischen Sozialdemokraten hätten offenbar alles an der Demokratie erobert, nur deren Begriff nicht,[21] zeigt das sprachliche Dilemma des Parteiprogramms vis-à-vis der Arbeiterschaft als Adressat des Programms. Um die linken Teile der Partei und der Parteiführung zu integrieren, versuchte man erst gar nicht, sich vom marxistischen Vokabular zu sehr zu emanzipieren, aus politisch-taktischen Gründen behielt man ebenfalls das Vokabular bei, in der fälschlichen Annahme, daß eine, qua Terminologie zur Schau getragene ideologische Geschlossenheit dem bürgerlichen Lager gegenüber Stärke demonstrieren und damit automatisch Respekt abverlangen würde. Daß das Versäumnis von verbaler Deeskalation seitens der Sozialdemokratie dazu führte, daß die Gesprächsbereitschaft auf christlichsozialer Seite tendenziell abnahm und die Unsicherheit hinsichtlich der politischen Paktfähigkeit der Sozialdemokraten zunahm, war ein Effekt, den man nicht zu mildern versuchte, sondern gerne als politische Rute im Fenster behielt.

Daß einige Delegierte, unter ihnen Karl Renner, die unmittelbare Wirkung des Verbalradikalismus prinzipiell erkannten, seine längerfristige Auswirkung auf die Qualität des politischen Diskurses jedoch bagatellisierten, zeigt Renners Wortmeldung: *„Die Bourgeoisie hat ein Gruseln überlaufen, wie sie gelesen haben, ‚Eroberung der Macht‘."*[22] Auch wenn in drei Punkten beispielhaft angeführt wurde,[23] unter welchen grundsätzlichen Bedingungen sich die Arbeiterklasse gezwungen, aber auch legitimiert sähe, *„den Widerstand der Bourgeoisie mit den Mitteln der Diktatur zu brechen",*[24] so konnten diese Punkte auch als willkürliche, dem freien Ermessen preisgegebene und je nach Opportunität einzusetzende Mittel der Machtergreifung revolutionären Zuschnitts interpretiert werden. Gerade der metaphorische Passus von der Verschwörung der Bourgeoisie mit ausländischen gegenrevolutionären Mächten und die expressis verbis angekündigten Enteignungen der Großgrundbesitzer und Kapitalisten, zwecks Übereignung der Produktionsmittel in kollektives Eigentum,[25] verunsicherten das bürgerliche Lager weiter und festigten dessen Stereotyp von der noch nicht abgewendeten Gefahr eines, möglicherweise auch auf andere Länder übergreifenden, bolschewistischen Experimentes.

Die Peripherie rückt ins Zentrum: Schattendorf, Januar 1927

Eine detaillierte Darstellung des Zusammenstoßes mit Todesfolgen, zwischen Frontkämpfern und Republikanischem Schutzbund in Schattendorf am 30. Januar 1927, ist im Kapitel von Gerhard Botz bereits in extenso gegeben und soll daher hier nicht wiederholt werden. Wie fragmenthaft jedoch der Informationsstand innerhalb der sozialdemokratischen Parteispitze in den Wochen nach den Ereignissen von Schattendorf immer noch war und in welcher Weise trotz vorliegender Sachverhaltsdarstellungen der Gendarmerie sogar die wesentlichsten Eckdaten verbal verzerrt und politisch instrumentarisiert wurden, zeigt die Stellungnahme Otto Bauers zum Thema Schattendorf in einer Rede im Nationalrat vom 3. März 1927: *„Es ist ... der Regierung aus sämtlichen Mitteilungen bekannt, daß die Banden, die den Mord von Schattendorf auf dem Gewissen haben, Organe des Hochverrats sind, daß das im Burgenland Leute sind, die die burgenländische Filiale der Levente, der ungarischen irredentistischen militärischen Organisation, darstellen ... daß diese Banden dort einen ruchlosen Mord begangen haben."* Und Bauer fährt fort: *„Wir haben verlangt, daß man gegen diese Mordorganisationen einschreite, wir haben verlangt, daß man gegen diese Gesellschaft die Bestimmungen des Gesetzes anwende, daß man diese Vorbereitung einer hochverräterischen Aktion gegen die Republik nicht dulde. Die Regierung hat nichts getan. Schützend hat der Herr Bundeskanzler seine Hand über die Hochverräter und Mörder vom Burgenlande gehalten."*[26] Das verwendete Vokabular *„Banden"* und *„ruchloser Mord"*, sowie der direkte Konnex zu Bundeskanzler Seipel, was die politische Verantwortung anbelangt, konnte der Wahlkampfstimmung für die bevorstehenden Nationalratswahlen am 24. April 1927 zugeschrieben werden. Die krasse Übertreibung, *„hochverräterische Aktion gegen die Republik"* im Kontext mit ungarischen irredentistischen Organisationen, konnte und sollte jedoch von den Abgeordneten im Plenum auch im Sinne des Linzer Programms aufgefaßt werden, wonach die Arbeiterklasse legitimiert sei, *„den Widerstand der Bourgeoisie mit Mitteln der Diktatur zu brechen"*, sofern sich die Bourgeoisie der gesellschaftlichen Umwälzung durch die Arbeiterklasse mit Hilfe einer *„Verschwörung mit ausländischen gegenrevolutionären Mächten"*[27] entgegenstellen sollte. Natürlich mußte Otto Bauer klar sein, daß er dem Geist des Linzer Programms damit Gewalt antat, indem er aus einem peripheren Ereignis wie Schattendorf einen die Republik bedrohenden Tatbestand zu konstruieren versuchte, doch für agitatorische politische Rhetorik auf parlamentarischer Ebene reichte der an den Haaren herbeigezogene Vergleich der Schattendorfer Ereignisse mit Hochverrat aus, um sich nahtlos als weiterer Stein in das Mosaik politischer Polarisierung einzugliedern.

Als Illustration für die assertorische Technik und simplifizierende
Rhetorik der Massenmedien eignet sich der Aufruf auf der Titelseite der „Arbeiter-Zeitung" vom 31. Januar 1927, dem Tag nach den
Ereignissen von Schattendorf: *„Ganz Wien marschiert heute Nachmittag in die Stadt!"* In diesem Beispiel entsteht die rhetorische Wirkung
zunächst und zuallererst aufgrund der logischen Unmöglichkeit der
Aussage. Nur eine andere, von der wörtlichen Lesart abweichende,
führt zur politischen Intention der metaphorischen Ausdrucksweise.
Trivialerweise ist weder „Wien" bzw. „ganz Wien" als Subjekt phy-
sisch mobil, noch in der Lage, sich in die bezeichnete Stadt, sohin
nach bzw. in sich selbst zu begeben. Losgelöst von seinem Kontext
ist die Aussage ebenfalls nur eingeschränkt verstehbar, denn auch
wenn allgemein verständlich ist, daß mit „Wien" nur seine Menschen gemeint sein können, benötigt man weiters den historischen
und politischen Kontext, um die intendierte Lesart zur Gänze nach-
zuvollziehen: Zunächst gibt der historische Kontext darüber Auskunft, daß mit „in die Stadt" jener historisch gewachsene Stadtbereich intra muros gemeint ist, der aus der Perspektive der Orte rund
um Wien „die Stadt" war und, auch als sich der Stadtbereich geo-
graphisch vergrößerte und die Vororte eingemeindet wurden, „die
Stadt" blieb. Der politische Kontext gibt über zwei weitere Sachverhalte Auskunft: Zum einen wurden die Täter von Schattendorf
den Frontkämpfern zugerechnet, die Opfer dem Republikanischen
Schutzbund, zum anderen ist die berichtende Zeitung die „Arbeiter-
Zeitung", woraus sich die Zahl der Interpretationsmöglichkeiten auf
nur mehr eine Intention des Aufrufes reduziert, nämlich daß „ganz
Wien" sich primär an die Arbeiterschaft richtete, die als Adressat des
„Zentralorgans der Sozialdemokratie"[28] traditionellerweise mehrheitlich die Bezirke der ehemaligen Vorstädte Wiens bewohnte und sich
politisch überwiegend mit dem Schutzbund identifizierte.[29]

DAS „ZENTRALORGAN" – EPIDEIKTISCHE METAPHER OHNE VERANTWORTUNG?

Die „Arbeiter-Zeitung", im Untertitel mit dem bedeutungsschwe-
ren metaphorischen „Zentralorgan" ausgestattet, gewissermaßen
als gebündelte Stimme des Proletariats, spielte im Laufe der

Monate zwischen Januar und Juni 1927 eine gewichtige ja sogar entscheidende Rolle. Sie war textueller Ausdruck des politischen Willens der Arbeiterschaft im Sinne der Perzeptionshilfe politischer Realität und unterstützendes direktes Kommunikations- und Organisationsmittel des Parteivorstandes. Die beträchtlichen Mandatsgewinne der Sozialdemokraten bei der Nationalratswahl am 24. April 1927, die letztlich doch nicht zu einer Ablöse der Regierung Seipel führten, lösten Enttäuschung bzw. Frustration auf allen Ebenen der sozialdemokratischen Partei und ihrer Basis aus, was sich textuell bemerkbar machte. Ob die Radikalisierung der Sprache in Massenmedien und im Parlament das politische Klima in jedem Fall, also auch ohne Schattendorf und das Fehlurteil im Prozeß, sondern aufgrund eines anderen, beliebigen Ereignisses von ähnlicher Polarisierungskraft zu einer dem 15. Juli 1927 gleichenden Katastrophe verschärft hätte, oder ob dies durch mäßigende Worte zu verhindern oder zumindest in einen harmloseren Konflikt umlenkbar gewesen wäre, ist nicht entscheidbar. Doch nachdem sich der Urteilsspruch des Schattendorf-Prozesses in den Abendstunden des 14. Juli wie ein Lauffeuer durch die Arbeiterbezirke verbreitet und in Ermangelung klarer, rechtzeitiger Handlungsanweisungen des sozialdemokratischen Parteivorstandes für seine Basis in den Wiener Betrieben und im Republikanischen Schutzbund, spielt die „Arbeiter-Zeitung" mit ihrem Leitartikel am Morgen des 15. Juli 1927 die zeitlich erste wesentliche Verstärker- bzw. Auslöserrolle für die nachfolgenden Eskalationen, zeitlich noch weit vor dem fatalen Schießbefehl an die Polizei.

Isoliert betrachtet und ohne inhaltlichen Konnex zum Linzer Programm, bei dessen Diskussion Friedrich Austerlitz sich mehrfach zu Wort gemeldet hatte, wäre sein Leitartikel am 15. Juli 1927 in der „Arbeiter-Zeitung" wohl anders zu lesen und zu verstehen gewesen. Der Tenor des Artikels ist zu Beginn durchsetzt von generalisierenden Tiraden auf die Geschworenen, denen jegliches Rechtsempfinden bzw. -handeln abgesprochen *wird, „... die eidbrüchigen Gesellen auf der Geschworenenbank ... die sich über Recht und Gerechtigkeit so frech hinwegsetzen ... sind keine Geschworenen, sind ehrlose Gesetzesbrecher ...",* auf die Parteilichkeit der Gerichtsbarkeit, *„diese feine Justiz wird es sich vielleicht als eine besondere Pflichterfüllung anrechnen, daß gegen die Schattendorfer Mörder die Anklage erhoben worden ist, ... daß sogar Frontkämpfer, Ange-*

hörige also der gehätschelten Leibgarde der Regierungsparteien, angeklagt werden, wenn sie Menschenblut vergießen, selbst dann angeklagt
werden, wenn die von ihnen Erschossenen Sozialdemokraten sind." Es
folgt die nicht minder harsche Kritik an der tendenziösen Berichterstattung von „Reichspost" und „Neue(r) Freie(r) Presse", die als
Sprachrohre des bürgerlichen Lagers[30] ein qualitativ wie quantitativ durchaus vergleichbares Maß an Verzerrung in ihrer Verteidigung der Frontkämpfer aufweisen, wie die „Arbeiter-Zeitung" dies
umgekehrt in ihren Anklagen tut: *Was aber noch zu leisten war,
das hat die Regierung durch ihre Zeitungen besorgt; denn an der infamen Hetze der zwei Regierungsblätter … ist die Regierung geradezu
unmittelbar mitschuldig. Diese Hetze war sorgsam vorbereitet, plan-
mäßig angelegt. Zuerst wurde der Verhandlungsbericht geradezu teuf-
lisch gefälscht …"*
Die entscheidende und in die Geschichte Österreichs eingegan-
gene Passage ist aber der Schlußparagraph des Leitartikels, der hier
einer neuerlichen Lektüre unterzogen werden soll: *„Denn wenn die
Arbeiter erkennen müßten, daß es für sie in dieser kapitalistischen
Ordnung keine Gerechtigkeit gibt, daß die Justiz zur Komödie her-
absinkt, wenn ein den arbeitenden Menschen zugefügtes Unrecht zu
sühnen ist, dann wird der Glaube an diese Gerechtigkeit vernichtet
und das Vertrauen zu ihr verschüttet."* Der Artikel fährt fort: *„Denn
die Versagung der Gerechtigkeit ist das Schlimmste, was den arbeitenden Menschen angetan werden kann, und wenn sie das einmal
erkennen und ihr Bewußtsein von dieser niederdrückenden Tatsache
erfüllt wird, so ist es um die Rechtsordnung geschehen."* Und Austerlitz weiter mit drohendem Unterton: *„Die bürgerliche Welt warnt
immerzu vor dem Bürgerkrieg; aber ist diese glatte, diese aufreizende
Freisprechung von Menschen, die Arbeiter getötet haben, weil sie
Arbeiter getötet haben, nicht schon selbst der Bürgerkrieg? Wir warnen
sie alle, denn aus einer Aussaat von Unrecht, wie es gestern geschehen
ist, kann nur schweres Unheil entstehen."*
Im gesamten Artikel suggeriert Friedrich Austerlitz, der Wahrspruch der Geschworenen habe ein krasses Fehlurteil nach sich
gezogen, die österreichische Gerichtsbarkeit habe letztlich ein
politisches Urteil gefällt und die mediale Hetze gegen die Sozialdemokratie im allgemeinen und den Republikanischen Schutzbund im besonderen sei von der Regierung nicht nur gebilligt,
sondern sogar massiv unterstützt worden. In diesem Kontext
wird nun konjunktivisch die Bedingung dessen formuliert, „…

wenn die Arbeiter erkennen müßten ...", wovon bereits expressis verbis im gesamten Artikel die Rede ist, nämlich, *„...daß es für sie ... keine Gerechtigkeit gibt ...*" Im selben Satz wird dieser, beinahe fragenden rhetorischen Bedingung auch ihre Antwort beigestellt, als wahr und gegeben präsupponiert: *„... dann wird der Glaube an diese Gerechtigkeit vernichtet und das Vertrauen zu ihr verschüttet ...*"

Danach folgt der Wechsel von der konkreten, situativen Ebene der betroffenen Arbeiterschaft auf die abstrakte, quasi-normative Ebene des subjektiven Rechtsempfindens, *„... die Versagung der Gerechtigkeit ist das Schlimmste, was den arbeitenden Menschen angetan werden kann ...*", wobei der Grund der Einschränkung auf die „arbeitenden" Menschen nicht sachlich nachvollziehbar, sondern eher im Bereich der paraphrasierenden Verstärkerfunktion zu suchen ist. Die entscheidende Wendung nimmt der Text, wenn er, unter der Bedingung, daß die betroffene Arbeiterklasse den vorgezeichneten Gedankengang nachvollzieht und verinnerlicht, die daraus resultierenden Konsequenzen als zwingend ansieht: *„... so ist es um die Rechtsordnung geschehen.*" Im Folgesatz wird mittels rhetorischer Frage eine verhängnisvolle Gleichstellung von Freispruch und Bürgerkrieg vorgenommen: *„... aber ist diese ... Freisprechung ... nicht schon selbst der Bürgerkrieg?*" Hier tritt erstmals die frappierende gedankliche Parallele zu dem im Linzer Programm beschlossenen Punkt III *„Der Kampf um die Staatsmacht*" offen und unmittelbar zutage. Mit dem rhetorisch insinuierten Äquivalent von Freispruch–Bürgerkrieg wird der argumentative Reflex der sozialdemokratischen Partei im Sinne ihres Programms ausgelöst: Der bürgerkriegsäquivalente Freispruch kann bereits als der Vorbote einer gewaltsamen Gegenrevolution der Bourgeoisie gewertet werden. Es beginnen daher die im Linzer Programm festgeschriebenen Bedingungen, unter welchen der Widerstand der Bourgeoisie mit Mitteln der Diktatur zu brechen sei, an Relevanz zu gewinnen. Im Sinne der unmittelbaren Handlungsanleitung verläuft die Führung des Gedankens vom Stereotyp des Frontkämpfers als Typus des Täters schlechthin, über die Verschwörung der Justiz gegen die Arbeiterklasse, direkt hin zu einer, im Sinne Max Webers[31] idealtypischen Rettung der Demokratie durch die Arbeiterschaft, die sich nun legitimiert und aufgefordert sieht, wie im Linzer Programm angekündigt, als äußerstes Mittel die Defensivgewalt anzuwenden.

Die Argumentation führte viel zu weit, leitete man daraus alleine die Eskalation des 15. Juli ab, doch es spricht vieles dafür, daß die wirkungspsychologische Relevanz einer programmatischen Festlegung in Kombination mit massenmedial verstärkter Rhetorik emotional potenzierend wirkt. Im letzten Satz des Leitartikels wechselt die sprachliche Ebene wieder zum inkludierenden „wir", in der Form einer pathetischen Warnung, in der sich Autor und Adressat des Textes verbünden, um die zweite, möglicherweise noch unheilvollere Schlußfolgerung zu ziehen, indem sie eine direkte Beziehung zwischen ihnen und ihren Handlungsalternativen herstellen: *„Wir warnen sie alle, denn aus einer Aussaat von Unrecht ... kann nur schweres Unheil werden."*

Hermeneutische Divergenz – die Bewertung des 15. Juli[32]

Die Katastrophe vom 15. Juli 1927 erschütterte alle politischen Kräfte des Landes, auch über die Grenzen Österreichs hinaus wurde das politische Beben registriert, zahlreiche Leitartikel verschiedener Länder nahmen sich des Ereignisses an, darunter auch jener des Chefredakteurs der Prawda, Nicolai Bucharin, zum damaligen Zeitpunkt auch Vorsitzender des Exekutivkomitees der Kommunistischen Internationale in Moskau, zu deren internationalen Sektionen auch die Kommunistische Partei Österreichs zählte. Die inhaltliche Diskussion wurde in Moskau an eine Kommission delegiert, welche, vom Politbüro des Exekutivkomitees der Komintern eingesetzt, die Endfassung einer Resolution betreffend der Wiener Ereignisse nach langem Ringen um Formulierungen erst Anfang Oktober 1927 vorlegte.[33] Interessant erscheint aus heutiger Sicht der verbale Kategorisierungsversuch des 15. Juli, der aus Moskauer Sicht lediglich ein ephemeres Ereignis darstellte: Wie sollten auch die blutigen Ereignissee von Wien seitens der Komintern, insbesondere vor dem Hintergrund der elementaren Erfahrung einer Oktoberrevolution, mit revolutionärem Vokabular bedacht werden? Wie einem Sitzungsprotokoll des Präsidiums des Exekutivkomitees der Komintern vom 16. September 1927 zu entnehmen ist, gingen die Meinungen darüber auseinander, ob der 15. Juli nun ein, im marxistisch-leninistischen Sinne, geplanter und vorbereiteter Aufstand, ein spontaner Aufstand oder bloß eine Massenbewegung war. Die Bewertung Bucharins zielte dabei jedoch auf die klar definierte, notwendige, ja entscheidende Vorbedingung des revolutionären Kampfes, nämlich, *„daß die breitesten Schichten der Arbeiterschaft sich dessen bewußt sein sollten, daß sie für die Macht kämpfen, und dieses Bewußtsein war bei den arbeitenden Massen in Wien nicht vorhanden."*[34] Diese treffende „Ferndiagnose" auf Basis der Informationen, welche die Komintern von der KPÖ erhielt, faßte in einem Satz zusammen, daß organisatorische Versäumnisse und mangelnde Reaktionsfähigkeit auf Seite der sozialdemokratischen Parteiführung dazu geführt hatten, daß sich die Dynamik des spontanen Aufstandes mit folgendem Generalstreik wieder abschwächte und das Selbstvertrauen in die Kraft der Arbeiterbewegung noch weiter unterminierte. Stellt man der Moskauer Rezeption des 15. Juli die beiden Reden, jene von Ignaz Seipel und die von Otto Bauer, gehalten im Nationalrat am 26. Juli, gegenüber, kann man an der Differenz der Beschreibungen ex post ablesen, wie die Positionierungen der beiden politischen Lager zunächst verbal vorbereitet wurden.

Bundeskanzler Prälat Seipel hielt eine, für einen Professor der Moraltheologie, trotz allgemeiner Formulierungen von Betroffenheit, äußerst distanziert wirkende Rede[35] und verwendete als Substitution für die Ereignisse des 15. Juli folgende Begriffe, Metaphern und wertende Beschreibungen: *„blutige Wirren ... verwundete Republik ... gefährliche Bewegung ... Unruhen ... Bewegung, aus der mehr als eine bloße Demonstration wurde ... Ausschreitungen ... nicht nur demonstrierende, sondern plündernde, brandstiftende, tätlich vorgehende Massen ... wir waren nahe daran, von der Revolte in die Revolution hineinzukommen."* Während sich die Beschreibungen *„gefährliche Bewegung ... Unruhen ... Ausschreitungen ... Bewegung, aus der mehr als eine bloße Demonstration wurde",* sachlich nachvollziehbar und relativ neutral auf die Beschreibung der Dynamik der Ereignisse beziehen, fällt die Wortwahl *„blutige Wirren"* aus dieser neutralen Wortwahl heraus: *„Blutige Wirren"* ist ein aus zwei Begriffen zusammengesetzter Terminus, der üblicherweise zur historischen Beschreibung schwerer, langanhaltender, kriegs- und bürgerkriegsartiger Konflikte verwendet wird, um beispielsweise die blutigen Wirren der mittelalterlichen Bauernkriege oder jene der Französischen Revolution zu beschreiben. Die rhetorische Intention Seipels war es offensichtlich, beim Zuhörer eine gedankliche Verbindung zwischen dem 15. Juli 1927 und einer bürgerkriegsartigen, aufständischen und anarchistischen Situation zu evozieren, aufgrund der zeitlichen Nähe aller Wahrscheinlichkeit nach jener der Oktoberrevolution. Dies wird weiter verstärkt, indem der gesamten Masse pauschal unterstellt wird, *„nicht nur demonstrierende, sondern plündernde, brandstiftende, tätlich vorgehende Massen"* zu sein. Damit werden Eigenschaften des „harten Kernes" und der Extremfälle einer Demonstration, die sich weit außerhalb der Rechtsordnung bewegen, ohne zu differenzieren allen beteiligten Demonstranten attestiert. Seipel sucht die Schuld an der Eskalation primär bei Bürgermeister Seitz, dieser habe strategisch falsch gehandelt, da er keine Militärassistenz zur Kalmierung der Lage anforderte, sondern persönlich und mit physischem Einsatz versuchte, zur Deeskalation beizutragen, und Seipel sucht die Schuld auch bei der sozialdemokratischen Opposition aufgrund deren Ausrufung des Verkehrsstreiks. Assertorisch ist auch Seipels Würdigung des Polizeieinsatzes, indem er sich nur auf die verletzten Polizisten bezieht. Mit den Worten *„… da wird man wohl sagen können, daß diese Männer ihre Pflicht erfüllt haben. Gott sei Dank, Sie haben ihre Pflicht erfüllt"*, breitet er rhetorisch über alle ordnenden Eingriffe, wie über alle Überschreitungen der Exekutive den gleichen Mantel rechtsstaatlich-moralischer Pflichterfüllung aus. Auffällig ist schließlich die passivierte Metapher *„verwundete Republik"*, fast poetisch zeichnet das Wort verwundet den bedauernswerten Zustand nach einem Schicksalsschlag, Verwundung fragt nicht nach Schuld, nach soziopolitischer Spannung, die stark genug ist, eine Gesellschaft zu spalten; Verwundung evoziert Trauer und Mitleid und führt den Gedanken direkt von der Verwundung zur Heilung, nicht das proverbielle Aufarbeiten und Aufreißen der Wunden, sondern das Schließen derselben steht zur Debatte.

Wie nicht anders zu erwarten, wird die Rede von Bundeskanzler Seipel seitens der Sozialdemokratie als pharisäerhafter Versöhnungsversuch und Euphemismus rigoros abgelehnt, der Christlichsozialen Partei wird verbal die Rolle des Agens zugeschrieben, wie Otto Bauer gleich nach der Stellungnahme Ignaz Seipels in einer fulminanten Rede[36] klarlegt. Doch anders als seine Wortmeldungen in den Monaten zwischen Jänner und Juli 1927 ist Bauers Rede eine, trotz schwerster Betroffenheit, pointierte, letztlich jedoch sachliche Anklage an die Regierung, sein Sprachduktus ist deklarierend, die Inhalte werden nicht mehr narrativ überbracht, sondern beinahe rituell verkündet. Besonderes Augenmerk legt seine Rede auf die Gegenüberstellung der Methoden, mit welchen einer spontan agierenden Masse entgegenzutreten sei und der Frage, warum der Methode der Niederschlagung mittels Gewalt die Methode der Kalmierung mittels moralischem Appell und gleichzeitigem Einwirken durch sozialdemokratische Exponenten, unterstützt vom Republikanischen Schutzbund vorzuziehen gewesen wäre. Auch von dieser Rede sollen jene Substitutionsbegriffe genannt werden, die Bauer zur Darstellung des 15. Juli aus sozialdemokratischer Sicht verwendete: *„Ereignisse, die wir schaudernd erlebt haben … Unglück … ungeheure Katastrophe … spontane Demonstration … Schießen, das ist jetzt populär, auf Staatsbürger schießen, das erweckt jetzt Gefühle der Dankbarkeit … immer wieder waren vor Gericht nicht die Mörder die Schuldigen, sondern die Ermordeten … wilder Ausbruch der Empörung … wilderregte Menge … wilderregte Massen… spontane Demonstration … man hat unbewaffnete Menschen ganz einfach überfallen … wir Wiener haben erlebt, was wirklich Terror ist …"* Ganz im Gegensatz zu Seipel dominieren bei Bauer aktive Begriffe die Beschreibung. Die Erregung der Masse ist das ins Treffen geführte Legitimationsargument schlechthin, die Tragweite und Dynamik der Demonstrationszüge wird rhetorisch bagatellisiert und ein Feldzug gegen Unschuldige mit den Berittenen als Symbol der Monarchie entworfen: *„… einige kleinere Zusammenstöße … ohne Belang, wirklich Kleinigkeiten … plötzlich Berittene auf der Ringstraße … erst aus der Erregung, die sich nach den Reiterattacken entwickelt hat, entstanden dann die Dinge beim Justizpalast."* Bauer argumentiert, daß gerade in dem Moment, als mit Hilfe des Schutzbundes den Löschfahrzeugen der Weg zum Justizpalast gebahnt worden sei, die ersten Gewehrsalven der Polizei fielen und erst dieses die Eskalation mit Todesfolgen nach sich zog. Der absichtliche Präzisionsverlust, der in dem verharmlosenden *„die Dinge beim Justizpalast"* zum Ausdruck kommt, soll den Zuhörer nicht vom Kausalzusammenhang sozialdemokratischer Interpretation ablenken.

Während die christlichsoziale Kausalkette rhetorisch vom Gerichtsurteil, über die Manipulation der sozialdemokratischen Anhänger, zur Demonstration, zu deren Eskalation und schließlich zur Wiederherstellung der Ordnung gelangt, stellt die sozialdemokratische Version der Kausalkette mittels Metalepsis das explicans als ihr explicandum dar: Nicht die, vor dem Ausbruch stehende

Eskalation der Demonstration ist die Ursache, die zur Wirkung des Schießbefehls führte, sondern die Wirkung des Schießbefehls wird als Ursache für den Beginn der eigentlichen Eskalation angenommen, die Eskalation selbst ist daher aus sozialdemokratischem Verständnis die Wirkung, nicht jedoch die Ursache der fatalen Ereignisse. Wie detailliert die Sachlage, die zeitliche Abfolge und die Kommunikationsstrukturen des 15. Juli 1927 ex post auch rekonstruiert werden mögen, sie werden die prinzipielle verbale Metalepsis nicht überwinden: Die Rückkehr zur Wurzel des Konfliktes ist eine Rückkehr zu versprachlichter Ursache und Wirkung und auch zu deren Umkehrung, wobei die Setzung einer Wirkung als Ursache und somit der Eingriff in die Kausalkette mehr als bloß rhetorisch ist, er wurzelt tief im politisch-religiösen, weltanschaulichen Bekenntnis, dessen Ausdruck und Vor-urteil, im positiven Sinne des Wortes, er verbal repräsentiert.

Nur wenige Jahre vor dem die Republik erschütternden 15. Juli entstand 1921 Walter Benjamins Abhandlung „Zur Kritik der Gewalt", ein Text, der den Begriff der Gewalt indirekt, über die Begriffe Recht und Gerechtigkeit, Rechtsetzung und Rechterhaltung, entwickelt. Rechtmäßige und unrechtmäßige Gewalt ist dabei nach der jeweiligen *allgemeinen historischen Anerkennung ihrer Zwecke*[37] hypothetisch differenzierbar, wobei Benjamin nur zwei Rechtssubjekte nennt, denen überhaupt das Recht auf Gewalt zukommt, dem Staat selbst und der *organisierte[n] Arbeiterschaft* in der Form des *garantierten Streikrechts*.[38] Auf den ersten Blick scheint der Streik ein Passivum zu sein, eine Unterlassungshandlung, materiell hingegen werden mit ihm Druck und Gewalt ausgeübt, um aktiv bestimmte Interessen durchzusetzen. Das garantierte Streikrecht ist aus der Perspektive der Rechtsordnung deshalb prekär, da ein Streik quantitativ wie qualitativ jene Ausmaße annehmen kann, die ausreichen, eine bestehende Rechtsordnung zu beseitigen, oder diese durch eine andere Rechtsordnung zu ersetzen. Dieses fast paradoxe Beispiel der normativen Kraft des Faktischen, einer auf solchem Wege potentiell rechtsetzenden Gewalt muß daher, von einer Regierung und in abstracto von der Rechtsordnung selbst, gefürchtet werden, *zumal das Drohende unverbrüchlich seiner Ordnung angehört*.[39]

Eine Warnung, in der verbalen Form eines potentiellen Ultimatums, eines Generalstreiks, stand, als verbales Standardrepertoire der Sozialdemokraten jederzeit einsetzbar, ständig im Raum.

Das Linzer Programm kann daher im Sinne von „polemos" als radikale Sprache bezeichnet werden, da nicht mehr bloß politische Ziele formuliert wurden, sondern diese im Augenblick ihrer Genese bereits Teil der politischen Handlung wurden. Sobald verbalradikale, autoritäre Sprache aufgrund von Machtstrukturen sich als anerkannter Diskurs durchzusetzen beginnt, schleicht dieser sich auch in die reflexive Form der Betrachtung der eigenen Geschichte ein. Radikale Sprache verlangte 1927 explizit nach Parteinahme, sie forderte die Aufgabe unparteiischer Positionen. Mit ihr konnte auf effektive Weise einem drohenden Utopieverlust begegnet und entgegengewirkt werden, allerdings zu dem Preis, daß die Sprache begann, den Diskurs und mit ihm auch jene Realität zu verändern, die sie bloß deskriptiv fassen sollte.

Anmerkungen

1 Brecht, Bertolt: „Mutter Courage und ihre Kinder", Frankfurt am Main 1981, S. 71

2 „Protokoll des sozialdemokratischen Parteitages 1926. Abgehalten in Linz vom 30. Oktober bis 3. November 1926" (in Hinkunft als „Linzer Programm" zitiert), alle Zitate u. Seitenangaben gemäß Originalausgabe Wien 1926 (mit freundlicher Genehmigung der Bibliothek des Vereins für Geschichte der Arbeiterbewegung, Wien)

3 Ebda.: S. 168 ff.

4 Ebda.: S. 175

5 Ebda.: S. 177

6 Ebda.: S. 247 ff.; Anm.: die Revision des Parteiprogramms wurde an allen Verhandlungstagen des Parteitages zunächst von Otto Bauer vorgenommen.

7 Ebda.: S. 256

8 Ebda.: S. 414

9 Ebda.: S. 257

10 Ebda.: S. 263

11 Ebda.: S. 266; vgl. auch Helmut Feichter: „Das Linzer Programm der österreichischen Sozialdemokratie", Wien 1973, S. 243 ff.

12 Ebda.: S. 272; Anm.: Aufgrund dieser und weiterer ähnlich lautender Formulierungen ortete die Kommunistische Partei im Linzer Programm durchwegs revisionistischen Verrat am Sozialismus.

13 Elias Canetti: „Das Gewissen der Worte", Frankfurt am Main 1985, S. 275

14 Linzer Programm: Rede von Otto Bauer am zweiten Verhandlungstag zum Tagesordnungspunkt „Revision des Parteiprogramms", S. 269

15 Bardmann, Theodor M.: „Rhetorik als Irritation der Politik: Niklas

Luhmann", in Kopperschmidt, Josef (Hrsg.): „Politik und Rhetorik" Opladen 1995, S. 249

16 Vgl.: Linzer Programm, S. 259 ff.

17 Anm.: Auch wenn in den Marx-Engels-Werken (MEW) Textstellen zu finden sind, die auf gewisse Aspekte der Diktatur Bezug nehmen, wie etwa einen gewaltsamen revolutionären Prozeß, in dessen Verlauf demokratische Prinzipien mißachtet und verletzt werden, so ist der weitaus überwiegende Teil der Thesen in den MEW davon geprägt, daß die Diktatur des Proletariats zum einen ein zeitlich begrenztes Übergangsstadium auf dem Weg zur klassenlosen Gesellschaft darstellt und zum anderen stets als konstitutiver Teil innerhalb einer demokratischen Republik wirkend, Hegemonie ausübt.

18 Vgl. Linzer Programm: S. 310 f., S. 414 f.

19 „Die Diktatur des Proletariats wächst aus der Demokratie heraus, sie baut auf die Demokratie auf, weil die politische Demokratie immer Diktatur ist ... ich sehe gar nicht ein, daß wir auf die Kontinuität der marxistischen Tradition verzichten sollen, weil die Bolschewiki einen schlechten Gebrauch von diesem Worte gemacht haben." Wortmeldung von Max Adler, ebda.: S. 291

20 Wortmeldung von Karl Renner, ebda.: S. 295 f.

21 Ebda.: S. 295

22 Ebda.: S. 295

23 Anm.: Diese drei Punkte lauten, „... durch planmäßige Unterbindung des Wirtschaftslebens, durch gewaltsame Auflehnung, durch Verschwörung mit ausländischen gegenrevolutionären Mächten ...", ebda.: S. 411

24 Ebda.: S. 411

25 Ebda.: S. 411

26 Otto Bauer: Rede im Nationalrat vom 3. März 1927, in Fischer H.(Hrsg.): „Zum Wort gemeldet: Otto Bauer", Wien 1968, S. 178 f.

27 Linzer Programm: S. 176

28 Anm.: Die „Arbeiter-Zeitung" trug den offiziellen Untertitel „Zentralorgan der Sozialdemokratie Deutschösterreichs".

29 Anm.: An dieser Stelle soll nicht weiter ausgeführt werden, ob und wie weit der rhetorische Topos „Ganz Wien" Elemente der Synekdoche und der Metonymie aufweist.

30 Anm.: In erster Linie hatte die „Reichspost" die Rolle des Sprachrohres der Christlichsozialen Partei inne, ihre Artikel und Schlagzeilen wiesen mit umgekehrten Vorzeichen ähnliche verbale Schärfe auf, wie die der „Arbeiter-Zeitung". So lauteten beispielsweise einige ihrer Schlagzeilen, Titel und Untertitel in bezug auf den Entwurf des Linzer Programms: „Der Köder für die Dreihunderttausend" und „Bei den Bolschewiken in die Schule gegangen – offizielle Radikalisierung" („Reichspost", 9. Aug. 1926), oder, nach dem Zusammenstoß in Schattendorf: „Ein Lügenüberfall" und „Erfolge der Hetzlügen" („Reichspost", 31. Jän. 1927) und schließlich, nach dem Fehlurteil im Juli-Prozeß, der verhöhnende verbale Schlag ins Gesicht der Arbeiterschaft: „Ein klares Urteil" („Reichspost", 15. Juli 1927).

31 Vgl. Weber, Max: „Gesammelte Aufsätze zur Wissenschaftslehre", Tübingen 1988, S. 190 ff.

32 Anm.: Im Kontext der Ereignisse des 15. Juli 1927 soll „die hypostasierende Vorstellung von Sprache als einer Realität dritter Art" vermieden werden; vgl. Maas, Utz: „Sprachpolitik und politische Sprachwissenschaft" Frankfurt am Main 1994, S. 354

33 Vgl. Garscha, Winfried R.: „Die Komintern und die Wiener Juliereignisse 1927", in Maderthaner, Wolfgang (Hrsg.): „Archiv 1987. Jahrbuch des Vereins für Geschichte der Arbeiterbewegung", Wien 1987, S. 182 ff.

34 Vgl. Auszüge aus dem „Protokoll Nr. 102 der Sitzung des Präsidiums des Exekutivkomitees der Kommunistischen Internationale vom 16. September 1927" in ebda.: S. 185 f.; Anm.: Bucharin hatte in der Komintern bereits im Sommer 1926 den Entwurf des Linzer Programms analysiert und warf diesem u. a. Revisionismus und Eklektizismus vor, sowie mangelnde Imperialismus- bzw. Kapitalismuskritik. Bucharins Kritik wurde in mehreren Ausgaben von „Die Rote Fahne. Zentralorgan der Kommunistischen Partei Deutschösterreichs" der Monate Sept./Okt. 1926 veröffentlicht.

35 Rede von Bundeskanzler Seipel am 26. Juli 1927 im Nationalrat, in Fischer H. (Hrsg.): „Zum Wort gemeldet: Otto Bauer", Wien 1968, S. 195 ff.

36 Rede von Otto Bauer am 26. Juli 1927 im Nationalrat, in Fischer H. (Hrsg.): „Zum Wort gemeldet: Otto Bauer", Wien 1968, S. 206 ff.

37 Benjamin, Walter: „Zur Kritik der Gewalt", in „W. Benjamin – Gesammelte Schriften", Frankfurt am Main 1991, Bd. 2, Teil 1, S. 182

38 Ebda.: S. 183 f.

39 Ebda.: S. 187 f.; vgl. auch Derrida, Jacques: „Gesetzeskraft. Der mystische Grund der Autorität", Frankfurt am Main 1991, S. 72 ff.

ABBILDUNGEN

Abb. 1: Der Parteitag der Sozialdemokratischen Arbeiterpartei 1926 in Linz. Saal des Volksgartens mit Blick auf die Delegierten und das Präsidium.

Abb. 2: Gegen Mittag des 30. Jänner 1927 gibt Josef Tscharmann jun. Warnschüsse im Hof des Gasthauses Tscharmann (Schattendorf) an die gegenüberliegende Hauswand ab.

Abb. 3: Straßenansicht vor dem Gasthaus Tscharmann. Marschrichtung des Schutzbundes und Markierung der Schußrichtung sowie der Todesstellen der Opfer.

Abb. 4: Gasthaus Tscharmann: Straßenansicht mit Beschädigungen an der Fassade, die angeblich von Steinwürfen verursacht wurden.

Abb. 5: Gasthaus Tscharmann: Blick in Schußrichtung aus jenem Fenster des Gasthauses, von dem aus die tödlichen Schüsse abgegeben wurden.

Abb. 6: Wien, am Morgen des 15. Juli 1927: Protestierende Arbeiter der Wiener Elektrizitätswerke sammeln sich, um Richtung Innenstadt zu marschieren. Das Spruchband trägt die Aufschrift: „Protest! dem Schandurteil Wir greifen zur Selbsthilfe"

Abb. 7: Bürgermeister Karl Seitz versucht vergeblich vor dem bereits brennenden Justizpalast der Feuerwehr einen Weg durch die Menge zu bahnen.

Abb. 8: Straßenbarrikade der Polizei beim Palais Auersperg. Blickrichtung Lerchenfelderstraße, stadtauswärts.

Abb. 9: Der brennende Justizpalast.

Abb. 10: Mit Latten „bewaffnete" Menge vor dem brennenden Justizpalast. Auf dem Löwen rechts ein sitzender Demonstrant, der eine (rote) Fahne schwingt.

Abb. 11: Der brennende Justizpalast. Blickrichtung Museumstraße, auf Höhe des Volkstheaters, im Hintergrund links das Palais Auersperg.

Abb. 12: Der brennende Justizpalast. Demonstranten fliehen vor der Polizei.
Museumstraße, Blickrichtung Lerchenfelderstraße/Palais Auersperg

Abb. 13: Löschar-
beiten der Wiener
Feuerwehr an der
Hauptfront des
Justizpalastes. Blick-
richtung Naturhisto-
risches Museum.

Abb. 14: Die zerstörte Eingangshalle des Justizpalastes mit der völlig unbe-
schädigt gebliebenen Statue der Iustitia.

Abb. 15: Die
aufgebahrten
Särge der
Opfer des
15. Juli vor
dem 2. Tor
des Wiener
Zentralfried-
hofes, anläß-
lich der Trau-
erfeier.

WOLFGANG DAX

DER „SCHATTENDORF-PROZESS" –
RECHTLICHE GRUNDLAGEN
UND HINTERGRÜNDE

„Schon knapp fünf Jahre nach der Eingliederung des Burgenlandes in das österreichische Gerichtswesen ereignete sich hier ein Straffall von gewaltiger politischer Brisanz, der schwerwiegende Konsequenzen für die weitere Geschichte unserer Republik nach sich zog und die Weichen für eine tragische Zukunft stellte. In dem kleinen, unmittelbar an der ungarischen Grenze nahe Ödenburg gelegenen Dörfchen Schattendorf war es an einem Sonntag Ende Jänner 1927 zu einem heftigen Zusammenstoß zwischen den Frontkämpferverband, einer Traditionsformation ohne sonderliche politische Bedeutung, und dem Republikanischen Schutzbund gekommen, der zwei Todesopfer forderte. Solche Exzesse waren in der 1. Republik keine Seltenheit; sie ereigneten sich in der expandierenden Haßatmosphäre dieses Jahrzehnts fast mit einer gewissen Regelmäßigkeit, hatten also mit der Atmosphäre des parteipolitisch eher noch jungfräulichen Burgenlandes gar nichts zu tun, sondern wurden von außen hineingetragen.

Nicht die Bluttat als solche, so schlimm sie für die Betroffenen sein mochte, war aber das auslösende Moment für die folgenden dramatischen Geschehnisse, sondern das Verdikt der Geschworen in diesem ,Schattendorfer Prozeß', das nicht nur die Hauptfrage auf öffentliche Gewalttätigkeit mit tödlichem Ausgang, sondern auch die sehr berechtigte Eventualfrage auf fahrlässige Notwehrüberschreitung ablehnte, sondern die angeklagten Todesschützen glatt freisprach.

Fehlentscheidungen der von Emotionen beeinflußten Geschworen kommen – wir wissen es nur zu genau – immer wieder vor; damals waren sie an der Tagesordnung. Die hektische politische Hochspannung des Jahres 1927 führte zum Brand des Justizpalastes und zu Straßenkämpfen mit einer Bilanz von mehreren 100 Todesopfern. Die Verknüpfung des Burgenlandes mit diesen makabren Ereignissen war eine schicksalhafte, von den liebenswerten Bewohnern dieses Landes nicht gewollte; sie hätten sich ebenso in jedem anderen Bundesland, wo die politischen Fronten noch viel mehr verhärtet waren, abspielen können."[1]

Das Fehlen einheitlicher Rechtsnormen

Die Friedensverträge von St. Germain (StGBl. 303/1920) und Trianon haben nach dem 1. Weltkrieg die Grenzen zwischen Österreich und Ungarn neu festgelegt und Österreich Teile der deutschen Gebiete Westungarns zugesprochen. Österreich erhielt dadurch einen Gebietsstreifen, der sich aus Teilen der drei Komitate Wieselburg, Ödenburg und Eisenburg zusammensetzte, der vorher nie eine rechtliche Einheit gebildet hatte, dem jede Verwaltungstradition im österreichischen Sinne fehlte, der kein Verwaltungszentrum besaß und der nur das eine Gemeinsame hatte, daß er überwiegend von einer deutschsprechenden Bevölkerung bewohnt wurde. Obwohl das Königreich Ungarn bis 1918 mit den im Reichsrat vertretenen Königreichen und Ländern, also der Österreichischen Reichshälfte, durch eine Personal- und Realunion vereinigt war, bestand keine Einheit der Rechtsnormen, sodaß in diesem Gebietsstreifen ungarisches Recht galt.

Im Bereich des Strafrechtes waren dies insbesondere

    a) Gesetz-Artikel V/1878 über die Verbrechen und Vergehen (Btk) und Gesetz-Artikel XL/1879 über die Übertretungen (Kbtk) – sie bilden die ersten zum Gesetz gewordenen vollständigen Strafkodexe. Verfasser des Gesetzestextes und der ministeriellen Begründung war Justizstaatssekretär Károly Csemegi (1826–1899) – daher auch „Csemegi-Kodex" genannt.

    b) Gesetz-Artikel XXXIII/1896 über die Strafprozeßordnung;

    c) Gesetz-Artikel XXXIII/1897 über die Geschwornengerichte;

Mit den beiden letzten Gesetzen war in der ungarischen Reichshälfte die vollkommene Kodifikation auf dem Gebiete des Strafrechtes verwirklicht. Grundlage für die Rechtsangleichung bilden die §§ 6–8 des BVG vom 15. 1. 1921, BGBl. 85 über die Stellung des Burgenlandes als selbstständiges und gleichberechtigtes Land im Bund und über seine vorläufige Einrichtung. Nach § 6 Abs. 1 bleibt das im Burgenland bisher in Geltung gestandene Recht bis auf weiteres aufrecht. Die Bundesregierung wird jedoch ermächtigt, jeweils die für das Burgenland geltenden Gesetze und sonstigen Vorschriften im Wege von Verordnungen zu ändern, soweit solche Maßnahmen aus Rücksichten der Rechtsangleichung oder sonstigen wichtigen Gründen notwendig und unaufschiebbar erscheinen. Gesetze und sonstige Vorschriften, die in Österreich kundgemacht werden, gelten für das Burgenland, sobald die ausdrückliche Anordnung, wodurch sie auf das Burgenland erstreckt werden, in Kraft getreten ist. Es ist jedoch die Kundmachung, daß diese oder jene Vorschrift auf das Burgenland ausgedehnt wird, ohne neuerliche Verlautbarung des vollen Textes der Vorschrift für deren Anwendbarkeit im Burgenland hinreichend.

Auf Grundlage des § 6 Abs. 2 dieses BVG wurden auf dem Gebiete der Gerichtsbarkeit nachstehende Verordnungen erlassen:

a) Verordnung der Bundesregierung vom 22. 7. 1921, BGBl. 476 über die vorläufige Einrichtung der Verwaltung, der ordentlichen Gerichtsbarkeit, der Rechnungskontrolle und der Verwaltungs-, der Kompetenz- sowie der Wahlgerichtsbarkeit im Burgenland. Sie teilt das Burgenland dem Sprengel des OLG Wien zu und sieht die Errichtung eines Gerichtshofes (Landesgericht) in Ödenburg vor, dem die Zivil- und Strafgerichtsbarkeit in allen vor Gerichtshöfen 1. Instanz gehörigen Angelegenheiten zukommt. Er hat auch die Berggerichtsbarkeit für seinen Sprengel auszuüben und ist ferner für die Bahnen des Burgenlandes zur Anlegung, Führung und Ergänzung des Eisenbahnbuches berufen, sofern nicht das Bundesministerium für Verkehrswesen den Gerichtshof eines anderen Landes hiezu bestimmt. Diesem Gerichtshof sind auch die Bezirksgerichte unterstellt. Ebenso wird in Ödenburg eine Staatsanwaltschaft für das Burgenland errichtet und die bestehende Strafanstalt als solche weitergeführt;

b) Verordnung der Bundesregierung vom 22. 7. 1921, BGBl. 478, mit der vorläufige Anordnungen über das Justizwesen im Burgenland getroffen werden. Danach bleiben die im Burgenland bisher in Geltung gestandenen, von den Gerichten anzuwendenden Strafgesetze und die bisherigen Vorschriften über die Verfassung der Strafgerichte und des Strafverfahrens vor den Gerichten mit einigen Änderungen aufrecht. Im Verfahren vor den ordentlichen Gerichten wird die Todesstrafe abgeschafft, an ihre Stelle tritt die lebenslängliche Zuchthausstrafe; an die Stelle der königlichen Gerichtstafel tritt ein besonderer Senat des OLG in Wien, an die Stelle der königlichen Kurie ein besonderer Senat des OGH; Verhandlungssprache in den Gerichten ist die deutsche Sprache. Im Gesetz-Artikel XXXIII/1897 über die Geschworengerichte wird der § 4 dahingehend geändert, daß Geschworner nur ein Bundesbürger sein kann, der das 30. Lebensjahr vollendet hat, deutsch lesen und schreiben kann und die Zuständigkeit in einer Gemeinde der Republik Österreich besitzt. Auch haben im 3. Absatz des § 9 die Worte „wieviel direkte Staatssteuer das betreffende Individuum zu zahlen verpflichtet ist" zu entfallen. Mit Inkrafttreten dieser Verordnung ist die Prügelstrafe nicht mehr zu vollziehen.

c) Verordnung der Bundesregierung vom 10. I. 1922, BGBl. 18, womit weitere Anordnungen über das Justizwesen im Burgenland, vorläufig auf dem Gebiete des Verfahrens außer Streitsachen, der Rechtsanwaltschaft des Notariates und des Strafrechtes, getroffen werden. Mit dem Tag der Wirksamkeit dieser Verordnung treten die in Österreich geltenden Vorschriften über die Besetzung, innere Einrichtung und Geschäftsordnung der Gerichte in Kraft. Nach dem Verlust Ödenburgs werden mit der Führung der Geschäfte des Gerichtshofes für das Burgenland bis auf weiteres das Landesgericht für ZRS, Handelsgericht und das Landesgericht für Strafsachen II in Wien betraut. Die Geschäfte der Staatsanwaltschaft für das Burgenland werden einstweilen der Staatsanwaltschaft II in Wien übertragen. Der Bundesminister für Justiz wird ermächtigt, bis zum 31. 12. 1925 im Burgenland Gerichte zu errichten, aufzulassen und deren Gerichtssprengel zu ändern.

Gleichzeitig wird die Geltung der österreichischen Gesetze und Vorschriften über das von den Gerichten anzuwendende Strafrecht, über die Verfassung der Strafgerichte und das Strafverfahren vor den Gerichten auf das Burgenland erstreckt. Freiheitsstrafen, die aufgrund des bisher im Burgenland in Geltung gestandenen Rechtes von den Gerichten verhängt worden sind oder noch verhängt werden, sind nach den außerhalb des Burgenlandes im Inland in Kraft stehenden Vorschriften zu vollziehen und zwar Zuchthaus wie schwerer Kerker, jedoch ohne Verschärfung, Kerker wie Kerker des ersten Grades, Gefängnis wie strenger Arrest, Arrest wie Arrest des ersten Grades, Staatsgefängnis von mehr als zwei Jahren wie Kerker des ersten Grades, Staatsgefängnis unter zwei Jahren wie strenger Arrest. Alle bisher bestehenden Vorschriften, soweit sie den gleichen Gegenstand regeln, verlieren ihre Geltung. Damit war auf dem Gebiet des Straf- und Strafverfahrensrecht die Rechtsangleichung abgeschlossen. Diese historische Entwicklung schuf auch ein besonderes politisches Klima im Land:

„Aufgrund der besonderen Umstände, die zur Angliederung des Burgenlandes an Österreich geführt haben, war der Wille zur Selbstbehauptung und zum Einsatz aller verfügbaren Energien größer als im Gesamtstaat, dem seine Selbständigkeit mehr oder weniger in den Schoß

gefallen war. Die Einigung aller Burgenländer im Kampf um den Anschluß an Österreich wirkte sich aber auch auf das politische Klima, das im übrigen Österreich eines der Feindseligkeit und Polarisierung war, positiv aus. Trotz aller Gegensätze und politischen Kämpfe, die im Burgenland auch die Gestalt von Kulturkämpfen um Schule und Ehe annahmen, hielt die Gemeinsamkeit, die die Burgenländer beseelt hatte, an und wirkte im politischen Spiel und Stil nach."[2]

„*Das burgenländische Volk muß zur Erkenntnis kommen, daß politische Gegnerschaft nicht Feindschaft bedeutet, daß wir trotz gegensätzlicher politischer Anschauungen nebeneinander leben müssen und daß dieses Leben für uns nur dann erträglich wird, wenn jeder die Rechte seines Mitmenschen achtet, wenn niemand in der Ausübung seiner Rechte gestört und wenn bei Meinungsverschiedenheiten ein mittlerer Weg gefunden wird, der auch für den politischen Gegner gangbar ist.*"[3]

So waren die beiden großen Parteien des Landes – die Christlichsozialen und die Sozialdemokraten – schon 1923 überein gekommen, im Burgenland keine paramilitärischen Wehrformationen zu errichten. Erst 1926 begann die Frontkämpfervereinigung über Betreiben ihrer Wiener Führung auch im Burgenland Ortsgruppen einzurichten, was auch den Republikanischen Schutzbund zu Gegengründungen veranlaßte.

DER „SCHATTENDORFER STRAFPROZESS"

Nach den zitierten Rechtsangleichungsverordnungen bildeten daher folgende Rechtsvorschriften die Grundlage für den Schattendorfer Prozeß:

a) Das Allgemeine Strafgesetz vom 27. 5. 1852, RGBl. 117 idF BGBl. 192/1926 (StGB),

b) das Gesetz vom 23. 5. 1873, RGBl. 119, betreffend die Einführung einer Strafprozeßordnung idF des Gesetzes BGBl. 192/126 (StPO),

c) das Gesetz vom 23. 5. 1873, RGBl. 121, betreffend die Bildung der Geschworenen – und Schöffenlisten idF der Gesetze vom 23. 1. 1919, StGBl. 37, vom 15. 6. 1920, StGBl. 279, und vom 15. 7. 1920, StGBl. 321,

d) die Vollzugsanweisung des Staatsamtes für Inneres und Unterricht im Einvernehmen mit den Staatsämtern für Justiz und Finanzen vom 28. 8. 1920, StGBl. 406 über die Zusammensetzung der Kommissionen zur Bildung der Geschwornen- und Schöffenlisten,

e) die Vollzugsanweisung des Staatsamtes für Justiz im Einvernehmen mit den Staatsämtern für Inneres und Unterricht und für Finanzen vom 3. 7. 1920, StGBl. 281, über die Gebühren der Geschwornen, Schöffen und Vertrauenspersonen,

f) das Gesetz vom 18. 8. 1918, RGBl. 318, über die Entschädigung für Untersuchungshaft.

DIE ANKLAGESCHRIFT

Hatte die Staatsanwaltschaft am 3. 2. 1927 noch gegen acht Beschuldigte die Einleitung der Voruntersuchung und zwar gegen Josef Tscharmann jun. wegen Verbrechens des Mordes (§ 134) und Verbrechens nach § 87 StG, gegen die übrigen sieben wegen Verbrechens nach § 87 StG und die Verhängung der Untersuchungshaft beantragt – Johann Müllner, Michael Pinter, Georg Guttmann, Michael Lampl und Josef Tscharmann sen. wurden zwischen 26. 2. und 15. 3. 1927 enthaftet – so wurde die Anklage am 7. 6. 1927 nur mehr gegen Josef Tscharmann jun., Hieronymus Tscharmann und Johann Pinter erhoben, gestützt auf die Gendarmerieerhebungen und die Ergebnisse der gerichtlichen Voruntersuchung und zwar in Richtung des Verbrechens der öffentlichen Gewalttätigkeit nach § 87 StG.

Gegen die übrigen wurde die Einstellung des Strafverfahrens gemäß § 109 StPO beantragt – die Haftentschädigung für diese außer Verfolgung gesetzten Personen wäre aber auszuschließen, da der Verdacht zumindest einer entfernten Mitwirkung (§ 5 StG) bei keinem dieser Beschuldigten restlos entkräftet worden sei.

Nach der Anklageschrift haben Josef Tscharmann, Hieronymus Tscharmann und Johann Pinter am 30. 1. 1927 in Schattendorf als Mittäter im gemeinsamen Einverständnis durch aus Bosheit unternommene Handlungen und zwar dadurch, daß sie aus einem auf die Ortsstraße mündenden Fenster des Tscharmannschen Hauses, während sich eine Menschenmenge auf der Straße befand, wiederholt Schüsse aus Jagdgewehren abfeuerten, eine Gefahr für das Leben und die körperliche Sicherheit von Menschen herbeigeführt. Es sei aus den Handlungen ein Unfall für die körperliche

Sicherheit, nämlich Schußverletzungen des Josef Haring, des Alois Schmiedl, des Josef Wagner, des Martin Grössing und des Jakob Strommer entstanden, und es haben die Handlungen auch den Tod zweier Menschen, nämlich des Matthias Csmarits und des Josef Grössing zur Folge gehabt, wobei diese Folgen von den Tätern vorhergesehen werden konnten. Hiedurch haben die drei Obgenannten das Verbrechen der öffentlichen Gewalttätigkeit durch boshafte Handlungen unter besonders gefährlichen Verhältnissen nach § 87 StG, strafbar nach dem 2. Satz des § 88 StG bzw. nach dem Schlußsatz des § 86 StG und des § 2 des Gesetzes vom 3. 4. 1919, StGBl. 215, begangen.

Einige Ausschnitte aus der Begründung der neunzehnseitigen Anklageschrift sollen den Ablauf der Ereignisse und deren rechtliche Beurteilung durch den Staatsanwalt veranschaulichen:

„Der ganze Vorfall wäre vielleicht mit dieser Äußerung und dem ihm fast unmittelbar folgenden Abzug der eingedrungenen wenigen Mitglieder des Republikanischen Schutzbundes beendet gewesen, wenn nicht schon vorher durch den Sohn des Wirtes, dem Erstbeschuldigten Josef Tscharmann, Vorbereitungen getroffen worden wären, um den erwarteten Besuch der politischen Gegner im Gasthaus mit Waffen zu empfangen. In dem im Wohntrakt des Tscharmannschen Hauses gelegenen Schlafzimmer, dessen zwei Fenster auf die Ortsstraße münden, waren drei Gewehre zu diesem Zweck schon im Laufe des Tages vorbereitet worden."

„Unmittelbar nach diesen hofseits gerichteten Schüssen wurden von den drei Beschuldigten auch Schüsse aus einem der beiden vergitterten straßenseitigen Fenster des Wohntraktes abgegeben und zwar meist mit abwärts gerichtetem Gewehrlaufe, so daß der Straßenboden von den Schüssen getroffen wurde, zum Teil in solcher Neigung, daß die Schüsse die auf der Straße vorbeiziehenden Mitglieder des Schutzbundes treffen mußten. Durch diese Schüsse wurden fünf Personen auf der Straße verletzt und zwei Personen getötet."

„Da die drei Beschuldigten abwechselnd feuerten, ist es nur in beschränktem Maße möglich geworden, klarzustellen, welcher von ihnen die angeführten tödlichen und nicht tödlichen Verletzungen verschuldet hat. Von Zeugen wird Josef Tscharmann mit voller Bestimmtheit als jener Schütze bezeichnet, welcher den Csmarits niedergestreckt hat. Nach dem Gutachten der Sachverständigen im Schießfache sind die Schrote, durch welche sowohl Matthias Csmarits als auch Josef Grössing getötet wurden, nicht aus dem Munitionsvorrat, welche Josef

Tscharmann sich für seine Waffe zurecht gelegt hatte. Dagegen stimmen sie mit den Schroten aus dem kleinen, nur aus drei Patronen bestehenden Munitionsvorrat überein, welchen Johann Pinter aus seiner Behausung mitgebracht hatte, als er sich in das Tscharmannsche Gasthaus begab. Nach den Angaben des Josef Tscharmann hatte auch Johann Pinter beim Schießen jene Stellung im Fenster, aus welcher man am leichtesten die beiden tödlich gewordenen Schüsse abgeben konnte. Pinter leugnet aber und gibt an, daß er seine Patronen zu dem übrigen Munitionsvorrat auf den Tisch gelegt hatte, so daß ein Austausch von Patronen im Bereich der Möglichkeit liegt.

Für die Beurteilung des Sachverhaltes nach dem Gesetz ist es belanglos, daß der Zusammenhang zwischen der einzelnen objektiven Folge der Tat und den einzelnen Handlungen der Täter nicht klargestellt werden konnte. Denn aus den Umständen ergibt sich mit Deutlichkeit, daß alle drei Beschuldigten Josef Tscharmann, Hieronymus Tscharmann und Johann Pinter in der gleichen Absicht handelten und daß sie als Mittäter verantwortlich sind, weil sie in einem schon vor der Tat begründeten Einverständnis miteinander vorgingen.

Die Anklage unterstellt die Handlung der drei Beschuldigten dem Tatbestande des Verbrechens der öffentlichen Gewalttätigkeit nach § 87 StG; sie fußt in diesem Belange auf der von allen drei Beschuldigten gewählten Verantwortung, es sei nicht gezielt worden und es sei mit den Schüssen nicht etwa die Absicht verfolgt worden, einen Menschen zu töten. Wird von dieser Verantwortung ausgegangen, so bleibt nur übrig, das Gebaren der drei Beschuldigten als eine mit Absicht herbeigeführte Gefährdung einer Mehrzahl von Menschen zu beurteilen; die Absicht dieser Gefährdung läßt sich deutlich aus der Mehrzahl der eingetretenen Erfolge, aus der Richtung der Schüsse gegen die Straße und aus der Zahl der abgegebenen Schüsse erkennen."

„Die Verantwortung der Beschuldigten geht dahin, ihr Tun sei durch die Besorgnis eines Angriffes auf das Haus veranlaßt gewesen. Diese Verantwortung kann nicht als ein Versuch angesehen werden, das unter Anklage gestellte Verhalten durch Notwehr zu entschuldigen. Keiner der Beschuldigten behauptet auch nur, daß er selbst einer Gefahr ausgesetzt gewesen sei oder daß er die Gefahr eines gegen das Haus gerichteten Angriffes wahrgenommen habe. Die umfängliche Vorbereitung der den Beschuldigten zur Last gelegten Handlungsweise durch das Herbeischaffen von Munition und Waffen steht gleichfalls in einem unlösbaren Widerspruch mit einem Gedanken an Notwehr. Das Zusperren des in den Hof führenden Tores des Wohntraktes vor dem Feuerangriff, also ein die eigene Sicherheit gewährleistendes Gebaren und die Konzentrierung der drei Täter bei dem gassenseitigen Fenster, von welchem aus irgendwelche Vorgänge im Hof bei dem Eingang in das Gasthaus gar nicht beobachtet werden konnten, machen es ebenfalls ganz unmöglich, die Anklagetat als einen Notwehrakt zu beurteilen. Dazu kommt noch, daß das in den Hof führende Tor die einzige Stelle, an welcher ein Angriff auf das Haus hätte erfolgen können, linkerseits von dem Fenster liegt, aus welchem die Schüsse abgegeben wurden und daß die abgegebenen Schüsse in der Mehrzahl nach der rechten Seite gerichtet waren, so daß jeder Zusammenhang zwischen der Besorgnis eines Angriffes und den Schüssen der Beschuldigten fehlt. Es kann also auch nicht von einer vermeintlichen Notwehr die Rede sein. Wie die Beschuldigten ihre eigene Lage einschätzten, ergibt sich aus den von Josef Tscharmann zugestandenen Tatsachen; als Matthias Csmarits gefallen war und Josef Tscharmann sich beim Fenster hinausneigend, die Wirkung des eben abgegebenen Schusses erkannte, gab er seinem Bruder und seinem Schwager Johann Pinter den Rat zur Flucht, wobei er zum Ausdruck brachte, daß nun erst die ernstliche Gefahr eines rächenden Angriffes auf das Haus entstanden sei."

„Wenn auf dieser Flucht die Gewehre im Wohntrakt zurückgelassen wurden, so wird vollends erkennbar, daß jeder Zusammenhang zwischen dem anfänglichen feindseligen Verhalten der Mitglieder des Schutzbundes und der Anklagetat fehlt. Keiner der Beschuldigten hat, als er in den Hof hinabstieg, auch nur daran gedacht, daß in demselben irgendwelche Gegner sein könnten."

„Ebenso wenig kann eine Rechtfertigung im Sinne einer Notwehrhandlung darin erblickt werden, daß der Feuerangriff der drei Beschuldigten auf Seite der Mitglieder des Schutzbundes eine lebhafte feindselige Reaktion auslöste, daß Steine gegen das Haus geschleudert wurden und daß ein Mitglied des Schutzbundes vor dem Haus, jedoch an einer von dem Fenster der Täter gar nicht sichtbaren Stelle, einen Schuß in die Luft abfeuerte."

„Es wäre aber gegen den Sinn des Gesetzes, wenn eine aus feindseliger Gesinnung entspringende absichtliche Gefährdung von Gegnern in der Absicht, einem Angriff zuvorzukommen, als ein Akt der Notwehr beurteilt würde."

Zu einem Verbrechen wird nach § 1 StG böser Vorsatz erfordert. Im Falle des § 87 StG muß dieser einerseits auf die gesetzte Handlung oder Unterlassung gerichtet sein, andererseits das Herbeiführen der Gemeingefahr umfassen. Der ursprüngliche Standpunkt der Rechtssprechung – es genüge hinsichtlich der Gemeingefahr das Bewußtsein der Möglichkeit deren Entstehung – wurde schon Anfang der zwanziger Jahre verlassen, vielmehr fordert der OGH den Vorsatz auch bezüglich der Herbeiführung der Gefahr.

Die Handlung oder Unterlassung wird gemäß § 2 lit. g StG nicht als Verbrechen zugerechnet, der böse Vorsatz also ausgeschlossen, wenn die Tat durch unwiderstehlichen Zwang oder in Ausübung gerechter Notwehr erfolgt. Voraussetzung dafür ist ein rechtswidriger, gegenwärtiger oder unmittelbar bevorstehender Angriff gegen eines der sogenannten „wehrhaften Güter" – Leben, Freiheit und Vermögen –, wobei die Notwehrhandlung sich auf die notwendige Verteidigung beschränken muß. Ist der Täter der irrigen Meinung, daß er rechtswidrig angegriffen sei – die Frage der sogenannten „Putativnotwehr" –, so bleibt die Tat zwar rechtswidrig, schließt aber den bösen Vorsatz hinsichtlich der objektiv vorliegenden Gewalttat und somit die Zurechnung als Verbrechen aus.

DER BEWEISANTRAG DER VERTEIDIGUNG

Der Beweisantrag der Verteidigung vom 21. 6. 1927 zielte in diese Richtung: „... *in obiger Rechtssache erscheint es zur Klarstellung des Sachverhaltes, insbesondere aber zur richtigen Beantwortung der einzig hiebei in Betracht kommenden Frage, ob die Beschuldigten, die ja sämtliche zugaben, geschossen zu haben, in Notwehr oder vermeintlicher Notwehr handelten, als sie schossen (gleichgültig, ob sie jemanden trafen oder nicht) geboten, jene Vorgänge, welche der anklagegegenständlichen Schießerei vorangingen, festzustellen, nämlich ..."*

Die Kunde über die blutigen Vorgänge am Bahnhof Loipersdorf/Schattendorf, die Drohungen der vorbeimarschierenden Kolonne vor dem Tscharmannschen Haus, die angeblich von Mitgliedern des Republikanischen Schutzbundes abgegebenen Schüsse ließen auch die Frage der Notwehrüberschreitung in Betracht kommen, d. h., wenn der Täter bei Vorliegen eines rechtswidrigen Angriffes die Grenzen der notwendigen Verteidigung überschreitet. In diesem Fall ist nach der Rechtssprechung des OGH zu prüfen, worin der Grund hiefür liegt:

a) handelt der Täter in Bestürzung, Furcht oder Schrecken (sog. „asthenische Affekte"), so spricht man von unechter Notwehr –

sie ist zwar grundsätzlich rechtswidrig, weshalb auch Gegenwehr zulässig ist, vom Gesetz wird sie jedoch auch als gerechte Notwehr bezeichnet. Dies könnte aber unter Umständen als Fahrlässigkeitsdelikt (§§ 335 oder 431) strafbar sein, wenn festgestellt werden kann, daß der Täter trotz der ihn bei der Abwehrhandlung beherrschenden Affekte einzusehen vermochte, daß er den Angreifer in höherem Maße gefährde, als zur Abwehr des Angriffes notwendig ist.

b) die Überschreitung auf andere Motive, z. B. Zorn oder Rache bzw. der Absicht, mit dem verhaßten Gegner, der ihn in die Rolle des Angegriffenen versetzte, abrechnen zu können, zurückzuführen ist (sog. „sthenische Affekte") – sie entschuldigt nicht, der Täter verantwortet den herbeigeführten Erfolg als einen vorsätzlichen, eventuell könnte ihm der Milderungsgrund des § 46 d zustatten kommen.

Die Staatsanwaltschaft hat aber die Linie des „sthenischen Affektes" bezogen, also den Angeklagten unterstellt, daß sie nicht aus Bestürzung, Furcht oder Schrecken handelten, sondern Zorn über die den Frontkämpfern am Bahnhof zugefügte Niederlage, Rachsucht und politischer Haß ihr Verhalten motivierten. Paragraph 88 StG sieht für dieses Verbrechen eine Strafe bis zu 10 Jahren schweren Kerkers vor, bei Vorliegen eines der in § 86 erwähnten weiteren Erschwerungsumstände – hat eine solche Tat den Tod eines Menschen zur Folge oder konnte dieses von dem Täter vorhergesehen werden – jedoch die Todesstrafe. Da diese im ordentlichen Verfahren abgeschafft war, trat an ihre Stelle lebenslanger schwerer Kerker. Nach Art. VI Z. 4 des Gesetzes, betreffend die Einführung einer Strafprozeßordnung, gehört die Verhandlung über die Anklage wegen aller anderen Verbrechen, die mit einer strengeren Strafe als zehnjähriger Kerkerstrafe bedroht sind, jedoch nur dann, wenn nach dem Gesetz auf mindestens zehnjährige oder lebenslange Kerkerstrafe zu erkennen ist, vor die Geschwornengerichte.

DAS GESCHWORNENGERICHT

Erst mit der Novelle BGBl. 526/1993 (Z. 70) wurden die Worte „Geschworner", „Geschwornenbank" und „Geschwornengericht" in allen Formen und Verbindungen durch die Worte „Geschworener", „Geschworenenbank" und „Geschworenengericht" ersetzt, in der Bundesverfassung erfolgte diese Änderung erst mit der Novelle

BGBl. I 129/2001 (Z 9). Die Wurzeln der Geschwornengerichte lagen in dem Schutz- und Freiheitsbedürfnis der breiten Massen des Volkes gegenüber der Allmacht des absoluten Herrschers, der ja zugleich auch der oberste Gerichtsherr war. Sie sahen ihre Aufgabe weniger in einer perfektionistischen Ahndung von Straftaten, als in der Demonstration von Freiheitsrechten und der Abschirmung nicht einwandfrei überführter Angeklagter vor einer Verurteilung. Von England ausgehend über Frankreich – französische Revolution – fanden sie Eingang in das Gebiet des deutschen Rechts.

In Österreich wurden sie nach der Märzrevolution 1848 durch Verordnung gegen den Mißbrauch der Presse erstmals eingeführt, wobei die Zuständigkeit auf Pressedelikte eingeschränkt war. Durch die StPO 1850 wurde der Wirkungskreis auf alle schweren Verbrechen und politischen Delikte erweitert, wobei die endgültige Ausformung durch die StPO 1873 (Justizminister Julius Glaser) erfolgte, die bis heute in der Grundlage aufrecht blieb. Die Rechtssprechung der Geschwornengerichte gab nahezu vom ersten Tag an sowohl von publizistischer als auch juristischer Seite her Anlaß zur Polemik, Protest und Querelen:

„Geschwornengerichte sind ein völlig ungeeignetes Instrument zur Repression politischer Delikte und nur bedingt geeignet zur Aburteilung gemeiner Verbrechen."[4]

„Die Geschwornen haben sich als politische Institution wohl durch Unabhängigkeit ‚nach oben' bewährt, sind jedoch in eine Abhängigkeit von anderen Schwerpunkten (Presse und politische Parteien) hineingeschlittert." (Oberstaatsanwalt Amschl, Graz) Oder auch: *„Was Unabhängigkeit von der Regierungsgewalt und die Funktion als Bollwerk der staatsbürgerlichen Freiheit betrifft, haben sie ihre Aufgabe erfüllt, aber Schutz vor Verbrechen könne man von ihnen nicht erwarten."* (Univ.-Prof. Löffler) Weitere Beispiele lauten etwa: *„… verfehlteste Gerichtsorganisation, die menschlicher Unverstand im Laufe der Jahrtausende aushegte [sic!]."* (Rudolf Binding, deutscher Strafrechtsdogmatiker) Und: *„… den Geschwornen fehlt Erfahrung und Menschenkenntnis."* (Generalprokurator Hugo Högel) *„Es ist soweit gekommen, daß Sozialdemokraten, wenn sie zwischen den heutigen Gerichten zu wählen haben, sich in gewissen Fällen vom staatlichen Richter mehr Objektivität erhoffen durften als von den Geschwornen."* (Friedrich Adler)[5]

Präzedenzfälle vor dem Schattendorfer Prozeß, vor allem „ungerechtfertigte Freisprechungen" (z. B. der Fall Johann Wimpassinger – Hauptverhandlung 21. 12. 1926 oder der Mordprozeß gegen Nelly Grosavescu im Juni 1927) zeigten, wie sehr die Mißstände von der Institution selbst her zu erklären sind und unerfreuliche Erfahrungen ihren Schatten vorauswarfen, ehe dieser Prozeß noch seinen Anfang nahm. Verfassungsrechtliche Grundlage ab 1. 10. 1920 ist der Artikel 91 B-VG, wo es u. a. heißt:

1. *Das Volk hat an der Rechtssprechung mitzuwirken;*
2. *bei den mit schweren Strafen bedrohten Verbrechen, die das Gesetz zu bezeichnen hat, sowie bei allen politischen Verbrechen und Vergehen entscheiden Geschworne über die Schuld des Angeklagten.*

Geschwornengerichte sind nach dem Sprachgebrauch der StPO (§ 8) als Gerichte sui generis aufzufassen, die zwar am Sitz jedes Gerichtshofes 1. Instanz tätig sind, aber keine ständigen Gerichte sind – ordentliche Schwurgerichtssitzungen, wie sich ihre Tätigkeit nennt, werden am Sitz jedes Gerichtshofes 1. Instanz alle drei Monate, in Wien alle Monate abgehalten – und weisen gegenüber allen anderen, in Strafsachen tätigen Gerichten eine Reihe von Verschiedenheiten auf. Österreichische Eigenart ist, daß die Geschwornen nicht nur wie im französischen Recht über die Tatfrage entscheiden, sondern auch über die Rechtsfrage, also darüber, wie das als erwiesen angenommene Verhalten des Angeklagten juristisch (ob als Mord, Totschlag, vorsätzliche Gemeingefährdung) einzustufen ist und zwar auf Grundlage der vom Vorsitzenden erteilten „Rechtsbelehrung". Der Schwurgerichtshof entscheidet ausschließlich über die Strafe.

Jedes Geschwornengericht besteht aus einem Gerichtshof (Schwurgerichtshof) – drei Richter, von denen einer den Vorsitz führt, und einem Schriftführer – und zwölf Geschwornen (Geschwornenbank). Die Auswahl der Geschwornen wird wie folgt vorgenommen: Von der Gemeindekommission wird die Urliste vorbereitet, in der alle Personen, die das 30. Lebensjahr vollendet haben, deutsch lesen und schreiben können, in einer Gemeinde der Republik Österreich das Heimatrecht besitzen und in der Gemeinde, in der sie sich aufhalten, wenigstens schon ein Jahr ihren Wohnsitz haben, aufgenommen werden, sofern nicht Ausnahmegründe nach § 2–4 des Gesetzes, betreffend die Bildung von Geschwornen- und Schöffenlisten, vorliegen. Durch die Bezirkskommission – Vorsitzender der Bezirkshauptmann plus sechs Vertrauenspersonen, die nach den Grundsätzen des Verhältniswahlrechtes von den Gemeindevertretungen gewählt werden – werden diejenigen, die wegen ihrer Verständigkeit, Ehrenhaftigkeit, rechtlichen Gesinnung und Charakterfestigkeit für das Amt eines Geschwornen vorzüglich geeignet erscheinen, bezeichnet und wird diese Liste den Gerichtshofpräsidenten vorgelegt. Durch diese seit 1919 geltende Regelung glaubte man, dem demokratischen Prinzip voll zu entsprechen, in der Praxis wurde aber damit die Bildung der Liste und damit die Zusammensetzung der Geschwornenbank den politischen Parteien überlassen. Auf Gerichtshofebene wird wiederum von einer Kommission (Präsident, drei Richter und fünf Vertrauenspersonen) die Jahresliste (Haupt- und Ergänzungsliste) erstellt. Vierzehn Tage vor Beginn jeder Schwurgerichtsperiode ist beim Gerichtshof erster Instanz im Beisein zweier Richter und des Staatsanwaltes in öffentlicher Sitzung die Dienstliste durch das Los zu bilden – und zwar 36 Hauptgeschworne und neun Ergänzungsgeschworne, aus denen dann die Mitglieder der Geschwornenbank hervorgehen.

Die Bildung der Geschwornenbank erfolgt unmittelbar vor Beginn der Hauptverhandlung in nichtöffentlicher Sitzung des Schwurgerichtshofes und in Gegenwart des Anklägers, des Privatbeteiligten, des Angeklagten und seines Verteidigers sowie der vorgeladenen Geschwornen. Der Vorsitzende zieht die Namen aus der Urne. Sowohl Ankläger als auch Angeklagter sind berechtigt, die gleiche Anzahl der Geschwornen abzulehnen, wobei Gründe für die Annahme oder Ablehnung eines Gezogenen nicht angegeben werden durften und nur darauf zu achten ist, daß zwölf von den Geschwornen ihr Recht auch wirklich ausüben können. Dieses willkürliche Ablehnungsverfahren führte in diesem Prozeß zu einem Eklat, da seitens des Staatsanwaltes acht der ausgelosten Geschwornen abgelehnt wurden – dies vor allem durch den Privatbeteiligtenvertreter, dem zwar kein Ablehnungsrecht zusteht, der jedoch versuchte, durch Einflüsterungen an den Staatsanwalt, einzelne der Ausgelosten seien „politische Freunde der Angeklagten", auf die Zusammensetzung der Geschwornenbank Einfluß zu nehmen. Die Verteidigung lehnte nun ihrerseits acht Ausgeloste ab. So konnte auch hier durch die Zwielichtigkeit des Auswahlsystems parteipolitisches Intrigenspiel betrieben werden, was sicherlich auch Einfluß auf den Wahrspruch der Geschwornen hatte.

Erst durch das Geschwornengesetz 1950, BGBl. 240, wurde die „Auslosung und willkürliche Ablehnung" der Geschwornen beseitigt. Nach Schluß des Beweisverfahrens werden die an die Geschwornen zu richtenden Fragen formuliert, wobei drei Typen zu unterscheiden sind:

a) die Hauptfrage ist darauf gerichtet, ob der Angeklagte schuldig sei, die der Anklage zugrunde liegende Handlung begangen zu haben – sie muß die unter Anklage gestellte Tat zum Gegenstand haben und auch die in der Anklage enthaltene Qualifikation der Tat zum Ausdruck bringen, also sowohl hinsichtlich des konkreten Sachverhaltes wie auch hinsichtlich des gesetzlichen Tatbestandes mit der Anklage übereinstimmen. Außerdem muß sie alle gesetzlichen Merkmale der strafbaren Handlung enthalten;

b) die Zusatzfrage ist keine Schuldfrage, sondern hat als Fragegegenstand, ob Strafausschließungs- oder Strafaufhebungsgründe vorliegen, und ist nur dann zu stellen, wenn diesbezügliche Behauptungen in der Verantwortung des Angeklagten oder in den Ergebnissen des Beweisverfahrens ihren Ausdruck finden;

c) die Eventualfrage soll den Geschwornen die Möglichkeit bieten, ihrer Überzeugung Ausdruck zu verleihen, daß sich der Angeklagte einer anderen als der in der Anklage angeführten strafbaren Handlung, oder zwar derselben strafbaren Handlung, aber nicht als Täter, sondern bloß als Mitschuldiger oder Teilnehmer, oder nur in Form des Versuches schuldig gemacht hat. Sie ist also wie die Hauptfrage eine Schuldfrage.

Nach Schluß der Verhandlung erfolgt die mündliche Rechtsbelehrung der Geschwornen durch den Vorsitzenden – Zusammenfassung der wesentlichen Ergebnisse der Hauptverhandlung, Aufführung der für und wider den Angeklagten sprechenden Beweise, Erklärung der gesetzlichen Merkmale der strafbaren Handlung und der Bedeutung der in Frage kommenden gesetzlichen Ausdrücke, Aufklärung über ihre Pflichten und über die Vorschriften für ihre Beratung und Abstimmung – sowie die Übergabe der schriftlichen Fragen mit den Verhandlungsunterlagen. Hierauf begeben sich die Geschwornen in das Beratungszimmer, das sie erst nach Fällung ihres Wahrspruches wieder verlassen dürfen, wo ihnen der aus ihrer Mitte mit einfacher Stimmenmehrheit zu wählende Obmann folgende Belehrung gem. § 326 StG vorzulesen hat: „*Das Gesetz fordert von den Geschwornen keine Rechenschaft über die Gründe ihrer Überzeugung; es schreibt ihnen keine bestimmten Regeln vor, nach welchen die Vollständigkeit und Hinlänglichkeit eines Beweises zu beurteilen wäre. Es fordert sie nur auf,*

alle für und wider den Angeklagten vorgebrachten Beweismittel sorg-
fältig und gewissenhaft zu prüfen und sich dann selbst zu fragen,
welchen Eindruck die in der Hauptverhandlung wider den Ange-
klagten vorgeführten Beweise und Gründe seiner Verteidigung auf
sie gemacht haben. Nach der durch diese Prüfung der Beweismittel
gewonnenen Überzeugung allein haben sie ihren Ausspruch über
Schuld oder Nichtschuld des Angeklagten zu fällen. Sie müssen sich
dabei beständig vor Augen halten, daß ihre Beratschlagung sich nur
auf die ihnen vorgelegten Fragen, über die der Anklage zugrundelie-
genden oder damit in Verbindung stehenden Tatsachen zu beschrän-
ken hat. Nicht sie, sondern nur die Richter sind berufen, die gesetzli-
chen Folgen auszusprechen, welche den Angeklagten im Falle seiner
Schuldigerklärung treffen. Die Geschwornen haben daher ihre Erklä-
rung ohne Rücksicht auf die gesetzlichen Folgen ihres Ausspruchs
abzugeben."

Die Beratung erfolgt durch die Geschwornen allein, sie können
jedoch, wenn Zweifel über das von ihnen zu beobachtende Verfahren oder über den Sinn der gestellten Fragen oder über die Fassung
einer Antwort entstehen, den Vorsitzenden schriftlich um weitere
Belehrung ersuchen – diese hat unter Beiziehung des Protokollfüh-
rers, des Anklägers und des Verteidigers zu erfolgen. Der Abstimmung der Geschwornen darf bei sonstiger Nichtigkeit niemand
beiwohnen. Die Abstimmung über die gestellten Fragen erfolgt
mündlich, und zwar mit „Ja" oder „Nein", der Obmann gibt seine
Stimme zuletzt ab. Schuldfragen – darunter sind alle Haupt- und
Eventualfragen zu verstehen – bedürfen einer Zweidrittelmehrheit,
in allen anderen Fällen entscheidet die einfache Mehrheit. Bei
Stimmengleichheit gibt die dem Angeklagten günstigere Meinung
den Ausschlag.

Die Fragen an die Geschwornen

Im Schattendorfer Prozeß wurden 27 Fragen, je neun fast gleichen
Inhalts für jeden Angeklagten, den Geschwornen gestellt:
FRAGE 1) Die Hauptfrage hatte nachstehenden Inhalt:
„Ist Josef Tscharmann schuldig, am 30. 1. 2927 in Schattendorf
als Mittäter mit anderen im gemeinsamen Einverständnisse mit
diesen durch aus Bosheit unternommene Handlungen, und zwar
dadurch, daß er aus einem auf die Ortstraße mündenden Fenster des

Tscharmannhauses, während sich eine Menschenmenge auf der Straße befand, mindestens einen Schuß aus dem Jagdgewehr abfeuerte, eine Gefahr für das Leben, die Gesundheit oder körperliche Sicherheit von Menschen herbeigeführt zu haben?"

Diese Frage wurde für jeden Angeklagten mit 9 „Nein" und 3 „Ja"-Stimmen beantwortet.

FRAGE II UND III) Die Beantwortung dieser beiden Zusatzfragen, die sich auf die Qualifikation (Todesfolge) bezogen und die allfällige Anwendung des höchsten Strafsatzes ermöglichen sollten, entfiel, da die Hauptfrage verneint worden war.

FRAGE IV) Die Eventualfrage, die durch die Verneinung der Hauptfrage I) zum Tragen kam, lautete:

„Ist Josef Tscharmann schuldig, am 30. 1. 1927 in Schattendorf, dadurch daß er aus einem auf die Ortsstraße mündenden Fenster des Tscharmannhauses, einen oder mehrerer Schüsse abfeuerte, in feindseliger Absicht, und zwar in der Absicht, einen Menschen schwer zu verletzen, eine zur wirklichen Ausübung der Übeltat, nämlich zur Zufügung einer schweren Verletzung führenden Handlung begangen zu haben, und ist die Vollbringung der Übeltat nur infolge Zufalles oder Unvermögenheit unterblieben?"

Sie war somit auf den Versuch der vorsätzlichen schweren Körperbeschädigung nach § 155 lit. a StG gerichtet und betraf eine wenig wahrscheinliche Variante. Stimmenergebnis: 6 „Ja", 6 „Nein", daher galt sie als Verneinung.

FRAGE V, VI, VII) waren wieder Zusatzfragen, die zufolge Verneinung der Fragen I) und IV) wieder entfielen. Sie behandelten die Frage der Notwehr, und zwar echte Notwehr, Notwehrüberschreitung mit asthenischen Affekt und Putativnotwehr.

FRAGE VIII) Diese Eventualfrage (§ 335 StG) kam durch Verneinung der Fragen I) und IV) zum Zuge und lautete:

„Ist Josef Tscharmann schuldig, dadurch daß er am 30. 1. 1927 in Schattendorf aus einem auf die Ortsstraße mündenden Fenster des Tscharmannhauses mindestens einen Schuß abfeuerte – sei es in Überschreitung der Notwehr (Frage VI), sei es aus vermeidbarem Irrtum über Tatumstände (Frage VII) – eine Handlung unternommen zu haben, von welcher er schon nach ihren natürlichen, für jedermann leicht erkennbaren Folgen einzusehen vermochte, daß sie geeignet war, eine Gefahr für das Leben, die Gesundheit oder körperliche Sicherheit von Menschen herbeizuführen oder zu vergrößern?"

Sie wurde zwar mit 7 „Ja"- und 5 „Nein"-Stimmen beantwortet, hatte damit aber nicht die erforderliche Zweidrittelmehrheit – nur eine solche war für einen Schuldspruch maßgebend – erreicht.

FRAGE IX) Diese Zusatzfrage, die auf die Todesfolge hinwies, wäre nur bei Bejahung der Eventualfrage zur Abstimmung gestanden.

Da keine der Schuldfragen mit der erforderlichen Zweidrittelmehrheit bejaht wurde und somit der Wahrspruch auf „nicht schuldig" lautete, fällte der Schwurgerichtshof nachstehendes Urteil: Josef Tscharmann, Hieronymus Tscharmann und Johann Pinter werden von der wider sie erhobenen Anklage, das Verbrechen der öffentlichen Gewalttätigkeit durch boshafte Handlungen unter besonders gefährlichen Verhältnissen nach § 87 StG begangen zu haben, gemäß § 259 Abs. 3 StPO freigesprochen. Als Begründung wurde nur ausgeführt: *„Der Freispruch gründet sich auf den Wahrspruch der Geschwornen, welche die an sie gestellten Fragen nicht mit der erforderlichen Stimmenanzahl beantwortet haben."*

Da nach der damaligen Rechtslage (§ 332 StG) die Aussetzung der Entscheidung der Geschwornen nur möglich war, wenn der Angeklagte für schuldig erklärt wurde und der Gerichtshof einstimmig zur Ansicht kam, daß sich die Geschwornen bei ihrem Ausspruch in der Hauptsache geirrt haben, entzog sich ein tatsachen- und aktenwidriger Freispruch der Kontrolle des Schwurgerichtshofes. Eine diesbezügliche Neuregelung erfolgte erst 1933 mit Verordnung des Bundesministers für Justiz, BGBl. 81/1933, worin auch die Zahl der Geschwornen von 12 auf 6 herabgesetzt wurde.

Abschließend sei aus dem Beschluß des OLG Wien vom 4. 10. 1927 zitiert, womit der Beschwerde der drei freigesprochenen Beschuldigten gegen die Ablehnung der Haftentschädigung keine Folge gegeben wurde: *Daraus, daß die Geschwornen die an sie gerichteten Fragen nicht mit der erforderlichen Stimmenanzahl beantwortet haben, vermag keineswegs die Entkräftung des gegen die Beschwerdeführer bestandenen Verdachtes abgeleitet werden. Es ergibt sich daraus bloß, daß die Mehrheit der Geschwornen die vorliegenden Beweise für einen Schuldspruch nicht für ausreichend erachteten. Die zufolge des Verfahrensergebnisses zur Zeit der Tat bestehende Situation und nach den belastenden Aussagen einer Anzahl Angehöriger des Schutzbundes erscheint der Verdacht, daß die Beschwerdeführer sich einer unter die Bestimmung des § 87 StG fallenden strafbaren Handlung schuldig gemacht haben, nicht entkräftet.*

Literatur

„Österreichisches Strafprozeßrecht" von Dr. Ernst Lohsing, 4. Auflage, Wien 1952

„Gewalt in der Politik" von Gerhard Botz, 1976

„15. Juli 1927. Die verwundete Republik" von Wilhelm Chraska, Europäische Hochschulschriften Reihe III

„Die Christlichsoziale Partei im Burgenland" von Günter Michael Unger, Burgenländische Forschungen Heft 49, Eisenstadt 1965

„Burgenländische Politik in der Ersten Republik" von Charlotte Heidrich, Studien und Quellen zur österreichischen Zeitgeschichte, Band 4, Wien 1982

Strafakt des Landesgerichtes für Strafsachen II. Wien, GZ Vr VII 411/27

„Kommentar zum Österreichischen Strafrecht", herausgegeben von Dr. Ludwig Altmann und Dr. Siegfried Jacob, Wien 1928

„Die österreichischen Strafprozeßgesetze" nach dem Stand der Gesetzgebung vom 15. 9. 1928, herausgegeben von Dr. Karl Lißbauer und Dr. Hugo Suchomel, 4. Auflage, Wien 1929

„Burgenländisches Landesrecht – Grundlagen und Entwicklung" von Wolfgang Dax, Bgld. Forschungen, Sonderheft III. – 50 Jahre Burgenland, Eisenstadt 1971

„Die Entwicklung der österreichisch – ungarischen Strafrechtskodifikation im XIX.–XX. Jahrhundert", Herausgeber Gàbor Máthé – Werner Ogris

Anmerkungen

1　„Streifzug durch die Burgenländische Justiz", Rede von Univ.-Prof. Dr. Viktor Liebscher, anläßlich der Feier seines 80. Geburtstages in Jennersdorf (Bgld.)

2　Leser, Norbert: „Die politische Situation des Burgenlandes in der Zwischenkriegszeit", in: „Internationales kulturhistorisches Symposium Mogersdorf", Amt der burgenländischen Landesregierung, Landesarchiv (Hrsg.), Eisenstadt 1981, Bd. 11, S. 292

3　Landeshauptmann Rauhofer: Antrittsrede 1924

4　Liebscher, Viktor: „Die österreichische Geschwornengerichtsbarkeit und die Juliereignisse 1927", in: „Die Ereignisse des 15. Juli 1927", Wien 1979, S. 60

5　Zitate von Amschl, Löffler, Binding, Högl und Adler in: ebda., S. 60 ff.

Helmut Stephan Milletich

1927 IN DER LITERATUR

Wenn Literatur imstande ist, stattgefundene Wirklichkeit zu sublimieren und damit zu erklären, unentwirrbare Vorgänge im geschichtlichen Umfeld (auf freilich nichtwissenschaftliche Art) zu deuten und so in eine höhere Wahrheit umzuwandeln, dann fragt sich, wie denn die Literatur des 20. Jahrhunderts die Aufgabe übernommen und erfüllt hat, die gesellschaftlichen und politischen Vorgänge in der österreichischen Ersten Republik zu verarbeiten, sich und dem Leser verständlich zu machen.

Tatsache ist, daß die Literatur im weitesten Sinn der Thematik nicht aus dem Weg gegangen ist, daß die Ereignisse selbstverständlich im Journalismus, in der Historiographie und im literarischen Feuilleton behandelt worden sind, daß sich jedoch die fiktionale Literatur – also Epik, Lyrik und Drama – dieses Themas nicht in dem Maße angenommen hat, wie es vielleicht zu erwarten gewesen wäre. Aber unter Umständen liegt das tatsächlich an der Fiktionalität alles Literarischen, daß sich die geschichtliche Wirklichkeit sehr schwer in eine literarische geschichtliche Wahrheit umwandeln läßt, weshalb – um diese literarische Wahrheit zu erzielen – der Autor eher zu einem völlig fiktionalen Motiv greift und die Nichtfiktionalität (in Form der historischen Wirklichkeit) nur als Steinbruch verwendet, dem er nicht viel mehr als Einzelheiten (Bausteine) für sein fiktionales Romanwerk (etc.) entnimmt.

Aus der dennoch nicht so kleinen Anzahl literarischer Verarbeitungen des Themas, jetzt im besonderen der Vorgänge der Schattendorfer Ereignisse vom 30. Jänner 1927, aber auch der Ereignisse im Juli 1927, seien vier Autoren mit ihrem Werk ausgewählt, deren literarisches Ansehen unangetastet ist, wiewohl die Rezeption ihrer Werke heute unterschiedlich vor sich geht.

DER SCHNELLSCHUSS (1927)

Noch im Jahr 1927 erscheint im „Verlag Die Fackel", Wien das Heft „Oktober 1927" mit den Nummern 766 bis 770 in einem Umfang von insgesamt 92 Seiten.[1] Das Heft trägt den Gesamttitel:

„Der Hort der Republik", ein „Ehren"-Titel, der ironisch gemeint ist und auf den Polizeipräsidenten Schober zielt. Tatsächlich ist das ganze Heft – unter dem äußeren Zeichen einer Dokumentation (Seite 1–48) – eine wortreiche Polemik gegen die herrschende Klasse, gegen die Regierung und im besonderen gegen Schober, gegen die liberale Presse und gegen jene konservativen Kreise, die – wie Karl Kraus nicht vergißt, immer wieder zu betonen – die tragischen Ereignisse vom 15. Juli mit den 89 Toten zu verantworten haben. Karl Kraus läßt keinen Augenblick einen Zweifel an seiner Parteilichkeit aufkommen, man muß sie ihm daher auch nicht vorwerfen. Dennoch ist sein Text keiner, der die Sozialdemokratie und ihre Haltung besonders unterstützt, er stellt sich allerdings mit seiner ganzen sprachlichen Macht gegen ein Regime, das demonstrierende Menschen niederschießt, ja sogar Jagd auf sie gemacht hat, und dann noch so tut, als hätte es mit dieser Gewalttat die Demokratie gerettet. Daß die Ereignisse des Julitages in Wien kausal mit den Schüssen von Schattendorf zu tun haben, erwähnt er in seinem Pamphlet, das immerhin 44 Seiten stark ist, nur einmal: *„Ja, in allem Exzeß und trotz aller Torheit der symbolischen Vernichtung der Justiz, deren Gesetzeshärte gerade weitab von der Möglichkeit eines Schattendorfer Urteils wirkt, war es eine Bekundung der Menschheitsehre, die Demonstration lebendigsten, lautersten Fühlens, die da, führungslos und behördlicher Unfähigkeit preisgegeben, schließlich an den Machtmitteln der nacktesten Herzensleere zusammenbrach – welcher kein Waffensieg es ermöglichen wird, ihre Scheinherrschaft entgegen den Naturgesetzen fortzufristen. Denn die Gabe, sich das Leid des Mitmenschen nicht vorzustellen, mag sich mit ihr auch regieren und zeitungschreiben lassen, ist auf die Dauer kein zulänglicher Schutz gegen die revolutionären Gewalten, die von naturwegen und nicht von parteiwegen die Ordnung dieser Dinge abänderlich finden."*[2]

Die Methode der geistigen Verarbeitung und Deutung ist hier ähnlich wie in den „Letzten Tagen der Menschheit". So stellen die Ereignisse des 15. Juli für Karl Kraus zuerst einmal ein Beispiel, ja sogar ein Symbol für wesentlich schlimmere Vorgänge dar, als die, die in Wien in schrecklicher Weise Wirklichkeit geworden sind. Nicht nur nebenbei führt der Herausgeber, Verleger und Chefredakteur der Fackel einen Parallelfeldzug gegen mehrere Personen, zu denen (neben anderen) Bekessy, Schober und Pollak gehören. Diese Privatfeldzüge finden nicht ohne

Grund statt. Hier werden sie aber in die Interpretation der aktuellen Ereignisse mit einbezogen und lassen das Geschehen nahezu als eine skurrile Verschwörung einerseits unbegabter, anderseits aber wieder bösartiger Politiker-, Zeitungs- und Geldbürokraten erscheinen. Seine bekannte Plakataktion mit der Rücktrittsaufforderung (eigentlich: Abtrittsaufforderung) an Polizeipräsidenten Johann Schober ist weltberühmt geworden: *„Plakat vom 17. Bis 19. September 1927: / An den Polizeipräsidenten von Wien / Johann Schober // Ich fordere Sie auf, / abzutreten. / Karl Kraus / Herausgeber der Fackel.*"[3]

So sehr man dem Autor nun Einseitigkeit oder einseitige Parteilichkeit vorwerfen darf, so wenig entbehren die von ihm zitierten Pressestimmen zu den Juliereignissen und die offiziellen Stellungnahmen, aber auch die Äußerungen hochrangiger Politiker (etwa Seipels Appell an Schober mit der Versicherung der Unentbehrlichkeit) einer düsteren Komik, die sich heute, 75 Jahre danach, durchaus grotesk liest. Ebenfalls im bekannten Stil und im Argumentationsmuster österreichischer Literatur, der die „Selbstbeschimpfung" keineswegs fremd, vielmehr angepaßt ist wie ein zweites Gewand, beschreibt Karl Kraus die vorhandenen Zustände (aus denen sich ja die schrecklichen Ereignisse generierten) als typisch für Österreich, um nicht zu sagen als typisch österreichisch: *„Nein, keiner von der Gesellschaft, die auserwählt ist, für die Schätze des österreichischen Gemütslebens um eine europäische Beachtung zu schnorren, die sonst bloß den fehlenden hygienischen Vorrichtungen des österreichischen Eisenbahnwesens zugewandt bliebe – keiner hat sich berufen gefühlt, aufzustehen und zu bekennen: die Brandröte des Himmels über dem Wien des 15. Juli müsse verblassen vor der Scham über die Taten und das kannibalische Wohlsein einer staatlichen Autorität und einer bürgerlichen Publizität, deren einzige Sorge damals die Beeinträchtigung des Fremdenverkehrs war, dessen Hebung doch eine Sisyphusarbeit bleibt, solange das Stückchen Seife immer wieder von den Einheimischen gestohlen wird, dessen Problem aber kein Weltuntergang von der Seele des Österreichers nehmen wird, und wenn 's schon der Posaunenengel zu übertönen suchte. Doch bange machen gilt nicht bei einer Nation, die zu allem, was ihr mißlingt, auch das Pech hat, nicht untergehen zu können, und gleich hatte dieses organisierte Lazzaronitum die Geistesgegenwart, sich für den Brand des Justizpalastes durch dessen Ruine schadlos zu halten und sie als Sehenswürdigkeit den Fremden* *darzubieten. Aber keiner von jenen, die den Mut haben, das Ausland über unsere moralische Verkommenheit durch Hinweis auf unsere landschaftlichen Vorzüge täuschen zu wollen, ist aufgestanden, zu erklären: daß das Wiener Blut erst wieder präsentabel, fibelreif und operettenfähig sein wird, wenn der Einfall es auf der Ringstraße fließen zu lassen, gesühnt ist ..."*[4]

Noch deutlicher wird seine Polemik in der folgenden Passage, da die „österreichische Vorliebe" für Schützenfeste und deren geistliche Verbrämung mit dem „Schützenfest", das die Wiener Schober-Polizei am 15. Juli veranstaltet hat, verglichen wird: *„Denn das mit dem 15. Juli war nur Zufall. Ist denn in dieser österreichischen Wirklichkeit nicht alles bloß symbolisch gemeint, und hat man nicht kürzlich ein Wettschießen erlebt, wobei Kinder hinter Maschinengewehren saßen und Priester Salven für die regina misericordiae abgaben. Ja, am 15. Juli waren es Böllerschüsse einer Fahnenweihe, bei der ein weißgekleidetes Mäderl – hinter ihm, voll und ganz stehend die Konzeptsbeamten – ein Sprüchlein aufsagt, mit dem verglichen die Worte des Seipel-Marsches etwas von der Unergründlichkeit der Goetheschen Alterspoesie haben. Und dies eben sind Schobers Sprüchlein und Widersprüchlein. Ehrenpräsident der Rettungsgesellschaft, die am 15. Juli durch das andere Institut, dem er vorsteht, erheblich in ihrer Tätigkeit gefördert, doch auch vielfach behindert war, vereinigt er in seinem Wesen – soweit es nicht in Originalbeiträgen für Lippowitz erschöpft – mannigfache Kontraste; und ich will es gleich sagen, daß sie mich als den Kenner der innern Natur jener reinen Lamperln, die wir eh' sind, schon lange beschäftigen."*[5]

Geradezu prophetisch wird Karl Kraus, wenn er das bürokratische und technokratische Wesen der Unterdrücker und Schreibtischtäter mit folgenden Worten beschreibt: *„War es nicht der technoromantische Zauber jener großen Zeit, daß man Rechnungsräte in Attilas und dann wieder Attilas in Rechnungsräte verwandelt sah? Und daß im August 1914 wie im November 1918 nichts anderes diesen Vaterlandsbekennern nachzusagen war als: ‚Nicht wieder zu erkennen!' Ja eben dieses blutige Sumpertum, das schon am nächsten Morgen das Alibi seiner Umgänglichkeit parat hat, eben diese österreichische Scheinbarkeit ist tausendmal gefährlicher als die Wirklichkeit des ausgewachsenen Nero, die durch die volle Deckung der Tat mit der Person wenigstens die Sicherheit der Gefahr verbürgt."*[6] Es scheint, als hätte er, der mit diesen Passagen zwar das österreichische Beamtentum gemeint hatte, in Wahrheit aber die peinlich genaue Bürokratie und Technokratie der erst nach 1927 stattfindenden Genozide und amtlich vorgenommenen Völkermorde klarsichtig vorausgesehen.

Spezifisch österreichische Verhältnisse beschreibt er mit folgenden Passagen: *„Nein, die machtbetrunkene Mittelmäßigkeit ist die denkbar unerwünschteste Begleiterscheinung des politischen Fortschritts, und selbst von sozialistischer Seite konnte nicht geleugnet werden, daß in der Monarchie schon der Popularitätsdrang, die Grußbeflissenheit des Oberhauptes ein gewisser Schutz gegen Beamtenexzesse war und einen Polizeipräsidenten, der auch nur einen Toten auf der Ringstraße zu verantworten hätte, nicht einen Tag über das Schrecknis hinaus geduldet hätte.“*[7]

Ein weiteres, in der Literatur noch selten aufgespürtes Phänomen deckt er gegen Ende seines Textes auf, als er den Sieg der Provinz über die Urbanität beschreibt, den Sieg der „Mistelbacher" (Wiener Polizisten) über das städtische Proletariat: *„Bei allem folkloristischen Interesse, das die auf die Großstadt losgelassene Provinz auch in der heikelsten Situation gewähren mag – wiewohl da, wenn schon denn schon, nackte Knie dem Staatsgewand vorzuziehen wären –, muß doch gesagt werden, daß einer Demokratie, die nicht nur Stimme, sondern auch Sitz, und so breiten, dem Neanderthalertum einräumte und Kräfte, die sonst nur für eine Kirchweih mobilisiert werden, zum Scheibenschießen auf Stadtleute entfesselt hat – daß solchem Unfug noch immer eine Bureaukratie vorzuziehen wäre, die, nicht gestützt auf die Erlaubnisse jener, auch nicht zu Ausschreitungen des Machtwillens inkliniert. Der falsche Freiheitsbegriff allerdings, der zu dem Nonsens gelangt, die Richter des gesetzlichen Buchstabens zu verdammen, denen das Geschworenenurteil von Schattendorf doch ein Greuel ist, und die Geschwornen anzuklagen, die ihrer liberalen Stimmungsjustiz doch entsprochen haben – der ist zu allerletzt berechtigt, vom blutigen Ausgang der Posse eines Staatslebens überrascht zu sein, dessen Politik ausschließlich in der Gewandtheit besteht, Sachverhalte durch Phrasen unkenntlich zu machen.“*[8]

Freilich, die wenigen Passagen, die sich direkt mit dem Schattendorf-Prozeß und dem Justizpalastbrand befassen, geben keinen genaueren Aufschluß über die Einschätzung des Autors dieser Ereignisse. Die Toten von Schattendorf werden überhaupt nicht erwähnt. Der größte Teil des Heftes besteht aus einer scharfen

Polemik gegen die Regierung und gegen die Wiener Polizei. Es spricht kurioserweise natürlich für den hohen Grad von journalistischer und persönlicher Freiheit, daß alle diese Passagen erscheinen konnten. Die Nähe zu den „Letzten Tagen der Menschheit" ist unverkennbar, und es ist kein Zufall, daß gerade in den Jahren 1926 bis 1928, also in der Zeit dieser Ereignisse, Professoren der Pariser Sorbonne Karl Kraus für den Literatur-Nobelpreis vorgeschlagen haben. Er bekam ihn nicht, wohl ist aber sein Eintreten 1934 für das Dollfuß-Regime – als Bollwerk gegen Hitler – der Rezeption seiner Werke gerade in sozialdemokratischen Kreisen hinderlich gewesen.

Der Rezeption gerade dieser literarischen Texte, die im zitierten Heft der „Fackel" vorkommen, steht allerdings eine exzessiv komplizierte Syntax und ein in den langen Sätzen abschweifendes und ausuferndes Assoziieren im Wege. Die syntaktisch komplizierte Sprache erweckt den Eindruck, Karl Kraus wollte in einem Satz über alles gleichzeitig schreiben und alle Gegner gleichzeitig vernichten. Zudem kommt der Verdacht auf, daß mit der Tatsache, daß die Hauptgegner vergessen werden, auch die Bedeutung der literarischen Polemik verloren gegangen ist. Das kann man nun von Johann Schober und den Ereignissen des 15. Juli nicht gerade sagen, dennoch ist auch dieser Text mit Querverweisen und assoziativen Ausschmückungen so reich versehen, daß ein vollständiges Verstehen im Ansatz allein unmöglich erscheint.

Kant fängt Feuer (1936)

Elias Canetti, 1905 in Rustschuk (Bulgarien) geboren, Romancier, Dramatiker, Sachbuchautor, einer jüdischen Familie entstammend, lebte ab 1913 in Wien, erlebte hier den Ausbruch des Ersten Weltkrieges und ließ sich in Wien nach längeren Aufenthalten in Zürich und Frankfurt am Main nieder.

Am 15. Juli 1927 wird Canetti Zeuge der Vorgänge in Wien und ist davon so betroffen, daß er in mehrfacher Hinsicht das Ereignis schriftstellerisch zu bewältigen angeht. In seinem autobiographischen Band „Die Fackel im Ohr" beschreibt er, was er miterlebt und wie es in ihm weiter gewirkt hat. *„Am Morgen des 15. Juli war ich nicht wie sonst immer im Chemischen Institut in der Währingerstraße, sondern fand mich zu Hause. Ich las im Kaffeehaus*

*in Ober-St. Veit die Morgenzeitung. Ich spüre noch die Empörung,
die mich überkam, als ich die Reichspost in die Hand nahm, da
stand als riesige Überschrift: ‚Ein gerechtes Urteil'. Im Burgenland
war geschossen, Arbeiter waren getötet worden. Das Gericht hatte
die Mörder freigesprochen. Dieser Freispruch wurde im Organ der
Regierungspartei als gerechtes Urteil bezeichnet, nein ausposaunt. Es
war dieser Hohn auf jedes Gefühl von Gerechtigkeit noch mehr als
der Freispruch selbst, was eine ungeheure Erregung in der Wiener
Arbeiterschaft auslöste. Aus allen Bezirken Wiens zogen die Arbeiter
in geschlossenen Zügen vor den Justizpalast, der durch seinen bloßen
Namen das Unrecht für sie verkörperte. Es war eine völlig spontane
Reaktion, wie sehr, spürte ich an mir selbst. Auf meinem Fahrrad
fuhr ich schleunigst in die Stadt hinein und schloß mich einem dieser
Züge an."*

Canetti dann weiter: „*Die Arbeiterschaft, die sonst gut diszipliniert war, die Vertrauen zu ihren sozialdemokratischen Führern
hatte und es zufrieden war, daß die Gemeinde Wien von ihnen in
vorbildlicher Weise verwaltet wurde, handelte an diesem Tag ohne
ihre Führer. Als sie den Justizpalast anzündete, stellte sich ihnen der
Bürgermeister Seitz auf einem Löschwagen der Feuerwehr mit hoch-
erhobener Rechten in den Weg. Seine Geste blieb wirkungslos: der
Justizpalast brannte. Die Polizei erhielt Schießbefehl, es gab neunzig
Tote.*"[9]

Canettis politische und persönliche Erregung ist so stark, daß
er umgehend damit beginnt, das Geschehen in einem Roman zu
behandeln, ohne daß das Buch, wie es heute vorliegt, auch nur im
entferntesten als ein Roman über die Ereignisse von Schattendorf
und den Justizpalastbrand bezeichnet werden kann. In Wahrheit
beschreibt der Autor eine höhere Wirklichkeit mit einer Liste von
Personen, die ein Panoptikum des Irrsinns, der Bösartigkeit, des
Eigennutzes (etc.) darstellt, bei gleichzeitiger tiefster Feinnervig-
keit und Zerbrechlichkeit der einzelnen Figuren.

Das Ereignis vom 15. Juli hinterließ in Canetti, wie er in seinem
autobiographischen Text weiter schreibt, tiefe Spuren: „*Es sind 53
Jahre her, und die Erregung dieses Tages liegt mir heute noch in den
Knochen. Es ist das Nächste zu einer Revolution, was ich am eigenen
Leib erlebt habe. Seither weiß ich ganz genau, ich müßte kein Wort
darüber lesen, wie es beim Sturm auf die Bastille zuging. Ich wurde zu
einem Teil der Masse, ich ging vollkommen in ihr auf, ich spürte nicht
den leisesten Widerstand gegen das, was sie unternahm. Es wundert*

mich, daß ich in dieser Verfassung dazu imstande war, alle konkre-
ten Einzelszenen, die sich vor meinen Augen abspielten, aufzufassen.
Eine davon will ich erwähnen. In einer Seitenstraße, nicht weit vom
brennenden Justizpalast, aber doch eben abseits, sich sehr deutlich von
der Masse absetzend, stand ein Mann mit hochgeworfenen Armen,
der überm Kopf verzweifelt die Hände zusammenschlug und ein übers
andere Mal jammernd rief: Die Akten verbrennen! Die ganzen Akten!
Besser als Menschen! sagte ich zu ihm, doch das interessierte ihn nicht,
er hatte nur die Akten im Kopf, mir fiel ein, daß er vielleicht selbst
mit den Akten dort zu tun hätte, ein Archivbeamter, er war untröst-
lich, ich empfand ihn, sogar in dieser Situation, als komisch. Aber ich
ärgerte mich auch. Da haben sie doch Leute niedergeschossen! sagte
ich zornig, und Sie reden von den Akten! Er sah mich an, als wär
ich nicht da, und wiederholte jammernd: Die Akten verbrennen! Die
ganzen Akten! – Er hatte sich zwar abseits gestellt, aber es war für ihn
nicht ungefährlich, seine Wehklage war unüberhörbar, ich hatte sie ja
auch gehört."[10]

Aus diesem Erlebnis und dem fast psychologisch exakt beschriebenen Weg, den das Grundmuster der aufgestauten und zur
Explosion gebrachten Empörung innerhalb des Massenkörpers
am 15. Juli im Kopf des Autors zur Figur des Büchermenschen
Kien geht, der (als lesender Kopf) in einer äußeren Welt lebt,
mit der er recht wenig anzufangen weiß, entsteht dann die Handlung des Romans, sowie die Basis für seine literarische Auswei-
tung in ein Monumentalwerk, das sich vom Ausgangspunkt allerdings weit entfernt, so daß man sagen muß, daß der Roman
„Die Blendung" zuletzt keineswegs mehr ein Roman über den 15.
Juli 1927 ist, sondern etwas völlig anderes, wenngleich in der –
den ganzen Roman hindurch spürbaren – Grundschwingung des
Werkes das bestürzende Geschehen vom Juli 1927 vorhanden ist.
Das Buch ist ein Hauptwerk des modernen Romans, der freilich
noch viele andere Wurzeln hat und Impulse auch aus nichthisto-
rischen Bereichen verarbeitet. Eine entscheidende Dimension des
Buches ist der Gegensatz zwischen Kopf und Welt. Von dieser
Dialektik: Kopf (= innere Welt des Protagonisten), Welt (=äußere
Welt, die auf die innere zumeist feindlich, immer aber fremd
und ängstigend wirkt) handelt der Roman, dessen Hauptfigur
zu Anfang „Brand", später dann Kant heißen sollte, so daß der
Roman auch „Kant fängt Feuer" heißen sollte. Bei seinem Erscheinen 1936 hieß er denn endgültig „Die Blendung". Wie das vor

sich ging, beschreibt Canetti wieder in seiner autobiographischen Schrift „Die Fackel im Ohr".

Ein wesentliches Detail des Juli-Erlebnisses war der Ausspruch dieses einen Mannes, der immer wieder von den verbrennenden Akten sprach, als würde damit nicht nur Leben vernichtet werden, sondern auch nachvollziehbare Wirklichkeit, dokumentierte Zeit und die in dieser dokumentierten Zeit sämtlich vorhandenen Phänomene. Als Canetti diese Geschichte einem Freund erzählt und der darüber unmäßig lacht, wird dem Autor die Grundproblematik seines im Entstehen begriffenen Romans bewußt: *„In diesem Augenblick sah ich den Büchermenschen, eine der acht Figuren vor mir, an die Stelle des Akten-Jammerers sprang plötzliche er, er stand am Feuer des brennenden Justizpalastes, und es traf mich wie ein Blitz, daß er mit allen seinen Büchern verbrennen müsse."*[11] Aus dem klagenden Bürokraten, der der Akten-Jammerer vermutlich war, wird der Kopf ohne Welt, der zuletzt mit dem aufgeblähten Kopf (die Papier gewordene Bibliothek) verbrennen muß und damit die in seinem Kopf (in der Bibliothek) vorhandene (aufgeschriebene, also kompensierte) Realität. Zwingend verbrennen muß er offenbar deswegen, weil diese Kopf-Welt mit der Außen-Welt so wenig im Einklang stand wie die innere und äußere Welt wohl noch nie weniger deckungsgleich waren als in jener Zeit.

„Die Blendung" wird in mancher Darstellung und Deutung des Buches als „die Antwort Canettis auf den Justizpalastbrand" bezeichnet. Tatsache ist, daß Motive und Beobachtungen, die der Autor bei diesem Ereignis selbst gemacht hat, in den Roman Eingang gefunden haben, daß es sich aber darüber hinaus um einen Roman handelt, der in seiner Modernität an James Joyce's „Ulysses" heranreicht. Die „Blendung" zählt mit den Romanen Brochs, Musils und Kafkas zum deutschsprachigen Beitrag in der Überwindung des traditionell erzählten Romans, der – wie die Romane der genannten Autoren – der politischen Dimension nicht entbehrt und damit nachweist, daß Literatur im Österreich der ersten Hälfte des 20. Jahrhunderts keine Sache für unpolitische Menschen war, deren Leser durchaus mit den aktuellen Phänomen der Gesellschaft und der politischen Entwicklung konfrontiert wurden.

Freilich hat Canetti auch noch andere Erlebnisse und persönliche Beobachtungen in das Buch hineingearbeitet, etwa seine Beobachtung der Kranken in der Irrenanstalt Steinhof, die er – da er in der Nähe wohnte – selbst immer wieder gesehen hat. Tatsächlich erscheinen die Personen des Buches alle an der Grenze zum Wahnsinn, selbst der Irrenarzt Kien, der Bruder der Hauptfigur, verhält sich in Alltagssituationen nicht viel anders als seine Patienten. Diese pathologische Romanpopulation mag einerseits durch die Erlebnisse Canettis in Steinhof initiiert worden sein, die Bereitschaft aber, das Gesehene so konsequent umzusetzen, mag gewiß in der Eigenart des Autors, der auch in manchen seiner Dramen (Hochzeit, Komödie der Eitelkeit) eine ähnlich „verrückte" Gesellschaft gezeichnet hat, liegen, was gewiß auch mit seinem Weltbild zu tun hat, das postuliert, daß wir in einer Zeit Leben, die die Menschen und die Dinge „ver-rückt" hat.

Ein wesentlicher Punkt ist auch die Darstellung der Massenszenen, in denen Canetti den Kernpunkt der gesellschaftlichen Problematik des Menschen des 20. Jahrhunderts sieht. Dieses Sich-Aufgeben des Individuums und Anheimgeben an einen „Massen"-Willen" war für den Autor, der am 15. Juli 1927 selbst ein Teil der Menge gewesen ist, eine Erfahrung, die ihm einerseits zu denken gegeben hat, anderseits aber Aufschlüsse über moderne politische und gesellschaftliche Phänomene verschafft hat. Daß das 20. Jahrhundert ohne die Mobilisierung der Massen und ihre Führung in eine außerhalb ihrer selbst festgelegte Richtung nicht zu verstehen ist, hat Canetti schon früh erkannt und auch in seinem Buch „Masse und Macht" festgeschrieben. Seine Werke zu verstehen, ohne dieses Buch in die Interpretation miteinbezogen zu haben, ist schlicht nicht möglich. Insofern kann man guten Gewissens behaupten, daß Canettis Justizpalastbrand-Erlebnis auch im Buch „Masse und Macht (1960) seinen Niederschlag gefunden hat.

Direkt mit dem Geschehen von 1927 im Zusammenhang steht unter Umständen der Themenkomplex des Überlebens innerhalb der Masse. Dieses Überleben ist nur möglich durch den Tod des anderen. Über das Vernichten hinaus ergibt das Überleben aber auch einen enormen Lustgewinn. Diese Erkenntnis und die daraus resultierende Handlung wird für Canetti zum Ausgangspunkt sozialer und politischer Interaktion. Das kann fast wörtlich in die Situation des Juli 1927 angewendet werden, insofern als die Staatsmacht glaubte, das Überleben des Staates nur so bewerkstelligen zu können, als sie die demonstrierenden Arbeiter niederschoß, während die demonstrierenden Arbeiter als Masse mobilisiert worden sind, im Zuge der Demonstration allerdings der Kontrolle ihrer Führer entgleiten – auch ein von Canetti beschriebenes Phänomen.

Das österreichische Cannae (1956)

Die Tatsache, daß der Schriftsteller Heimito von Doderer (unter anderem auch) Historiker war, hat die Vorarbeiten zu dem Roman „Die Dämonen" begünstigt und die Gestaltung desselben geprägt. Das umfangreiche Buch, das in Fortsetzung des Romans „Die Strudlhofstiege" entstanden ist, ohne dessen inhalts- und handlungsmäßige Fortsetzung zu sein, ist eine vielstimmige Symphonie über die unglückselige Erste Republik eines Staates, „den keiner wollte". Die Polyphonie der Figuren und das Fugato der vielen Miniaturhandlungen, hinein verwoben in eine Haupthandlung, machen den Roman einerseits zu einem virtuosen Text, anderseits ist gerade dieser kontrapunktische Grundsatz etwas so typisch Österreichisches (weil auch Musikalisches!), daß man sich diese Form der Erzählhaltung nur in bezug auf ein österreichisches Thema vorstellen kann. Dabei ist die von Doderer in diesem Werk verwendete Methode des Erzählens auch in anderen Sprachen angewandt worden, aber nie wurde damit etwas so typisch Österreichisches dabei zu Papier gebracht. Freilich entpuppt sich der konservative Autor Doderer mit dieser Erzähltechnik als ein überaus moderner Romanautor, der neben die großen österreichischen Epiker Broch, Kafka und Musil als einer der großen Schöpfer des modernen Romans zu stellen ist.

Die Handlungsfäden werden weitergesponnen aus einigen Personengruppen, die sich schon in der „Strudlhofstiege" finden. Im übrigen erzählen „Die Dämonen" nichts aus der „Strudlhofstiege" weiter, so daß man annehmen könnte, das Buch sei nur zufällig mit einer Personenliste versehen, die (zum Teil) schon dort vorhanden ist. Die Anbindung der „Dämonen" an die „Strudlhofstiege" dürfte nicht ohne Grund geschehen sein, zumal Doderer seine Werke im Inhaltlichen wie im Formalen und Strukturellen minutiös geplant und ausgeführt hat. Es kann nämlich damit sehr wohl gemeint sein, daß mit den Personen in den „Dämonen" auch eine Reihe von Problemen von etwas anderem herrühren, was in diesem Roman nicht unbedingt erzählt worden ist, sondern schon in einem vorigen. Und tatsächlich haben die Romanfiguren, die in beiden Romanen vorkommen, schon vor den „Dämonen" ein eigenes Schicksal. Das bedeutet aber nichts anderes, als daß die Vorkommnisse, die hier beschrieben werden, ihre Wurzeln genau genommen woanders haben, heißt: daß nichts aus sich selbst erklärbar ist, immer ist etwas anderes vorangegangen, das man – will man es schon nicht berücksichtigen – so doch akzeptieren sollte. Dieser Umstand ist selbstverständlich jedem Historiker bekannt, weiß er doch, daß alles, was geschieht, auf andere Geschehnisse zurückverweist, die ihrerseits wieder auf andere Geschehnisse zurückverweisen, so daß die Erklärung der Geschichte – abgesehen vom „Faktenwissen" – meist darin besteht, auf vorhandene Ursachen zu verweisen, die ihrerseits wieder in früheren Ursachen ihre Gründe haben. Für den Romanleser, der diese komplexen, vielschichtigen Monsterromane vor sich hat, ist die Erkenntnis, daß alles, was in einem Buch (und damit auch im Leben) passiert, auf etwas anderes, früher Geschehenes, zeigt – obwohl dem Historiker geläufig –, literarisch neu, sind doch Anfang und Ende eines Romans die vom Autor willkürlich gesetzten Grenzen, vor deren Anfang nichts war, was der Leser wissen müßte, und nach deren Ende des Buches nichts mehr sein wird.

Man könnte – schnell geschlossen – daraus ableiten, daß auch historische Ereignisse, die in dieses Buch geraten, ihre Vorgeschichte haben, nicht nur Personen und Handlungen. Das heißt: Der Leser könnte von der Vielfach-Verwurzelung der fiktionalen Elemente auf dieselbe Verwurzelung und kausalen Vernetzung der nichtfiktionalen, historischen Ereignisse schließen. Das würde aber bereits eine Interpretation der Juliereignisse ergeben, abseits von der Darstellung. Wir wissen aber aus der Literaturtheorie, daß jede Darstellung eines Geschehens bereits seine Interpretation enthält.

Schon aus dieser Tatsache, die aus dem formalen Konzept Doderers abzuleiten ist, entwickelt sich eine antirealistische Erzählhaltung, da der realistische Erzähler des 19. Jahrhunderts in seiner poetischen Willkür die Zeit-, Orts- und Personenwahl so getroffen hat, daß sich ein der Wirklichkeit und damit dem Chaos des Alltagslebens möglichst ähnliche Textorganisation ergibt. Diese Wirklichkeit lediglich zu erzählen, und zwar ziemlich getreu nach der historischen Vorlage, ist Doderer nicht unbedingt ein so großes Anliegen. Eher hat er schon beabsichtigt, mit der Schilderung von Personen und mit ihnen verbundenen Handlungen etwas Bestimmtes auszusagen. Daß sich in dem Buch eine Haupthandlung findet (die Geschichte der Erbschaftsunterschlagung durch den Kammerrat Levielle, der verhindern will, daß Charlotte von Schlaggenberg das Erbe, das ihr angeblich zusteht, antreten kann), neben der eine Reihe von Nebenhandlungen kunstvoll zueinander gelegt sind, das macht den Text (Doderer nennt das Buch mehrmals ein Gewebe) zu einem höchst artifiziell angelegten Werk.

Alle diese Handlungsfäden, so nebensächlich sie auch immer sein mögen, laufen auf den 15. Juli 1927 zu. Dieser Tag wird zum Wendepunkt im Leben der handelnden Personen, wohl auch in der Existenz der Ersten Republik. Um zu dem Ereignis zu führen, beschreibt Doderer auch die Ereignisse in Schattendorf, siedelt einen Teil der Handlung im Burgenland an – einerseits in Apetlon im Seewinkel, anderseits gibt es eine Szene in Rust. Freilich haben diese Passagen keinen historisch-dokumentarischen Sinn, sondern sind selbstverständlich Teil der Erzählhandlung, so als würde einer, der eine lange Geschichte erzählt, immer weiter ausholen. Die Schattendorfer Situation wird einigermaßen korrekt beschrieben, wie Paul Wimmer [12] in seinem Essay nachweist: *„Man marschierte zum Ort und dann durch dessen sich hinziehende Zeile, und wieder am Gasthause Tscharmann vorbei. Beide Male betraten die Schutzbündler die Wirtsstube, ‚um sich Erfrischungen kaufen‘, wie es in der Parteipresse dann hieß. Es ist nicht recht einzusehen, warum sie, vom Wirtshaus Moser herkommend oder dahin zurückmarschierend, aus den Reihen traten, um bei einem Wirt einzusprechen, dessen feindselige Gesinnung auf der Hand lag; es hat niemand in Schattendorf, Klingenbach, Draßburg, Baumgarten oder sonstwo in der Gegend gegeben, dem der Wirt Tscharmann und seine beiden Söhne Josef und Hieronymus nicht als Anders-Denkende – so weit hier von Denken die Rede sein kann – bekannt waren. In der Tat sind die Männer nicht nur aus den Reihen getreten, ‚um sich Erfrischungen zu kaufen‘. Sie besetzten vielmehr das Wirtshaus vorübergehend – was nach gefallenen Schüssen als ganz vernünftig erscheint –, und die Tscharmanns mußten sich in ihr dahinter gelegenes, vom Gasthaus getrenntes Wohngebäude zurückziehen. Dort mögen sie schon einige Angst ausgestanden haben. Daß sie aber ein zweites Mal schossen – es geschah aus einem im Oberstock gelegenen Zimmer, dessen Fenster vergittert waren –, und zwar noch hinter*

dem Schluß des Zuges der vorbeimarschierenden Schutzbündler her,
kann man als Zeichen der Panik, der Wut infolge von Angst, aber,
wenn man will, auch als glatten Mord ansehen. In den letzten
Reihen gingen 28 Männer der Ortsgruppe Klingenbach, die ‚Klingen-
bacher', unter ihnen der einäugige Kriegsinvalide Mathias Csmarits,
der im Braunkohlenlager Neufeld beschäftigt war. Er wurde zweimal
getroffen, eben als er sich hinter einem Baum decken wollte, erhielt
23 Körner schwersten Jagdschrotes und war sofort tot; sämtliche Ein-
schüsse befanden sich bei ihm rückwärts. Ferner blieb ein kleiner Bub
liegen, der Pepi Grössing, welcher dem Aufmarsche der ‚Schutzbünd-
ler' hatte zusehen wollen, weil ein Onkel von ihm – eben jener getö-
tete Einäugige – dabei mitging. Csmarits hatte den Jungen überhaupt
oft bei sich gehabt; diesmal war außerdem noch ein zweiter Onkel
Pepis dabei, namens Binder, welcher gleichfalls der vorbeimarschie-
renden Truppe zusah; er war der, der das tote Kind aufhob. In dem
Körper des Knaben fanden sich bei der Obduktion 7 schwere Schrot-
körner.“[13]

Muß also noch gefragt werden, warum das Buch „Die Dämonen" heißt und warum gerade der 15. Juli 1927 zum Wendepunkt
der Geschichte der Ersten Republik und auch zum Wendepunkt
im Leben der Protagonisten des Romans wird. Das ist nicht leicht
zu beantworten, und wenn, dann wohl nur aus einem komplexen
Zusammenfluß der verschiedensten Strömungen von Handlungen, Standpunkten, Meinungen des Autors und nicht zuletzt
im zufälligen Zusammentreffen von Geschehnissen zu erklären.
Zuerst einmal stammen die meisten Figuren aus einer anderen
Zeit, leben in einer Umwelt (Erste Republik), die nichts mit ihnen
anzufangen weiß, wie auch sie mit dieser Zeit nicht viel anfangen
können. Die Figuren waren in der Zeit der Monarchie zu Hause,
waren – sofern sie Männer waren – als Soldaten im Ersten Weltkrieg und nach 1918 in ihrer Entwicklung nicht weiter gekommen, weil sie nur in der vergangenen Welt zu Hause waren. Sie
sind Jugendliche geblieben, weil ihnen der Erste Weltkrieg und
die darauf folgende Entwurzelung das Erwachsenwerden in ihrer
gewohnten Umgebung verwehrt hat. Sie können mit dem Frieden (noch dazu mit dem in Paris diktierten Frieden) wenig anfangen, mit der von diesem Frieden geschaffenen Welt ebenso wenig.
Sie sind „Soldaten in Zivil" und werden Revolutionäre. Revolutionär wird, wer es mit sich selbst nicht aushalten kann. Sie leben
als Untote (Dämonen) in dieser feindseligen Realität, die auch

begonnen hat, ihre Konflikte in bürgerkriegsähnlichen Aktionen auszutragen.

Der Schlüsseltag des Romans, der 15. Juli 1927, ist nicht ohne Grund und selbstverständlich treffend und gut gewählt. An diesem Tag haben „Die Dämonen" von allen Seiten ihr Gesicht offen gezeigt und damit hingewiesen, wohin die Entwicklung gehen wird. Daß sie im typisch Dodererschen Sinn Apperzeptionsverweigerung betreiben und ihre Wirklichkeit praktisch nicht anerkennen wollen, wird bis in die Nebenfiguren hineingearbeitet. Daß die Schutzbündler in Schattendorf genau in jenes Wirtshaus gehen, in welchem ein Wirt mit einer ihnen feindlichen Gesinnung zu Hause ist, ist nur ein peripherer Akt der Apperzeptionsverweigerung, aber natürlich auch ein solcher des Trotzes, die Wirklichkeit im eigenen Sinn verändern zu wollen und sei es auch mit Gewalt, wobei freilich den Schutzbündlern selbst Gewalt angetan wird.

Fragt sich zuletzt, welche Rolle die penible Beschreibung der Vorgänge von Schattendorf im Roman haben. Sie sind einerseits selbstverständlich epischer Bericht, dann aber auch Symbol für die schon beschriebenen Vorgänge: Fremdheit in der eigenen Zeit und Verweigerung, die Realität anzuerkennen oder sie überhaupt zu sehen. Daß Doderer einen bildungsbeflissenen Arbeiter vorstellt, der nach dem zufälligen Auffinden einer Lateingrammatik selbst Bildung erwerben will, und daß dieser Vorgang ohne die bei Doderer sonst so typische Distanz oder Ironie erzählt wird, überrascht, weist ihn aber als einen Vertreter jenes Bürgertums aus, für das Bildung allerdings auch nicht mehr selbstverständlich wertfrei ist, sondern durchaus im Dienst von Wirtschaft und technischem Fortschritt steht. Daß aber Doderers Sympathie diesem Menschen gilt und einigen anderen jungen Menschen, deren Leben noch nicht von vorhandenen Erfahrungen und Enttäuschungen deformiert ist, läßt darauf schließen, daß Doderer im Verharren in der Trauer um eine verlorene Welt keinen wirklichen Sinn mehr sieht, sondern hofft, daß mit den Jungen eine neue Option kommen würde.

Doderers Roman ist – trotz der genauen Schilderung der Vorgänge – noch immer ein literarisches und also ein fiktionales Werk. Insofern benehmen sich auch historische Figuren wie Romanfiguren und haben zwar die Verhaltensmuster der Menschen ihrer Zeit; durch die Art der Beschreibung mit dem, was zwischen den erzählten Tatsachen steht, behandelt sie Doderer allerdings so wie die erfundenen Figuren. Läßt das daraus schließen, daß ihm die von ihm übernommene historische Welt wie gleichsam eine Romanwirklichkeit erschienen haben mag? Wohl nicht. Irgendwann wird man aber die Namen Tscharmann, Csmarits und Pepi Grössing so lesen wie die Namen René von Stangeler oder Melzer. Die Geschichte wird dann poetische Fiktion geworden sein.

Der Weg durch den Februar (1935)

Anhand eines Werkes von Anna Seghers (1900–1983) soll gezeigt werden, wie eine Autorin, die von einer ganz anderen Seite der politischen Landschaft kommt, die österreichischen Tragödie 1934 literarisch verwertet hat.

Anna Seghers, eigentlich Netty Reiling, verh. Radványi, ist eine der stärksten Autorinnen der antifaschistischen Literatur, die aus der Richtung der KPD kommt. Selbst aus wohlhabendem jüdischem Hause kommend, tritt sie 1928 der Kommunistischen Partei bei, im selben Jahr spricht ihr Hanns Henny Jahnn den Kleist-Preis für die Erzählung „Der Aufstand der Fischer von St. Barbara" zu. Unter Hitler zeitweise verhaftet, dann aber im Exil lebend, wurde sie nach Gründung der DDR eine der wesentlichen literarischen Ikonen dieses Landes. Mit den Romanen „Das siebte Kreuz" und „Transit" gehört sie zur Weltliteratur. Mit den beiden Büchern „Der Weg durch den Februar" und „Der letzte Weg des Koloman Wallisch" arbeitet sie die Tragödie der österreichischen Sozialdemokratie auf.

Ihre literarische Methode ist keineswegs die Dokumentation oder die Polemik, sondern das eindeutig auktoriale Erzählen in geradezu realistischer Art. Das Buch gibt keine politischen Aufschlüsse über Hintergründe der Februarkämpfe während des Bürgerkriegs in Österreich, wohl aber ein mosaikartiges Bild voller Vielfalt über die menschlichen Alltäglichkeiten im Leben der Beteiligten, wobei hauptsächlich dem Proletariat zugehörige Arbeiter aus den Provinzen in Steyr und in Graz, sowie Kleinbürger aus Wien dargestellt werden. Es wird auch nichts über die Anlässe und Gründe für den Bürgerkrieg ausgesagt, als wäre es selbstverständlich, daß der Leser darüber vollkommen informiert ist.

Die bevorstehenden Kämpfe werden von den einfachen Menschen wie naturgesetzlich hereinbrechende Unglücksfälle hingenommen, die zwar vorauszusehen waren aber keineswegs verhindert werden können. In zwei Passagen werden die Julitage des Jahres 1927 erwähnt: „Genosse Riedl, du hast uns im Juli siebenundzwanzig von diesem Hof auf die Straße geführt. Du bist nie von uns weggegangen. Du hast dich geweigert, bezahlter Funktionär zu werden …"[14] Diese Worte kommen im Kontext aus dem Mund eines anderen Sozialdemokraten, der mit Riedl – einem der vielen in diesem Buch vorkommenden Aufständischen – einen Disput führt über die Frage, wie sich die Sozialdemokraten zu erheben hätten und welche Rolle die Führung der Partei dabei zu spielen hätte. Wenn schon nicht mehr, so sagt diese kurze Erwähnung des Justizpalastbrandes doch aus, daß von den revolutionären Sozialisten eine Kontinuität von 1927 bis 1934 angenommen worden ist.

Das Buch ist ein hochstehendes literarisches Dokument über die sozialen und menschlichen Zustände innerhalb des zur Sozialdemokratie tendierenden Proletariats, über die Kleinbürger in Wien und in den (eher kleineren) Städten Österreichs, sowie über die Anziehungskraft, die der Nationalsozialismus auf die Menschen bereits ausübt. In einer abschließenden Gerichtsverhandlung, in der ein Arbeiter wegen eines Mordes an einem Gendarmen verurteilt wird, wird bereits die innere Katastrophe des Jahres 1938 angedeutet, da sich Sozialdemokraten, vom herrschenden Regime unterdrückt, mit einem Mal an der Seite der Illegalen als Opfer finden. Diese fatale Gemeinsamkeit hat die Geschichte Österreichs auch in gewisser Weise bis zum heutigen Tag stark belastet.

Das Buch der Anna Seghers ist weder Dokumentation noch kommunistische Agitation. Eher ist es für heutige Leser ein vielleicht allzu hermetisches Werk über diese Zeit, weil die vielen Andeutungen und Querverweise auch dem historisch einigermaßen Informierten nicht allzu viel Entschlüsselungsmöglichkeiten gestatten. Insgesamt ist es aber auch fast eine Parabel, wie in revolutionären Zeiten aus biederen Menschen Aufständische, aus Großsprechern Duckmäuser und aus lang in Freundschaft verbundenen Männern plötzlich Todfeinde werden. Das mag für die damalige Realität durchaus zutreffen. Daß die deutsche Autorin auch den österreichischen Sprachduktus (in vielen direkt angeführten Reden der überaus zahlreichen Personenliste) ziemlich gut getroffen hat, darf durchaus positiv vermerkt werden.

Daß die Ereignisse des Juli 1927 nicht nur in den genannten Großromanen zum Thema werden, sondern daß der literarischen Archäologie noch der eine oder andere Fund glücken mag, zeigt der Roman „Milchfrau in Ottakring. Tagebuch einer russischen Frau" von S. Galina von Hoyer.[15] Die in Wien lebende Russin beschreibt in Romanform den 15. Juli 1927, so wie sie ihn erlebt hat: „Ich hatte heute Wäsche. Schon um sechs Uhr früh, als ich vom Markt zurückkehrte, begab ich mich in die Waschstube und Otmar blieb im Geschäft. Ich weiß nicht, wieviel Uhr es war, aber auf einmal stürzte die Hausmeisterin zur Türe herein, bleich und erschrocken. So habe ich sie noch niemals gesehen. Ach, Frau Wagner, sagte sie, wenn Sie wüßten, was in der Stadt geschieht! Und meine Kinder sind baden gegangen! Wenn man sie erschießt, wenn man sie erschießt! Die Tränen stürzten ihr aus den Augen, und sie wischte sie mit ihrer blauen Schürze ab. Ich ließ die Hände sinken und konnte keinen Laut hervorbringen. Es war als hätte sie in dieser Minute alle deutschen Worte vergessen; was sie sagte, erschien mir vollständig unwahrscheinlich, ja unmöglich. Die Tramway verkehrt nicht, erzählte sie schluchzend weiter, das Telephon funktioniert auch nicht. Die Arbeiter gehen auf die Polizisten los, es heißt die Polizei hat die Arbeiter überfallen. [...] Es heißt, das Parlament brennt und auch der Justizpalast! Es sollen schon über hundert Tote sein! bestand die Hausmeisterin. Märchen! entgegnete ich, immer noch ruhig. Das ist unmöglich, wir sind ja in Wien und nicht in Rußland! [...] Ach!, schluchzte sie, niemand wird in die Innere Stadt hineingelassen und man laßt auch niemanden heraus. Die Leute sagen, die Polizei hätte den Justizpalast angezündet und läßt die Feuerwehr nicht löschen. Das Parlament ist in die Luft gesprengt worden. Jeder, der keine Dokumente hat, wird arretiert. Und meine Kinder haben doch keine Dokumente, sie sind ja bloß baden gegangen."[16]

Dieses kuriose Buch mag als Erinnerungsbuch sein Interesse beim Leser finden, eine große literarische Aussage über das Vorgefallene trifft es nicht. Es wurde an dieser Stelle auch nur erwähnt, um zu zeigen, daß auch ganz abseitige Bereiche der Literatur eine Begegnung mit dem Ereignisse des Justizpalastbrandes möglich machen.

Die literarische Aufarbeitung des Jahres 1927 durch Karl Kraus, Elias Canetti und Heimito von Doderer bringt drei verschiedene

Sichtweisen, drei verschiedene Standpunkte und drei verschiedene literarische Strukturmuster in die Literatur. Selbstverständlich brachten andere Darstellungsmöglichkeiten wieder andere literarische Ergebnisse zustande. Das ist natürlich und dem Wesen der Literatur adäquat. Trotzdem ist die Breite der formalen Modi erstaunlich, sie reicht von der polemischen Agitationsschrift („Die Fackel"), die voll ist von Leidenschaft und sprachlicher Brillanz bei gleichzeitiger Parteinahme gegen einen Mitspieler von 1927, über die Memoirenliteratur („Fackel im Ohr"), Roman („Die Blendung") und theoretischer philosophischer Schrift („Masse und Macht") bis zum Großroman („Die Dämonen").

Das Grundereignis erscheint in jedem Fall etwas anders beim Leser, so daß man sich ernsthaft in Erinnerung rufen muß, daß man ja eigentlich immer das gleiche Ereignis beschrieben bekommt. Das ist aber der Reiz der fiktionalen Literatur, die alles darf, was ihrer textimmanenten Wahrheit entspricht. Und diese literarische Wahrheit darf ohne weiteres zu den von den Quellen belegten Tatsachen im Widerspruch stehen. Literatur ist keiner aktenmäßigen Wirklichkeit verpflichtet, ihre literarische Wahrheit darf aber nicht offen im eklatanten Widerspruch zur historischen Wahrheit stehen. Daß jede Darstellung schon die Deutung des Geschehens in sich birgt, ist auch klar. Die verschiedenen Standpunkte der Autoren bringen verschiedene Deutungen mit sich. Jede literarische Darstellung wird aber auf ihre innere Wahrhaftigkeit zu überprüfen sein, die ein Teil ihres künstlerischen Wertes ist. Die drei besprochenen Werke sind – auch in diesem Sinn – literarische Werke von Rang, und so ist auch ihre textimmanente Wahrheit über jeden Zweifel erhaben.

Anmerkungen

1 Die Fackel, Nr. 766–770, Oktober 1927, XXIX. Jahr, Herausgeber Karl Kraus. Wien 1927. © Alle Rechte vorbehalten durch Suhrkamp Verlag Frankfurt am Main. Verlag und Autor danken für die Abdruckgenehmigung.
2 Die Fackel, a. a. O. S. 54–55
3 Die Fackel, a. a. O. S. 46
4 Die Fackel, a. a. O. S. 52–53
5 Die Fackel, a. a. O. S. 59–60

6   Die Fackel, a. a. O. S. 63

7   Die Fackel, a. a. O. S. 64

8   Die Fackel, a. a. O. S. 65

9   Canetti, Elias: Gesammelte Werke Band 8: Die Fackel im Ohr. Lebens-geschichte 1921–1931. © 1993 Carl Hanser Verlag, München – Wien, S. 230. Verlag und Autor danken für die Abdruckgenehmigung.

10 Canetti, Elias, a. a. O. S. 231

11 Canetti, Elias, a. a. O. S 342

12 Wimmer Paul: Burgenländische Motive und Elemente bei Heimito von Doderer. In: Begegnung mit dem Burgenland. Das Grenzland in der Literatur. Wien 1971. S. 41 ff.

13 Doderer, Heimito von: Die Dämonen. Nach der Chronik des Sektions-rates Geyrenhoff. München: 1995. S. 622 f. © 1956 Verlag C. H. Beck, München. Die erste Auflage dieses Werkes ist im Biederstein Verlag erschienen. Verlag und Autor danken für die Abdruckgenehmigung.

14 Seghers, Anna: Der Kopflohn. Der Weg durch den Februar. © Aufbau-Verlag Berlin und Weimar, 1976. S. 296. Verlag und Autor danken für die Abdruckgenehmigung.

15 Das Buch wird besprochen in „Wien als Magnet: Schriftsteller aus Ost-, Ostmittel- und Südosteuropa über die Stadt. Wien: 1996. Hrsg.: Gertraud Marinelli-König und Nina Pavlova. Verlag der Österreichi-schen Akademie der Wissenschaften." Verlag und Autor danken für die Abdruckgenehmigung.

16 Vgl. Wien als Magnet: Schriftsteller aus Ost-, Ostmittel- und Südosteu-ropa über die Stadt. Wien: 1996. Hrsg.: Gertraud Marinelli-König und Nina Pavlova.

PIA BAYER

DIE SCHÜSSE VON SCHATTENDORF 1927 IM
SPIEGELBILD DER BURGENLÄNDISCHEN PRESSE

DAS BURGENLÄNDISCHE PRESSEWESEN

Das burgenländische Pressewesen zur Zeit der Ersten Republik wies die Besonderheit auf, daß es keine im Burgenland erscheinende Tageszeitung gab. Die burgenländischen Zeitungen waren fast ausschließlich Wochenblätter, die zumeist am Wochenende erschienen. Aus der Zeit der Monarchie stammten nur zwei Zeitungen: die „Oberwarther Sonntags-Zeitung" (seit 1879) und die „Güssinger Zeitung" (seit 1911). Während der ersten Jahre des neu entstandenen Bundeslandes wurden neun Wochenzeitungen ins Leben gerufen, von denen sich längerfristig allerdings nur die Parteizeitungen bzw. parteinahestehende Zeitungen halten konnten, alle anderen Blätter stellten ihr Erscheinen bereits nach kurzer Zeit wieder ein. Die Gesamtauflage der burgenländischen Wochenzeitungen zwischen 1923 und 1933 kann auf etwa 35.000 Exemplare geschätzt werden.[1]

Zur Betrachtung des Schattendorfer Ereignisses im Spiegelbild der burgenländischen Presse wurden vier Wochenblätter herangezogen: die „Burgenländische Freiheit", das Parteiorgan der Sozialdemokratischen Partei, die „Burgenländische Heimat", offizielles Sprachrohr der Christlichsozialen Partei, der „Freie Burgenländer", zwar als „unabhängige" Zeitung tituliert, war aber von großdeutschem Gedankengut geprägt, und die „Oberwarther Sonntags-Zeitung" als unabhängiges Pendant zu den Parteizeitungen.

Die Gründung des Wochenblattes „Burgenländische Freiheit – Sozialdemokratisches Landesorgan" ging auf einen Antrag Ludwig Lesers auf einer Landeskonferenz im September 1921 zurück. Die erste Ausgabe erschien am 19. November 1921. Vor allem aufgrund von Finanzierungsproblemen erschien die Zeitung bis Mitte April 1922 unregelmäßig, oft nur als zweiblättrige Beilage des niederösterreichischen Parteiorgans „Gleichheit". Ab 14. April 1922 erschien das Blatt wieder regelmäßig, wenn vorerst auch nur in zweiwöchigem Intervall. Als Parteiorgan war die „Burgenländische Freiheit" in erster Linie als Kampfblatt für die sozialdemokratischen Funktionäre gedacht. Interessanterweise wurden auch internationale Berichte gebracht soweit sie in Zusammenhang mit der Sozialdemokratie standen. Von Jänner 1925 bis März 1927 war Hans Bögl der verantwortliche Redakteur dieses Wochenblattes. 1934 wurde mit dem Verbot der Sozialdemokratischen Partei auch die „Burgenländische Freiheit" eingestellt.

Dem Christlichsozialen Lager standen ab 1922 als publizistische Organe das Blatt „Der Burgenländer – Das Organ des Christlichburgenländischen Bauernbundes" sowie das Zentralorgan der Partei, das „Burgenländische Volksblatt" zur Verfügung. 1923 wurden beide Blätter unter dem Titel „Burgenländische Heimat", ab 1. Jänner 1926 mit dem Untertitel „Wochenblatt für das christliche Volk" zusammengefaßt. Im Juni 1934 ging das Wochenblatt ins Eigentum des katholischen Preßvereins über.[2]

„Der Freie Burgenländer" war untrennbar mit der Person des Hans Ambroschitz verbunden. Ambroschitz, der innerhalb des „Ödenburger Heimatdienstes" die Abteilung „Presse und Propaganda" leitete, gab ab Mitte November 1921 den „Freien Burgenländer" – zunächst noch mit dem Untertitel „Mitteilungen des Ödenburger Heimatdienstes", ab Feber 1922 als „Unabhängiges Blatt für das Burgenland" – heraus. Wenn auch die Verbreitung dieses Wochenblattes im Ödenburger Abstimmungsgebiet selbst aufgrund der politischen Umstände nur spärlich war, repräsentierte diese Zeitung im übrigen Burgenland aber eine der ersten Gegenstimmen gegen die bisherige Dominanz der ungarischen Presse und Propaganda. Obwohl als „unabhängige" Zeitung tituliert, stand sie – vor allem durch die Person des Hans Ambroschitz – der Großdeutschen Partei nahe. Sie galt aber trotzdem als durchaus kritisch, sehr gut informiert und wurde auch häufig von Politikern anderer Couleur gelesen.[3]

In finanzielle Schwierigkeiten geraten, wurde der „Freie Burgenländer" 1930 vom Landbund übernommen – ein Schritt, den Hans Ambroschitz nicht mitmachen wollte und der daraufhin die Redaktion verließ. Ende Mai 1934 mußte auch der „Freie Burgenländer" seine Produktion einstellen.

Trotzdem die Herausgabe einer deutschsprachigen Zeitung im damaligen Westungarn nicht gerne gesehen wurde, gelang das Vorhaben, und nach der Herausgabe einer „Probenummer" am 1. Dezember 1879 zeigte sich ein so reges Interesse an Abonnements, daß ab 1. Jänner 1880 die „Oberwarther Sonntags-Zeitung" regelmäßig erscheinen konnte. Die Zeitung trug den Untertitel „Nichtpolitisches Wochenblatt für das gesamte Volksinteresse". Als Mitarbeiter fungierten vor allem Lehrer aus dem Bezirk Oberwart, die das Erscheinen einer Zeitung als großen kulturellen Fortschritt sahen.

Im 1. Weltkrieg, der das Problem von nur spärlich einlangenden Nachrichten mit sich brachte, sank die Auflage auf 2000 Exemplare. Bald nach Kriegsende stieg die Auflage auf 5000 Stück. Während der Zeit der Räterepublik in Ungarn wurde das Blatt als kommunistische Zeitung geführt, die Kontrolle wurde von einem Sowjetkommissär ausgeübt. Obwohl Ludwig Reiß, seit 1911 Eigentümer der Zeitung, von 1923 bis 1927 selbst christlichsozialer Mandatar des burgenländischen Landtages war, zeichnete sich das Blatt durch einen ausgesprochen unpolitischen Ton aus. Tagespolitik wurde kaum erwähnt. Schwerpunkt der Berichterstattung bildeten die Ereignisse des Oberwarter Bezirkes. Die „Oberwarther Sonntags-Zeitung" war die einzige der hier genannten Zeitungen des Burgenlandes, die auch während der NS-Zeit erschien.[4]

Beschäftigt man sich mit Zeitungen aus der damaligen Zeit, muß darauf hingewiesen werden, daß Zeitungen einen gänzlich anderen, weit höheren Stellenwert hatten als in der heutigen Telekommunikations- und Informationsgesellschaft. Die Zeitung war das wichtigste Informationsmedium. Fernsehen, Teletext, Telefax, E-mails und so weiter gab es nicht, der Besitz eines Telefons oder eines Radios setzte bestimmte finanzielle und infrastrukturelle Verhältnisse voraus, und auch das Kino war, gerade im ländlichen Bereich, nicht jedermann zugänglich. Somit lag die Vermittlung von Informationen, von Daten und Ereignissen zum größten Teil in den Händen der Zeitungen, und die Redakteure und Herausgeber waren sich dieser Machtposition durchaus bewußt – ein Umstand, der sich in zum Teil verantwortungslosen Umgang mit der Sprache widerspiegelt. Während sich die meisten heute erscheinenden Zeitungen – auch die Parteiblätter – eines eher moderaten Schreibstils bedienen, war die Sprache von damals, vor allem was die Parteiorgane betraf, kämpferisch und teilweise sogar aggressiv. In einer Zeit politischer, wirtschaftlicher und sozialer Unsicherheit, die geprägt war von Radikalismus, dem zunehmenden Auftreten paramilitärischer Verbände, von Parteienhaß und scheinbar unüberbrückbaren ideologischen Differenzen, sahen sich die Zeitungen veranlaßt, die bereits bestehende Kluft innerhalb der

Bevölkerung zu vergrößern und die Aggression und den Haß auf den politischen Gegner noch zu schüren. Man schrieb, um den Leser in seiner bereits vorgefaßten Meinung zu bestätigen.[5] Die verbale Gewalt in den Medien trug ihren Teil dazu bei, daß sich das politische Klima im Land dahingehend entwickelte, daß sich Ereignisse wie jenes in Schattendorf zutragen konnten.

DIE ERSTEN REAKTIONEN IN DER BURGENLÄNDISCHEN PRESSE

Die Ereignisse des 30. Jänner 1927 (eine detaillierte Schilderung ist im Kapitel von Gerhard Botz gegeben) in Schattendorf, denen Aufmerksamkeit und Bestürzung weit über die Grenzen des Burgenlandes hinaus zuteil wurden, ermahnte die burgenländischen Politiker aber gleichsam, den anstehenden Wahlkampf fair und besonnen zu führen und mit Ludwig Lesers Worten *„politische Gegensätze und den politischen Kampf mit geistigen Waffen auszugleichen."*[6] Darüber hinaus ahnte zu diesem Zeitpunkt noch niemand, daß die Beschuldigten freigesprochen werden würden.

Betrachtet man die ersten Ausgaben der vier Wochenblätter nach dem Schattendorfer Ereignis zunächst nur optisch, dem Umfang der Berichterstattung gemäß, fallen bereits interessante Unterschiede auf: Während erwartungsgemäß die „Burgenländische Freiheit" das Thema Schattendorf zum Schwerpunkt macht und dafür inklusive dem Titelblatt fast drei ganze Seiten aufwendet, findet man in der „Burgenländischen Heimat", im Parteiorgan der Christlichsozialen und somit des politischen Gegners, einen nicht einmal zwei Spalten langen Bericht erst auf Seite vier. Der „Freie Burgenländer" widmet dem Vorfall inklusive eines politischen Leitartikels zum Thema Schattendorf von Hans Ambroschitz seine Titelseite, während die „Oberwarther Sonntags-Zeitung" sich auf Seite drei im wesentlichen auf die Wiedergabe des amtlichen Berichts beschränkt und somit dem Thema nicht ganz eine Spalte widmet. Erklärend sei hinzugefügt, daß es sich bei allen vier Wochenblättern um Großformate handelt, wobei eine Seite in drei Spalten aufgegliedert war:

Die „Burgenländische Freiheit"

Bevor die eigentliche Berichterstattung der „Burgenländischen Freiheit" auf Seite 1 beginnt, stehen als Art Überschrift oder Einleitung vorangestellt die Namen der beiden Verunglückten mit großen, fetten Lettern von einem breiten, fettgedruckten Rahmen umgeben.

Von Mörderhand meuchlings ums Leben gebracht, wurden in Schattendorf am Sonntag den 30. Jänner 1927

Genosse Matthias Csmarits

Ein treuer Arbeiter seit frühester Jugend. Erst 34 Jahre alt, wurde er aus unserer Mitte gerissen. Im Kriege wurde er in Rußland dreimal schwer verletzt. Frau und Kind trauern an seiner Bahre.

Josef Grössing

Schüler der 1. Volksschulklasse, der Sohn eines A r b e i - t e r s , erhielt bei demselben Überfall einen Herzschuß, der das junge Leben mit einem Schlage beendete.
Toternst, tieftraurig, aber auch entschlossen, den Toten Genugtuung zu schaffen, stehen wir vor den offenen Gräbern."[7]

Es folgt der erste Artikel betitelt: „Der Meuchelmord von Schattendorf":

„*Frontkämpfer haben in Schattendorf unseren Genossen C s m a - r i t s und ein 8jähriges Eisenbahnerkind erschossen. Mitten in der Ortschaft steht ein massives Haus, das wie eine kleine Burg aus den Reihen der kleinen Bauernhäuser emporragt. Fast in der Höhe eines Stockwerkes zwei eisenverschlagene Fenster, feste Mauern, der Eingang durch ein wuchtiges Tor versperrt. 200 Leute hätten nichts daran, auch wenn sie es mit Waffen stürmen wollten. Dort drin saßen die Mörder.*" Und der Artikel fährt fort: „*Zwischen den eisernen Stäben des Gitters lugten ihre Mordwaffen heraus. Sie schossen als unsere Schutzbundtruppe schon vorübermarschiert und außer Sicht war …*

*Mitten auf der Straße sank der 8jährige G r ö s s i n g ins Herz getrof-
fen zusammen, am Rande des Straßengrabens traf den Gen. Csmarits
der tödliche Schuß am Hinterkopf. Sich an einen Baum klammernd
starb er und sank in den Straßengraben.*" Im weiteren Verlauf finden
sich mehrmalige Aufrufe gegen *„verschworene magyarische Mörderbanden"* und die Forderung *„Schluß mit der Frontkämpferei!"*[8]

Anhand dieses Textes lassen sich folgende charakteristische
Merkmale der sozialdemokratischen Berichterstattung feststellen:
das häufig verwendete Wortbildungselement „Mord"- bzw.
„Mörder"- (Mörderhand, Mörderbanden, Mörderorganisation,
Kindesmördern, Mördergruben usw.) und somit die Unterstel-
lung, daß die Tötung der beiden Personen vorsätzlich begangen
wurde, zusätzlich noch verstärkt durch das Wort „Meuchel"- bzw.
„meuchlings", das die Tat noch hinterhältiger beschreibt und weiter
negativ verstärkt. Die Identifikationsformeln „Genosse", „Arbeiter"
und „wir" erzeugen beim Leser zusätzliche Betroffenheit und verstärken den Solidaritätsgedanken. Darüber hinaus ist dieser Text
ein Beispiel für den gezielten Einsatz von Sprache: eine überaus
aggressive Wortwahl, im Zusammenhang mit den Frontkämpfern
gleichzeitig aber rührselig, wenn die Sprache auf das tote Kind
kommt, *„du ermordetes kleines Proletarierkind"*[9] dramatisch, wenn
es um Forderungen und Androhungen geht: *„Es darf sich im Burgenland ungestraft kein Frontkämpfer zeigen. So muß es sein!"*[10]
Inhaltlich beginnt der Text mit der Beschreibung des Gasthofes
Tscharmann, aus welchem die Schüsse abgegeben wurden. Das
Gasthaus wird gleichsam als Festung beschrieben. Diese Textstellen suggerieren, daß der Gasthof uneinnehmbar, somit die Argumentation der Frontkämpfer, aus Angst und Notwehr gehandelt zu
haben, hinfällig sei, und spricht gleichsam die Schutzbündler von
jeglicher Art der Provokation frei – denn einem „Angriff auf diese
Festung" wäre ohnehin kein Sieg beschienen gewesen.

Die Textpassage, die mit der Forderung *„Schluß mit der Frontkämpferei"* eingeleitet wird, zeichnet sich durch eine überaus aggressive und kämpferische Diktion aus. Das Wortelement „Mord"
wird in den verschiedensten Variationen achtmal verwendet. Die
Frontkämpferei wird als *„Brutstätte des Mordes und Hochverrates"*
und als *„Seuche"* bezeichnet, der Staat wird zur *„Säuberung der
Mordstätten"* aufgerufen, denn seine Pflicht ist die *„Sicherung
des Lebens."*[11] Die Tatsache, daß in Schattendorf auch ein Kind
erschossen worden ist, verstärkt bei den Sozialdemokraten zusätz-

lich die Forderung, endlich gegen die Frontkämpfer hart vorzugehen und wird gleichsam propagandistisch als Druckmittel eingesetzt: *„Wir wollen sehen, ob es eine Partei im Burgenland gibt, die
schützend ihre Hand über das Haupt von Kindesmördern legt.“*[12] Am
Ende des Textes steht eine offene Drohung, eine Ankündigung, die
Sache selbst in die Hand zu nehmen, sollte keine Reaktion seitens
der Behörden erfolgen.

Ebenfalls auf Seite 1 befindet sich ein Aufruf betitelt: „Die
Bluttat“

„Genossen und Genossinnen!

*Wieder sind Blutopfer der Arbeiterklasse gefallen. Die Mörder-
bande der Frontkämpfer haben unseren Genossen, den Kriegsinvaliden Csmarits, haben das Kind unseres Eisenbahnergenossen Grössing
meuchlerisch ermordet.“* Und dann beschwörend: *„Die burgenländischen Frontkämpfer sind Spione Horthys im Burgenland. Sie sind die
Mitverschworenen der magyarischen Organisationen, die das deutsche Burgenland wider seinen Willen von unserer Republik losreißen,
Ungarn wiedergewinnen wollen.“*[13]

Der erste Satz dieses Appells vermittelt mit dem Prädikat „sind
gefallen“ den Eindruck, daß in Schattendorf eine Schlacht statt-
gefunden habe. Der Ausdruck „Blutopfer“ verleiht dem Ganzen
zusätzlich eine sakrale Note.[14] Während im vorangegangenen Text
die Abschaffung der Frontkämpferei noch mit Hilfe des Staates
massiv gefordert wird, geht man jetzt einen Schritt weiter und
spricht diverse Beschuldigungen aus: den Frontkämpfern wird vorgeworfen, mit dem ungarischen Horthy-Regime zusammenzuar-
beiten, was zu dem Schluß führt, es handle sich bei der Frontkämpferbewegung um eine „hochverräterische Organisation“. Das
Feindbild der Sozialdemokraten wird weiter durch die Begriffe
„Spione“, „Mitverschworene“, „magyaronisch“ verstärkt. Während
zunächst noch davon gesprochen wird, daß die Bundesregierung,
die Christlichsoziale Partei, ihre Hände schützend über die Hochverräter gegen die Republik halte, wird im nächsten Satz behauptet, sie „unterstütze“ diese sogar, um schließlich zu argumentieren,
sie stelle sich „an die Seite der Mörder.“[15]

An dieser Stelle muß ergänzt werden, daß von offizieller Seite
eine Beteiligung der ungarischen Irredenta[16] an den Ereignissen in
Schattendorf stets dementiert wurde, so zum Beispiel vom burgenländischen Landeshauptmann Rauhofer *„was die hochverräterischen
Umtriebe im Lande betrifft, so erklärte er, daß es im burgenländi-*

schen Volke keine Irredenta gibt"[17], sowie Landeshauptmannstellvertreter Leser: *„Wir sind in einem Lande, wo es keine Irredenta
gibt.*"[18] Auch Ungarn erhob gegen diese Anschuldigungen Protest.[19] Was den Vorwurf der Unterstützung für die Frontkämpferbewegung an die Adresse der Christlichsozialen betrifft, brachte
dies Leser auf den Punkt: *„Ich mache Ihnen von der burgenländischen christlichsozialen Partei nicht den Vorwurf, daß sie die Frontkämpfer in das Burgenland hereingebracht haben, aber es ist eine
geschichtliche Tatsache ... daß Herr Landeshauptmann Rauhofer ...
nicht imstande gewesen ist, durch irgendwelche gesetzlichen Maßre-
geln die Weiterentwicklung der Frontkämpfer zu verhindern.*"[20]

Während die erste Seite der „Burgenländischen Freiheit" sehr
emotional und polemisch gehalten ist, beginnt die eigentliche
Berichterstattung über die Ereignisse des 30. Jänner 1927 in Schattendorf erst auf Seite 2, bezeichnenderweise mit der Überschrift:
„Wie der Mord geschah." Einleitend wird festgehalten: *„Die Frontkämpfer hatten bereits Tage vorher in der Bevölkerung die Gerüchte
ausgestreut, daß sie nach Schattendorf kommen und es den Sozialdemokraten zeigen werden.*"[21]

Der erste Zwischenfall am frühen Nachmittag wird derart dargestellt, daß die vom Wirtssohn abgegebenen Schüsse eine unmittelbare Reaktion auf das bloße Betreten des Gasthofes durch
Schutzbündler gewesen seien: *„ ... ging ein Teil der Schutzbündler
in das Gasthaus, um sich Erfrischungen zu kaufen. Auf einmal gab
der bekannte Frontkämpfer Tscharmann aus einem Jagdgewehr im
Nebenraum zwei scharfe Schüsse ab.*"[22] Unerwähnt bleibt, daß es
bereits hier zu einem heftigen Wortwechsel und zu Handgreiflich-
keiten gekommen war.

Der zweite Vorfall am Bahnhof wird nur kurz beschrieben:
*„Mit dem Zug und aus der Gegend Loipersbach kamen tatsächlich
Frontkämpfer angerückt, es kam zu einer Schlägerei, bei der nicht
geschossen wurde.*"[23] Die Schilderung des Bahnhof-Vorfalls bleibt
äußerst vage, die Schlägerei wird erwähnt, nicht aber die Tatsache,
daß aufgrund einer zahlenmäßigen Überlegenheit der Zuzug der
Frontkämpfer ins Dorf tatsächlich vermieden wurde. Unerwähnt
bleibt auch, daß man Oberst Hiltl am Bahnhof erwartet hatte.
Explizit wird darauf hingewiesen, daß keine Schußwaffen verwendet wurden.

Der eigentliche Vorfall wird als „Überfall" folgendermaßen
dargestellt: *„Übereinstimmend gaben alle Zeugen: Schutzbündler,*

Bauern, Frauen an, daß ohne irgendeinen Grund aus dem Gasthaus Tscharmann blind in die Menschenmenge geschossen worden war. Daß dies ein feiger und wohlüberlegter Überfall war, ist schon daraus zu ersehen, daß im Gasthaus Tscharmann am Hause selbst kein einziges Fenster eingeschlagen wurde." Auch dieses Mal bleiben die verbalen Provokationen der eigenen Seite, die Steinwürfe gegen das Gasthaus und der Versuch einiger Schutzbündler, in den Gasthof einzudringen, unerwähnt. Interessant ist die Behauptung, „daß die Schutzbündler, wie immer waffenlos waren", da von den Gegnern behauptet wurde, daß auch die Schutzbündler geschossen hätten. Tatsache aber bleibt, daß am Gasthaus selbst keine Schußspuren nachgewiesen werden konnten und auch die Fenster völlig unbeschadet geblieben waren. Übereinstimmend wird, laut „Burgenländischer Freiheit", von allen Beteiligten konstatiert, daß „da die Schutzbündler wie immer waffenlos waren, von der Seite der Sozialdemokraten nicht ein Schuß abgegeben wurde."[24]

Ein dritter umfangreicher Teil beschäftigt sich mit den Reaktionen auf das Schattendorfer Ereignis und schildert von einer großen Versammlung in Neufeld am 31. Jänner: „Eine volle halbe Stunde, von halb elf bis elf Uhr, heulten die Sirenen zum Protest gegen die schaurige Tat von Schattendorf. Um 11.00 Uhr waren auf dem Hauptplatz von Neufeld sechstausend Männer und Frauen versammelt", und der Artikel spricht weiter von „Herden wild lodernder Leidenschaft, die sich nicht eher wieder legen wird, bis nicht Gewähr gegeben ist, daß es ein zweites Schattendorfer Blutbad im Burgenland nicht mehr geben kann."[25]

Interessant ist, daß dagegen das Begräbnis und der 15 Minuten dauernde Generalstreik nur kurz im Zuge des Aufrufs auf Seite 1 erwähnt werden. Auch in den nächsten Ausgaben der „Burgenländischen Freiheit" bleibt das Thema Schattendorf Schwerpunkt der Berichterstattung. Die Ausgabe vom 11. Feber 1927 widmet dem Thema über vier Seiten. Im Vordergrund stehen die Landtagssitzung vom 8. Feber, wobei die von Landeshauptmannstellvertreter Leser gehaltene beeindruckende Rede in voller Länge (über zwei Seiten) abgedruckt ist sowie die Nationalratssitzung vom 3. Feber, auf der es zu heftigen Wortwechseln zwischen Sozialdemokraten und Christlichsozialen gekommen war. Unter dem Titel „Die österreichische Arbeiterschaft ehrt die Opfer von Schattendorf" wird ein ausführlicher Bericht gebracht über die Begräbnisse, die eine beeindruckende Demonstration der Arbeiterschaft waren: „*Waren es 15.000? Waren es 20.000? Man konnte sie nicht zählen. Wir wissen nur, daß Ungezählte gekommen waren zu bezeugen, daß Arbeiterleben kein Spielzeug mehr sind.*"[26]

Auch in der Ausgabe vom 18. Feber 1927 findet sich das Thema Schattendorf unter dem Titel: „Der burgenländische Landtag. Im Zeichen des Schattendorfer Mordes" auf der Titelseite. Noch einmal wird die Landtagssitzung vom 8. Feber 1927 behandelt. Während in der vorangegangenen Ausgabe die Rede Lesers in vollem Wortlaut wiedergegeben wurde, wird nun die Stellungnahme der bürgerlichen Partei, und zwar jene des Landeshauptmanns Rauhofer, abgedruckt. Betrachtet man, in welchem Umfang Landtags- und Nationalratssitzungen behandelt werden, daß Reden teilweise in vollem Wortlaut wiedergegeben werden, so kann man daran erkennen, wie wichtig es der „Burgenländischen Freiheit" war, ihre Funktionäre über das politische Tagesgeschehen, über politische Meinungsbildung zu informieren.

Die „Burgenländische Heimat"

Das Parteiorgan der Christlichsozialen Partei betitelt ihren Bericht mit: „Ein blutiger Sonntag in Schattendorf! Zwei Todesopfer und mehrere Verletzte" und bleibt damit relativ sachlich. Einleitend beginnt der Bericht mit einem Rückblick:

„*Seit geraumer Zeit ist die Spannung zwischen den Frontkämpfern und republikanischen Schutzbündlern, besonders im Gebiete um Mattersburg, äußerst groß ...*" Und weiter: „*... Für diesen Sonntag hatten die Frontkämpfer nach Schattendorf eine Versammlung einberufen. Es war kein geringer Leichtsinn, für dieselbe Zeit eine schutzbündlerische Versammlung austrommeln zu lassen. Ein Zusammenstoß oder Überfall war doch unschwer vorauszusehen. Allein man ließ dem kommenden ... Unglück einen ungehemmten, freien Lauf.*"[27]

Somit spielt die „Burgenländische Heimat" die Verantwortung für den Vorfall den Schutzbündlern zu. Hätten diese nicht für den selben Tag eine Versammlung angesetzt, wäre das „Unglück" nicht passiert. Es wird somit den Sozialdemokraten vorgeworfen, durch eigenes Verhalten die Ereignisse heraufbeschworen zu haben. Der Abdruck der amtlichen Darstellung endet mit dem Hinweis, daß der Tathergang noch nicht genau rekonstruierbar sei. Unerwähnt in diesem Bericht bleibt der erste Vorfall, wonach es bereits am frühen Nachmittag, als die Schutzbundtruppen Richtung Bahnhof zogen, einige von ihnen ausscherten und ins Gasthaus Tscharmann gingen, zu einer Auseinandersetzung kam und in diesem Zusammenhang bereits die ersten Schüsse – von Wirtssohn abgegeben – fielen, wenn auch zunächst nur als Warnung beziehungsweise zur Alarmierung der Gendarmerie.

Unvollständig bringt der Bericht die Ereignisse am Bahnhof, wo es nicht nur zu Reibereien mit jenen Frontkämpfern kam, die mit dem Zug in Schattendorf eintrafen – dabei handelte es sich ohnehin nur um eine kleine Gruppe von etwa 10 Mann –, sondern wo es bereits zuvor zu einer Schlägerei mit aus Loipersbach kommenden Frontkämpfern – etwa 40 Mann – gekommen war. Die Beschreibung, daß *„auf dem Wege nach Schattendorf mehrere Schüsse aus der Ortschaft gehört wurden"* steht im Widerspruch zum zeitlichen Ablauf, da die Schüsse erst abgegeben wurden, nachdem bereits der Großteil der Schutzbündler das Gasthaus Tscharmann passiert hatte. Interessant ist, daß in diesem Bericht noch keine Namen der mutmaßlichen Täter genannt werden, auch über deren Verhaftung nichts erwähnt wird und von weiteren Verletzten keine Rede ist.

Anschließend wird ein Bericht eines Augenzeugen wiedergegeben, der mit den Vorfällen am Bahnhof beginnt: *„Als die Frontkämpfer dort ausstiegen, stand schon vor dem Bahnhof eine starke, uniformierte Abteilung des Republikanischen Schutzbundes ... Da brachen sämtliche Schutzbündler wie auf Kommando mit einem Pfuigeheul los ... schnallten ihre Leibriemen ab, zum Teil benützten sie auch Schlagriemen und hieben auf die Frontkämpfer ein."* Und weiter: *„Hierbei wurde Hauptmann Seifert erheblich verletzt, ebenso zwei weitere Frontkämpfer, von denen einer schwere Hiebwunden am Kopf davon trug."*[28]

Interessanterweise berichtet dieser Augenzeuge den Vorfall am Bahnhof in umgekehrter Reihenfolge, daß zuerst die Frontkämpfer mit dem Zug aus Mattersburg und dann erst die Loipersbacher Frontkämpfer am Bahnhof eingelangt seien. Die Auseinandersetzung mit der kleinen Gruppe auswärtiger Frontkämpfer wird als überaus brutal beschrieben *„etwa drei Dutzend Schutzbündler stürzten sich auf wenige Frontkämpfer"* und gebrauchten dazu auch ihre Leibriemen und Schlagriemen – auch von Revolverschüssen ist im Artikel die Rede. Den weiteren Ereignissen dieses Tages werden nur mehr ein paar Zeilen gewidmet. Der Bericht der „Burgenländischen Heimat" bleibt oberflächlich und ungenau. Besonders Einzelheiten, die für die Frontkämpfer unangenehm sind, werden überhaupt nicht erwähnt.

Beispielsweise stellt sich nicht die Frage, ob die Schüsse voreilig abgegeben wurden, zumal man über die Bewaffnung der Schutzbündler nicht Bescheid wußte. Unerwähnt bleibt, daß bereits beim ersten Vorbeimarsch der Schutzbündler am Gasthaus Tscharmann Schüsse fielen beziehungsweise daß Schußwaffen im Gasthof vorbereitet waren. Die *„verhängnisvollen Schüsse aus dem Gasthause"* werden als eine Art Verteidigung des Gebäudes gesehen gegenüber der Gruppe Schutzbündler, die ins Gasthaus einzudringen versuchten. Die Tat selbst wird eher als Mißgeschick hingestellt, was sich in der Wortwahl „Unglück", „verhängnisvolle Schüsse" äußert.

Resümierend läßt sich feststellen, daß der Bericht sprachlich neutral verfaßt ist – nicht zu vergleichen mit der kämpferischen und polemischen Art der „Burgenländischen Freiheit" – die politische Bedeutung beziehungsweise die politische Brisanz des Vorfalls bleibt aber unreflektiert. In der nächsten Ausgabe der „Burgenländischen Heimat", vom 11. Feber 1927, findet sich das Thema Schattendorf auf der Titelseite: einerseits in Form eines Kommentars zur Rede Lesers im Landtag, andererseits in Form der Berichterstattung vom Landtag und Nationalrat.

„Der Freie Burgenländer"

Der Freie Burgenländer gibt seinem Leitartikel die Überschrift: „Ein blutiger Sonntag im Burgenland. Zusammenstoß zwischen Frontkämpfern und republikanischem Schutzbund in Schattendorf – zwei Tote". Als Einleitung wird versucht, dem Leser den Grund, die historischen Wurzeln, die zum Zusammenstoß dieser beiden Organisationen führten, verständlich zu machen: *„Seit der ungarischen Kommunistenherrschaft der Bela-Kun-Leute im Jahre 1919 ... bestehen zwischen den Sozialdemokraten, die sich damals ganz in den Dienst des Kommunismus gestellt hatten, und einen Großteil der bäuerlichen Bevölkerung tiefe Gegensätze, die schon bei verschiedenen Anlässen zu unliebsamen Zwischenfällen führten. Besonders groß ist der Gegensatz zwischen Frontkämpfern und republikanischen Schutzbündlern."* [29]

174

Im Anschluß daran werden die beiden amtlichen Darstellungen der burgenländischen Landesregierung abgedruckt. Nachdem die erste Darstellung – wie auch in der „Burgenländischen Heimat" veröffentlicht – mit dem Hinweis endet, daß der Tathergang noch nicht genau rekonstruierbar sei, gibt die zweite amtliche Darstellung eine vollständige Beschreibung der Ereignisse. Einleitend kommt noch einmal die Sprache auf den Zwischenfall am Bahnhof und es wird explizit festgehalten, daß keine Schüsse abgegeben wurden. Der Vorfall mit tödlichem Ausgang vor dem Gasthaus Tscharmann wird darin mit folgenden Worten geschildert: *„Tatsächlich wurden vor dem Hause drei Steine gefunden, und an der Hauswand selbst Spuren von Steinwürfen festgestellt. Hingegen konnten Schießspuren dort nicht wahrgenommen werden ... Die Schüsse wurden abgegeben, gerade als die letzte Reihe der Schutzbündler an dem Hause des Tscharmann vorbeimarschierte. Nach den Schüssen stob alles in die umliegenden Häuser auseinander. Zu weiteren Ausschreitungen ist es nicht gekommen."*[30]

Mit der Wiedergabe der amtlichen Berichte und dem Vermeiden von Augenzeugenberichten bleibt der „Freie Burgenländer" bei seiner Berichterstattung sachlich und neutral. Auch über die Begräbnisse der Opfer wird ausführlich, emotions- und wertfrei berichtet allerdings mit der Feststellung: *„... von sozialdemokratischer Seite wurde allerdings der Trauerfeier das Gepräge einer Parteidemonstration verliehen."*

Im Zusammenhang mit dem Begräbnis des Jungen wird ein überaus interessantes Detail erwähnt, und zwar, daß der Abtpfarrer Köppl aus Mattersburg die Einsegnung vornahm, *„der Ortspfarrer Kleindl hatte sich in Befolgung eines ihm gegebenen Rates entfernt."* Daß dem Ortspfarrer empfohlen worden war, das Begräbnis nicht selbst abzuhalten, hatte zwei Gründe: zum einen bestanden verwandtschaftliche Bande zu den Tscharmanns – die Frau des Wirtssohnes Josef Tscharmann war die Nichte des Pfarrers Kleindl –, zum anderen war bekannt, daß der Pfarrer ein Sympathisant der Frontkämpferbewegung war. Karl Renner führte dazu in der Nationalratssitzung vom 3. Feber an: *„Es ist bekannt, daß die irredentistischen Kreise von Schattendorf durch ihren Pfarrer mit den ungarischen Formationen in Oedenburg in unmittelbarer Verbindung stehen ..."*[31] Die Behandlung des Schattendorfer Ereignisses im Nationalrat, wo es zu tumultartigen Szenen gekommen war, wird im „Freien Burgenländer" nur kurz erwähnt. Und obwohl Ambroschitz in den beiden politischen Leitartikeln seine Kritik immer in gleicher Weise an die Sozialdemokraten wie auch an die Christlichsozialen gerichtet hat, kann er es sich nun nicht verkneifen, die Sozialdemokraten für die heftigen Wortwechsel im Nationalrat zu beschuldigen.

Die „Oberwarther Sonntags-Zeitung"

Die „Oberwarther Sonntags-Zeitung" betitelt ihren Bericht über das Schattendorfer Ereignis mit „Ein blutiger Sonntag". Einleitend wird – da es sich um eine Zeitung des südlichen Burgenlandes handelt – die Lage Schattendorfs als *„bei Loipersbach, an der Eisenbahn Mattersburg-Oedenburg"* beschrieben. Es folgt eine kurze Zusammenfassung, daß es anläßlich einer Frontkämpferversammlung zu Zusammenstößen zwischen Frontkämpfern und Angehörigen des Republikanischen Schutzbundes gekommen ist, wobei auch Schüsse gefallen sind, welche zwei Todesopfer gefordert haben. *„Die Toten sind der Kriegsinvalide Matthias Zmaria und der achtjährige Knabe Alexander Grössing, beide aus Schattendorf."*[32] Interessant ist, daß beide Namen falsch geschrieben und beide als Schattendorfer bezeichnet werden, obwohl im Anschluß der amtliche Bericht abgedruckt ist, worin es wörtlich heißt: *„…wurden mehrere Schüsse abgegeben, denen zwei Personen und zwar Matthias Zmaritsch aus Klingenbach und der siebenjährige Schulknabe Josef Grösing aus Schattendorf zum Opfer fielen."*[33]
Mittels der ausschließlich amtlichen Mitteilung über den Vorfall erhält der Leser einen unvollständigen Bericht. Man erfährt nichts Genaueres, wann sich der Vorfall zugetragen hat, wer und wieviele geschossen haben, ob es weitere Verletzte gibt, und im Grunde wird auch nichts darüber erwähnt, welcher Seite die Opfer zuzurechnen sind – ob es für die Leser des Oberwarter Bezirkes eindeutig war, daß der Kriegsinvalide aus Klingenbach ein Schutzbündler und der Knabe aus Schattendorf das Kind eines sozialdemokratischen Arbeiters ist, bleibt dahingestellt. Die Berichterstattung ist sprachlich neutral, bleibt aber unvollständig und teilweise schlecht recherchiert. Die einzige neue Information bekommt der Leser durch das Zitat Seipels, wo es heißt *„Die mutmaßlichen Täter sind verhaftet."*[34] Die „Oberwarther Sonntags-Zeitung" widmet dem Schattendorfer Ereignis mit Abstand am wenigsten Aufmerk-

samkeit – möglicherweise liegt das geringere Interesse auch an der räumlichen Entfernung. Die gesamte Berichterstattung reduziert sich auf amtliche Mitteilungen und Redeausschnitten. Der Verfasser der Artikel bezieht selbst nicht Stellung – es gibt keine Beschuldigten, keine Parteinahme, keine Beschimpfung oder unsachliche Argumentation. Eine genaue Rekonstruktion des Ereignisses bleibt die Zeitung aber schuldig.

DIE BERICHTERSTATTUNG ÜBER DEN „SCHATTENDORF-PROZESS"

Die „Burgenländische Freiheit"

Beinahe pathetisch leitet die „Burgenländische Freiheit" den ersten Artikel betitelt „Schattendorf" in ihrer Ausgabe vom 8. Juli 1927 ein: *„Die schweren Tage von Schattendorf stehen gegenwärtig vor dem Schwurgericht in Wien in Verhandlung. Diese Verhandlung … reißt nicht nur die kaum verharschten Wunden von Schattendorf neuerlich auf, sie erinnern uns an all die Opfer, die die Arbeiterschaft dem Hakenkreuz, das den besonderen Schutz der bürgerlichen Republik genießt, verdankt. Es erinnert uns aber der jetztige Prozeß daran, wie billig die Arbeiterblutvergießer für ihre Taten davonkommen."* [35]

An dieser Stelle sei erwähnt, daß politische Zusammenstöße zwischen Rechtsradikalen und sozialdemokratischen Arbeitern schon vor „Schattendorf" zum Tod von vier Menschen geführt hatten. Dabei waren die Todesopfer ausschließlich auf Seite der Sozialdemokraten zu beklagen und die Bestrafung der Täter, mit nur geringen Geldstrafen, fiel überaus mild aus. Kein Wunder also, wenn man den Ausgang des Prozesses seitens der Sozialdemokraten mit größter Aufmerksamkeit verfolgte. Denn einerseits war das Gerechtigkeitsgefühl der politisch bewußten Arbeiter bereits mehrfach verletzt, mißachtet und dadurch angespannt und herausgefordert, andererseits verstärkte die Tatsache, daß es sich bei den Toten von Schattendorf um solche Mitglieder der Gesellschaft handelte, die eine besondere Schutzstellung benötigen – Kinder und Kriegsinvalide – den Wunsch, dieses Mal ein exemplarisches Urteil zu fällen. [36]

Nachdem im Artikel alle vier Arbeitermorde beschrieben werden, wird „*als nächste Schandtat in dem schon großen Mordregister arbeiterfeindlicher Elemente ... der Schattendorfer Kindes- und Arbeitermord*" verzeichnet. Dabei bleibt die „Burgenländische Freiheit" bei ihrer Behauptung, daß es sich in Schattendorf um Mord gehandelt habe. „*Vor den Geschworenen stehen jetzt die beiden Gastwirtssöhne Josef und Hieronymus Tscharmann und der 21jährige Hilfsarbeiter Johann Pinter, die die tödlichen Schüsse abgegeben haben, und müssen sich verantworten wegen Verbrechens der öffentlichen Gewalttätigkeit.*" Dann kommt der Hinweis: „*Man hat aber vergessen, jene mitanzuklagen, die mitbelastet sind an den Schattendorfer Ereignissen, die Regierung, die die Hakenkreuzverbände nicht nur geduldet, sondern auch gefördert und keines ihrer Verbrechen entsprechend gemaßregelt hat.*"[37] Mit dieser Aussage weiten die Sozialdemokraten die Verschuldensfrage von den Frontkämpfern auch auf die Bundesregierung aus, die die Forderung der Sozialdemokraten nach Auflösung der rechten Wehrverbände stets ignoriert hatte.

Der Beitrag zum Thema „Schattendorf" in der Ausgabe vom 15. Juli 1927 beschäftigt sich einleitend kurz mit der Anklage bzw. den Angeklagten. Aus der Anklageschrift wird zitiert, daß die Brüder Josef und Hieronymus Tscharmann sowie Johann Pinter „*als Mittäter in gemeinsamen Einverständnis durch aus Bosheit unternommene Handlungen*" setzten, indem sie mehrmals Schüsse aus Jagdgewehren abfeuerten, die Leben und körperliche Sicherheit für Menschen gefährdete. „*Die Beklagten gaben im Verhöre zu, geschossen zu haben, jedoch nicht in der Absicht, jemanden zu töten oder zu verletzen. Die Zeugenaussagen beweisen aber, daß schon viele Stunden vor dem Ereignis Waffen und Munition vorbereitet waren. Keiner der Angeklagten konnte angeben, daß sie von den Schutzbündlern tätlich angegriffen wurden, sie redeten sich auf Angstgefühle aus.*"[38] Die in dieser Form gebrachte Zusammenfassung vermittelt dem Leser die Meinung, daß man dieses Mal mit einer Verurteilung rechnen könne: Denn die Angeklagten geben die Schüsse zu, offensichtlich war durch die vorbereiteten Waffen die Tat von langer Hand geplant und aufgrund dessen, daß die Angeklagten nicht persönlich von Schutzbündlern angegriffen worden waren, wird das Argument, aus Angst gehandelt zu haben, nicht zugelassen.

Anschließend kommt die Sprache nochmals auf das Thema „Republikanischer Schutzbund und Frontkämpferbewegung". Es wird explizit darauf hingewiesen, daß die Gründung des Republikanischen Schutzbundes im Burgenland ausschließlich eine Reaktion auf das Vorhandensein der Frontkämpferbewegung und deren *„immer ungebändigter werdenden Terrorakte"* im Lande war. Unmittelbar daran wird die burgenländische Frontkämpferbewegung beinahe wieder entlastet, indem man Zeugenaussagen erwähnt, die besagen, daß *„die Aufträge zu den verschiedenen unliebsamen Vorkommnissen nicht ihrem Willen, sondern von Wien gekommen seien. Erwähnenswert ist auch die Aussage einzelner Frontkämpfer, daß sie sich nur aus Geschäftsrücksichten zu den Frontkämpfern bekannt hätten."*[39] Damit sehen sich die Sozialdemokraten wieder bestätigt, daß die Frontkämpferei von außen – von Wien – ins Burgenland „verpflanzt" wurde. *„Die Zeugenaussagen der Frontkämpferfreunde stellten zum Teil Behauptungen auf, daß die Schutzbündler auch geschossen hätten, andere ihrer Leute behaupten, daß sie nichts gesehen hätten. (Letzteres ist auch die einzige Möglichkeit, da die Schutzbündler bei ihren Zusammentreffen keinerlei Waffen bei sich haben.)"*[40]

Damit wird das überaus heikle Thema angeschnitten, ob die Schutzbündler über Schußwaffen verfügt und von diesen Gebrauch gemacht haben. Und die Sozialdemokraten bleiben bei ihrer Behauptung, ihre Zusammenkünfte immer unbewaffnet abzuhalten. Abschließend wird noch die Stimmung im Gerichtssaal beschrieben, daß der Vorsitzende der Gerichtsverhandlung wiederholt die im Saale anwesenden Zuhörer ermahnen mußte, von Beifallskundgebungen für frontkämpferische Zeugen oder Hohngelächter zu den Ausführungen sozialdemokratischer Zeugen Abstand zu nehmen. Interessant ist die Behauptung: *„Die Zuhörer sind nämlich zum großen Teil Frontkämpfer. Sozialdemokraten müssen arbeiten und können daher nicht so zahlreich erscheinen."*[41] Diese Aussage hat beinahe den Charakter einer Entschuldigung dafür, daß das Publikum zum größten Teil aus Frontkämpfern bestand, die sich teilweise derart gerierten, daß der Vorsitzende des Gerichts an manchen Tagen mehrmals die Räumung des Saales androhte – durchführen ließ er sie allerdings nie. *„Eines bezeichnenden Zwischenfalles soll nicht vergessen werden. Während der Zeugeneinvernahme lachten zwei Geschworne voll und breit auf, sodaß der Vertreter der Privatbeteiligten, Doktor Reichard, den Gerichtshof ersuchen mußte, die Geschwornen zu belehren, daß die Geschwornen nicht zu lachen und sich gegenseitig zuzunicken haben, wenn die Zeugen etwas gegen Sozialdemokraten vorbringen."*[42]

Nach Bekanntwerden des Urteils schlägt der Ton sofort um: *„Die Schurken, die am 30. Jänner 1927 in Schattendorf den Gen. Csmarits und den kleinen Grössing aus feigem Hinterhalte erschossen hatten, wurden am 14. Juli 1927 vom Schwurgerichte in Wien freigesprochen … Warum wurden aber die Schattendorfer Verbrecher freigesprochen? Weil die Totgeschossenen Sozialdemokraten waren und die meisten Geschwornen Christlichsoziale!"* Und weiter heißt es: *„Das ist das Aufreizende, das unsagbar Empörende an dem Urteil, daß es diktiert ist vom borniertesten, bestialischen Haß gegen die Arbeiter."*[43]

Die „Burgenländische Freiheit" sieht den Freispruch als klare Folge der Tatsache, daß hier mehrheitlich Christlichsoziale über Sozialdemokraten geurteilt haben. Die Ursache für das Urteil liegt für die Sozialdemokraten somit weniger im juristischen als vielmehr im politischen Bereich, was sich auch durch die Äußerung *„borniertesten, bestialischen Haß gegen die Arbeiter"* ausdrückt. „Schattendorf" wird nun eingereiht in die Serie jener politischen Anschläge, die bisher die Arbeiterschaft ohnedies emotional stark beschäftigte: *„Birnecker erschossen, den Tätern nichts geschehen; Still erschossen, den Tätern nichts geschehen; Kovarik erschossen, den Tätern nichts geschehen; Leopold Müller erschossen, den Tätern nichts geschehen! Ja, sind die Arbeiter vogelfrei? Und nun der feige Mord in Schattendorf mit der Unglaublichkeit des abermaligen Freispruchs."*[44]

Die „Burgenländische Heimat"

Das Parteiorgan der Christlichsozialen Partei widmet im Vergleich zu den drei anderen Zeitungen dem Prozeß am wenigsten Aufmerksamkeit. In der Ausgabe vom 8. Juli 1927 findet sich ein kurzer Artikel, der darauf hinweist, daß die Gastwirtssöhne Josef und Hieronymus Tscharmann sowie deren Schwager Johann Pinter wegen Verbrechens der öffentlichen Gewalttätigkeit angeklagt wurden.

„Die Staatsanwaltschaft bezichtigt sie … auf vorbeiziehende sozialdemokratische Schutzbündler Schrotschüsse abgegeben zu haben, wobei zwei Neugierige, und zwar der achtjährige Häuslerssohn Josef Grössing und der Kriegsinvalide Matthias Csmarics, getötet, fünf Personen verletzt worden sind." Der Artikel fährt fort: *„Die drei Angeklagten machen für ihre Handlungsweise Notwehr geltend. Auch von*

den Sozialdemokraten sind Schüsse abgegeben worden, doch hat man diese Gewalttäter wieder einmal nicht erwischt."[45]

Im Gegensatz zu den Berichten über den Schattendorfer Vorfall selbst, worüber die „Burgenländische Heimat" einen eher moderaten Ton anschlägt, ist dieser Artikel von einigen „verbalen Untergriffen" gekennzeichnet. Bereits beim Einleitungsverb „bezichtigt" schwingt ein gewisser negativer Unterton mit. Daß zwei „Neugierige" getötet wurden, stimmt so nicht ganz, denn Csmarits, dessen Name übrigens falsch geschrieben ist, kann nicht in die Reihe der Schaulustigen eingereiht werden, die den Aufmarsch begleiteten, sondern war selbst Mitmarschierender der Klingenbacher Schutzbundtruppe am Ende der Marschkolonne. Das Argument der Angeklagten, aus Notwehr gehandelt zu haben, wird mit dem Hinweis bekräftigt, daß auch die Sozialdemokraten geschossen hätten. Im Gegensatz zu den Frontkämpfern *„hat man diese Gewalttäter wieder einmal nicht erwischt".* Eine Aussage, die suggeriert, daß die Sozialdemokraten wiederholt Gewalttaten begangen hätten, ohne dafür zur Rechenschaft gezogen bzw. belangt worden zu sein.

Notwehr wird indirekt auch dadurch gerechtfertigt, indem man das Feindbild Schutzbündler mit Begriffen der Gewalt beschreibt: *„diese Gewalttäter"* hätten Frontkämpfer kurz vor der Schießerei *„überfallen"* und *„mißhandelt".* Das Adjektiv *„rot"* wurde oft in konservativen Blättern als Stigmatisierung des politischen Gegners verwendet. In der sozialdemokratischen Presse wurde es durch das übliche *„republikanisch"* ersetzt. Während sich die Sozialdemokraten und der Schutzbund stets als Garant für den Fortbestand der Republik und deren demokratischen Grundsätze verstand, wurde diese Meinung gerade von den bürgerlichen Parteien nicht geteilt.[46] Und in dieser Meinung wieder einmal mehr bestätigt sah sich die Christlichsoziale Partei durch die spontanen Demonstrationen, Streikbewegungen und schließlich Ausschreitungen, die auf die Urteilsverkündigung seitens der Arbeiterschaft folgten.

In der Ausgabe vom 24. Juli 1927 schreibt die „Burgenländische Heimat" dazu: *„Der Freispruch der drei angeklagten Schattendorfer Frontkämpfer hat in Wien ein furchtbares Nachspiel gehabt, das eine Folge der jahrelangen systematischen marxistischen Massenverhetzung ist. Recht und Ordnung sind so lange in den Kot gezerrt und verhöhnt worden, die Diktatur der roten Massen ist so lange prophezeit worden, die Phrasen von der proletarischen Revolution so lange gedroschen* *worden, bis die Früchte dieser unseligen Saat aufgingen.*" Und der Artikel setzt fort: „*Wer jahrelang gegen Recht und Ordnung gehetzt hat, wie es die sozialdemokratischen und die übrigen marxistischen Führer und ihre Presse zielbewußt getan haben, der ruft eben in den Massen Leidenschaften und Instinkte wach, die früher oder später zu Ausbrüchen führen müssen.*"⁴⁷

Während dieser kleine Ausschnitt aus einer über zweiseitigen Berichterstattung zu den Vorgängen in Wien wenig über das Urteil selbst beinhaltet, bietet er andererseits ein repräsentatives Bild der öffentlichen bürgerlichen Meinung im Hinblick auf die Sozialdemokraten. Bereits im ersten Absatz findet sich eine Reihe von Schlagworten, die das Feindbild Sozialdemokraten charakterisiert und gleichzeitig auch ausdrückt wo die „Ängste" vor dem politischen Gegner lagen: *systematische marxistische Massenverhetzung*", die „*Diktatur der roten Masse*", die „*proletarische Revolution*". Bezeichnenderweise werden die marxistischen Führer mit Hetzern gegen das vorhandene politische System gleichgesetzt. Den Sozialdemokraten wird vorgeworfen, Recht und Ordnung zu mißachten – die Spontaneität des Aufstandes wird verleugnet, vielmehr vermutet man eine systematische und somit geplante und organisierte „Hetze" gegen den Staat. Daß dieses Urteil von Geschworenen – und nicht von Richtern – gefällt wurde, verschafft den Christlichsozialen eine gewisse Genugtuung, da die Geschworenengerichtsbarkeit bei den bürgerlichen Parteien auf weniger Akzeptanz stieß.⁴⁸

Der „Freie Burgenländer"

Der „Freie Burgenländer" widmet dem Prozeßverlauf mit Abstand die umfangreichste Berichterstattung, die aber dadurch gekennzeichnet ist, die Schüsse von Schattendorf als Verteidigung darzustellen und die moralische Schuld den Schutzbündlern anzulasten, die durch ihr provokantes Verhalten die Ereignisse heraufbeschworen hätten. Zu dieser „Verteidigungsstrategie" gehört zunächst das Bild, die Schutzbündler als Angreifer erscheinen zu lassen. So äußern sich beispielsweise die Angeklagten dazu:

Josef Tscharmann: „*Gegen 4.00 Uhr nachmittags entstand eine große Aufregung. Wir hörten ein Gerücht, daß am Bahnhof ein Frontkämpfer erschlagen worden wäre, bald darauf sind die Schutz-*

bündler wieder zurückgekommen und sind wieder vorbeimarschiert. Sie schimpften und schrien: Nieder mit den Frontkämpfern, nieder mit den christlichen Hunden, nieder mit den monarchistischen Mördern!"[49]

Hieronymus Tscharmann: *„Ich habe dumpfe Aufschläge auf den Fenstergittern und an den Mauern gehört … Ich habe Angst gehabt, ich dachte, wir würden erschlagen werden. Wir haben schon von der Rauferei am Bahnhof gehört."*[50]

Johann Pinter: *„Wir beschlossen, … uns bis aufs Äußerste zu wehren … Ich hatte Angst, daß die Schutzbündler uns überfallen könnten. Sie waren ja in großer Überzahl … Ich habe mein ganzes Leben nie geschossen. Die Schüsse an dem Unglückstage waren die ersten meines Lebens."*[51]

Worin sich die frontkämpferfreundliche Haltung des Blattes ebenso zeigt, ist, daß fast alle Zeugen, die zitiert werden, für die Frontkämpfer und gegen die Sozialdemokraten aussagen. Einige dieser Zeugen geben an, gesehen zu haben, daß Schutzbündler Revolver trugen bzw. geschossen hätten – darunter auch die Eltern der beiden Angeklagten Josef und Hieronymus Tscharmann. Damit soll mit der Behauptung der Schutzbündler, unbewaffnet gewesen zu sein, aufgeräumt werden.

Zwei Sozialdemokraten wird in der Berichterstattung allerdings viel Raum eingeräumt. Zum einen dem Bürgermeister von Schattendorf, Johann Grafl, der als inkompetent in seiner Amtsführung und darüber hinaus als Gewalttäter dargestellt wird. Zum anderen Thomas Preschitz, dem Bezirkskommandanten des Republikanischen Schutzbundes, bei dem der Eindruck entsteht, selbst auf der Anklagebank zu sitzen. Preschitz war als gewaltbereiter Mensch bekannt, der in Ödenburg zur Zeit der Räterepublik 1919 eine zweifelhafte Rolle gespielt hatte.[52] Und genau in diesem Zusammenhang steht seine Zeugenbefragung. Auf die Feststellung des Vorsitzenden, daß die Angeklagten angegeben hätten, sich vor Preschitz zu fürchten, antwortete dieser: *„Herr Vorsitzender, ich habe diese Stunde mit Sehnsucht erwartet. Es werden unerhört viel Verleumdungen gegen meine Person ausgestreut. Ich erkläre hier feierlich, daß ich den Pfarrer Nikitsch weder erschossen, noch Auftrag zu seiner Erschießung gegeben habe … Hunderte können das bezeugen."*[53] Im Anschluß daran liest der Vorsitzende eine Zuschrift des Ödenburger Gerichtes über die Person des Preschitz vor, worin dessen Aussage bestätigt wird.

Der Vorsitzende behält sich aber in dieser Frage das letzte Wort vor und resümiert: *„Zeugen sagen, daß sie ein sehr gefürchteter Herr sind. Sie sollen einen solchen Ruf haben, daß man, wenn man den Namen Preschitz hört, sofort zu zittern anfängt.“*[54] Dr. Bleyer, Verteidiger von Hieronymus Tscharmann wird noch deutlicher: *„Nun, Herr Zeuge Preschitz … Wenn niemand es sagen darf, der Richter nicht und der Staatsanwalt nicht, daß sie der Urheber der Tragödie sind, ich sage es: Sie sind es, der das Blut, das geflossen ist, auf dem Gewissen hat, sie gehören statt der drei auf die Anklagebank!“*[55] Das Hauptargument der Verteidigung beruhte auf der Beschuldigung gegenüber den Schutzbündlern, die Zwischenfälle selbst provoziert zu haben. Gegen Preschitz wurde dabei in schärfster Form polemisiert.

„Der Freie Burgenländer" bringt auch einen ausführlichen Bericht über das Gutachten der Ärzte, das für Dr. Riehl, Verteidiger von Josef Tscharmann, genug Zweifel offen läßt, einen Antrag auf Exhumierung der Leiche Csmarits' zu stellen: *„Immer mehr und mehr verdichtet sich die Gewißheit, daß der Csmarits von einem unglücklich abgegebenen Schutzbündlerschuß getötet wurde. Das todbringende Geschoß wurde nicht gefunden. Es wurde aber bei der Obduktion nicht festgestellt wo es eigentlich hinging … Ich beantrage die Exhumierung der Leiche des Csmarits.“*[56] Dem Antrag wurde nicht stattgegeben. Diese Information weckt beim Leser aber Zweifel über den Tod des verunglückten Csmarits.

Abschließend bringt das Blatt Ausschnitte der Plädoyers der einzelnen Verteidiger. Zunächst einen Ausschnitt aus der Rede des öffentlichen Anklägers: *„Ich könnte mich sogar auf den Standpunkt stellen – ich teile ihn nicht – ich könnte ihn aber konzedieren, daß die anderen den Konflikt herbeigeführt haben. Aber ein Zuvorkommen gegenüber einem Angriff – und nur darum könnte es sich handeln – ist auf jeden Fall verboten. Aber nicht einmal als ein Zuvorkommen gegen den Angriff der anderen ist die Tat der Angeklagten zu qualifizieren. Ihr Verhalten ist mit den Worten zu charakterisieren: ‚Die Schutzbündler sind am Vormittag in unser Haus eingedrungen. Das lassen wir uns nicht gefallen … Dafür nehmen wir Rache.' Das aber gibt es nicht, nie und nirgends, in keinem Strafgesetzbuch der Welt.“*[57] Der Staatsanwalt versucht den Geschworenen den Unterschied zwischen moralischer und persönlicher Schuld darzulegen. Während er dem Schutzbund die moralische Schuld zugesteht, einen Gegenaufmarsch zum Frontkämpfertreffen organisiert zu haben, liege die strafrechtliche Schuld dennoch bei den drei Angeklagten.[58]

Dr. Riehl, der frühere Obmann der NSDAP und von den Sozialdemokraten als *„Hakenkreuzler"* bezeichnet, erörtert zunächst den politischen Hintergrund des Prozesses und bezeichnet dabei das Burgenland *„als uns von der Entente als eine Art Bosheitsgeschenk gegeben (wurde), weil man dadurch zwei aufeinander angewiesene Nationen, Deutsche und Magyaren, entzweien wollte."*[59] Bei Dr. Riehl fällt vor allem die suggestive Argumentationsweise gegenüber den Geschworenen auf: *„Im übrigen, ... mögen Sie eingedenk sein, daß Sie niemand, auch keiner Partei, wegen Ihres Wahrspruches Rechenschaft schuldig sind, daß Sie auch nicht glauben mögen, die Majorität des Nationalrates werde für die Abschaffung der Geschworenen eintreten, wenn Sie die Angeklagten freisprechen ... und glauben Sie nicht, daß man nicht das Recht habe, sich zu wehren, wenn Haus und Hof in Gefahr sind."* Und Riehl setzt fort: *„Gewiß wird der ganze Zeitungschor ... einen Freispruch als Fehlurteil verschreien. Aber ich sehe, daß Sie aufrechte Männer sind, die sich einen Teufel um dieses Geschrei scheren. Und, wenn Sie unerschrocken Ihr ‚nicht schuldig' gesprochen haben, dann werden Sie sich ein unsterbliches Verdienst an unser Vaterland erworben haben ..."*[60]

Dr. Bleyer stellt in seinem Plädoyer fest, *„daß die Schutzbündler der angreifende Teil gewesen sind, daß sie in „herrlicher, entwickelter Schwarmlinie vorangegangen sind, die Frontkämpfer, die sich in Verteidigungsstellung befanden, attackiert haben. Man dürfe nicht vergessen, daß den Schüssen ... Alarmschüsse vorangegangen sind, diese ... beweisen, daß ein böser Wille hier nicht gewaltet haben kann."* Und weiter meint Dr. Bleyer, daß er überzeugt sei, *„daß Csmarits nicht durch Schrot, sondern durch eine Kugel getötet wurde."*[61]

Dr. Foglar-Deinhardstein, Verteidiger von Johann Pinter, weist darauf hin: *„Bei Beurteilung der Frage, ‚Schuldig' oder ‚Nichtschuldig' ist vor allem und einzig jene Situation zu beurteilen, die sich im Kopf der Angeklagten abgespielt hat ... die Frontkämpfer wußten, daß die Schutzbündler bewaffnet sind. Es ist hier versucht worden, dies in Abrede zu stellen. Aber in Österreich weiß jedes Kind, daß die Schutzbündler Waffen tragen ..."*[62]

Die „Oberwarther Sonntags-Zeitung"

Die „Oberwarther Sonntags-Zeitung" zeichnet sich in ihrem ersten
Beitrag zum Prozeß in der Ausgabe vom 10. Juli 1927 durch eine
sehr bildhafte Darstellung aus – auf dem Gerichtstisch befindet
sich eine Plastik, die die Örtlichkeit rekonstruieren soll, daneben
liegen die Gewehre, die die Angeklagten benutzt haben –, die
durch eine Reihe von Details unterstützt wird, die zwar weniger
für den Prozeß, dafür aber für den Leser von Interesse sind. Beispielsweise der Hinweis, daß sich unter den 12 Geschworenen –
vor allem Männer des Bauernstandes – eine Frau befindet und
auch zwei Ersatzgeschworene Frauen sind, weiters die Feststellung
Josef Tscharmanns, daß es in Schattendorf nur wenige Streitereien
zwischen Frontkämpfern und Schutzbündlern gegeben habe und
daß die Zahl der Frontkämpfer in Schattendorf zirka 30, die der
Schutzbündler ungefähr 70 Mann betrage.

Den Ablauf der Ereignisse des 30. Jänner erfährt der Leser
durch die Zeugenaussage des Angeklagten Josef Tscharmann. Als
Zeugen zitiert werden der Sodawasserfabrikant Johann Schuh, der
angibt, von den ins Gasthaus Tscharmann eindringenden Schutzbündler die Drohungen gehört zu haben: *„Es darf keine Frontkämpfer geben! Die Frontkämpfer müssen vernichtet werden!"*[63] Ähnliche Drohungen werden auch vom Zeugen Georg Guttmann
genannt: *„Nieder mit den Hunden! Nieder mit den Mördern!"*[64]
Dieser gibt darüber hinaus noch an, daß das Gasthaus Tscharmann von Schutzbündlern umzingelt worden wäre.

Sehr emotional beschreibt das Blatt anschließend die Zeugenaussagen der Maria Tscharmann, Mutter bzw. Schwiegermutter
der Angeklagten: *„Unter allgemeiner Bewegung betritt ... Marie
Tscharmann, ein von Arbeit gebeugtes Mütterchen, mit Kopftuch
und bäuerlicher Kleidung, den Gerichtssaal ... Während ihrer Ein-
vernahme weint ihr Schwiegersohn still vor sich hin, und auch ihre
beiden Söhne wischen sich wiederholt die Tränen von den Augen."*[65]
Auf die Frage, ob sie Angst vor Preschitz hatte, antwortete Frau
Tscharmann: *„Ja, er ist der Mörder vom Pfarrer. Alle fürchten sich
vor ihm."*[66] Schließlich gibt die Zeugin noch an, gesehen zu haben,
wie Schutzbündler in den Hof hineinfeuerten. Auch der Vater, der
Gastwirt Josef Tscharmann, der als *„ein intelligenter Mann, der die
ganze Zeit über in militärischer Hab-Acht-Stellung an der Zeugen-
barre steht",*[67] beschrieben wird, wird zitiert. Auch er belastet Pre-

schitz und behauptet, einen Klingenbacher Schutzbündler rufen gehört zu haben: *„Kommts heraus, wenn's euch trauts!"*[68] Dann habe dieser Schutzbündler einen Schuß in den Hof abgegeben.

Den ersten Eindruck, den der Leser durch diesen Artikel erhält, ist sicherlich ein Bild, daß das Schattendorfer Ereignis als einen „Überfall" des Republikanischen Schutzbundes auf das Gasthaus Tscharmann darstellt. Es werden viele verbale Provokationen zitiert, und auch der Schutzbundführer Preschitz wird als gefürchteter Mann ins Spiel gebracht. Dagegen wird aber keine einzige Zeugenaussage eines Schutzbündlers abgedruckt.

Der zweite Bericht vom Schattendorfer Prozeß, vom 17. Juli 1927, berichtet von einer sensationellen Wendung des Prozesses: *„Der Befund über die Leiche des erschossenen Schutzbündlers Csmarits erschien einem Teil der Geschworenen und der Verteidigung so lückenhaft, daß sich letztere genötigt sah, den Antrag auf Exhumierung und neuerliche Obduktion der Leiche zu stellen."*[69] Für Dr. Riehl war die Frage, *„ob der tödliche Kopfschuß nicht aus einem kleinkalibrigen Revolver herrühren könnte"*[70] – und somit von einem Schutzbündler stammen könnte – keinesfalls geklärt.

Die weitere Berichterstattung steht ganz im Zeichen der Anklage und widmet sich ausschließlich den Plädoyers des Staatsanwaltes und Dr. Reichards. Dabei fällt auf, daß beide das Verhalten einiger Schutzbündler als durchaus provokant bezeichnen, aber dadurch Schüsse noch keineswegs gerechtfertigt seien. Der Staatsanwalt: *„Der Schutzbund mag provokant und angriffslustig gewesen sein, die Angeklagten mochten sich provoziert fühlen, ihre Nerven mochten aufgereizt gewesen sein. Sie hatten aber nicht das Recht, jemand mit voller Ladung anzuschießen."*[71] Dr. Reichard stellt die Behauptung auf, daß die Steinwurfspuren am Gasthaus Tscharmann nachträglich künstlich gemacht worden wären, greift eine Reihe von Angeklagten bezüglich ihrer Aussagen an und spricht davon, daß *„wohlgezielte Schüsse abgegeben"* worden seien. Dr. Reichard schließt mit den Worten, *„daß die Öffentlichkeit auf eine Schuldspruch warte, und dieser Schuldspruch werde ein Prüfstein der Schwurgerichtsbarkeit sein."*[72]

Wie das Thema „Schattendorf" in der burgenländischen Presse behandelt wird, ist von der jeweiligen Intention und politischen Ausrichtung der verschiedenen Wochenblätter abhängig. Die umfangreichste Berichterstattung bietet erwartungsgemäß die „Burgenländische Freiheit", das Parteiorgan der Sozialdemokratischen Partei. Als Funktionärsblatt konzipiert soll diese Zielgruppe sowohl über den Tathergang als auch über die Reaktionen wie Streikbewegungen und Kundgebungen sowie über die Begräbnisse und die Behandlung des Themas Schattendorfs im Landtag und Nationalrat genauestens informiert werden. Dem Prozeßverlauf wird weniger Aufmerksamkeit gewidmet. Das Urteil bleibt unverstanden und wird als Politikum eingereiht in eine Serie von Anschlägen auf die sozialdemokratische Arbeiterschaft.

Die Diktion der „Burgenländischen Freiheit" ist oft kämpferisch, teilweise sogar aggressiv und emotional. Parallel zur brachialen Gewalt, die den politischen Alltag der Ersten Republik bestimmte, findet man verbale Gewalt in den Medien.[73] Im Gegensatz zum sozialdemokratischen Parteiorgan wird dem Thema „Schattendorf" in der „Burgenländischen Heimat", dem Sprachrohr der Christlichsozialen Partei, bei weitem weniger Aufmerksamkeit gewidmet. Der Grund hierfür liegt vielleicht in der Absicht begründet, sich vom Vorfall selbst wie auch von der Frontkämpferbewegung zu distanzieren. Dafür spräche auch der moderate Ton, der erst nach den Ereignissen in Wien in eine verbale Schlammschlacht umschwenkt.

Der „Freie Burgenländer" berichtet über die Schattendorfer Ereignisse zwar neutral, handelt sich aber Angriffe sowohl von der „Burgenländischen Freiheit" als auch von der „Burgenländischen Heimat" ein, als er die Auflösung der Frontkämpfervereinigung und des Republikanischen Schutzbundes fordert. Die überaus umfangreiche Berichterstattung zum Prozeßverlauf zeigt aber deutliche Sympathie für die Frontkämpfer.

Die „Oberwarther Sonntags-Zeitung" zeichnet sich durch eine neutrale aber teilweise unvollständige Berichterstattung aus, die den Schluß zuläßt, daß das Interesse an politischen Ereignissen im nördlichen Landesteil nicht im Vordergrund ihrer Berichterstattung steht.

Gemeinsam ist den beiden Parteiorganen, für die jeweils eigene Seite unangenehme Details zu verschweigen, das eigene Verhalten als richtig darzustellen und somit die Schuld beim anderen zu suchen. Abgesehen davon findet keine Reflexion über die eigene Mitverantwortlichkeit am politischen Klima der Ersten

Republik statt.[74] Gemeinsam ist allen vier Wochenblättern, daß mit Namensbezeichnungen und Altersangaben nicht besonders sorgfältig umgegangen wird. Die Altersangaben von Matthias Csmarits divergieren zwischen 34 und 40 Jahren, jene des Josef Grössing zwischen sechs und acht Jahren – eine Berichtigung soll an dieser Stelle erfolgen: Im Totenschein des Matthias Csmarits wird vermerkt, daß er am 30. Jänner gegen 16 Uhr im Alter von 36 Jahren verstorben ist. Der kleine Josef Grössing wäre am 12. Feber – einem späteren schicksalsträchtigen Tag für die österreichische Arbeiterschaft – sieben Jahre alt geworden.

Die „Schüsse von Schattendorf", die den burgenländischen Grenzort zu Beginn des Jahres 1927 für kurze Zeit ins Rampenlicht der Öffentlichkeit stellten, sind heute kaum mehr Gesprächsstoff in Schattendorf. Das Thema wird vermieden und in der Gemeinde offiziell nicht behandelt.[75] Gelegentliche auswärtige Exkursionen zum Grab des Josef Grössing werden eher als lästig empfunden, man will das Thema nicht immer und immer wieder neu aufrollen. Der Parteienhaß von damals ist überwunden und ist konstruktiver Zusammenarbeit zwischen den Parteien gewichen. An die Zeit von damals erinnern vor allem Erzählungen, die von Generation zu Generation weitergegeben werden, das Grab des Josef Grössing mit einer Gedenktafel *„zur immerwährenden Mahnung an die Nachwelt für Menschlichkeit und Toleranz"* und vor allem aber die Erkenntnis *„politische Auseinandersetzungen nicht mit den Waffen der Gewalt, sondern mit geistigen Waffen auszutragen."*

Literatur

Viktor Bauer: Die deutschsprachige Presse des Burgenlandes von der Konstituierung des Landes als selbständiges Bundesland bis zum Abschluß des Staatsvertrages, Diss., Wien 1977

Gerhard Botz: Gewalt in der Politik. Attentate, Zusammenstöße, Putschversuche, Unruhen in Österreich 1918–1934, München 1934

Elisabeth Deinhofer/Traude Horvath (Hrsg.): Grenzfall Burgenland 1921–1991, Eisenstadt 1991

August Ernst: Geschichte des Burgenlandes, Wien 1987

Winfried R. Garscha/Barry McLoughlin: Wien 1927. Menetekel
für die Republik, Berlin 1987

Ulrike Harmat: Abschied von Ungarn. Das Burgenland nach dem
Anschluß, in: Elisabeth Deinhofer/ Traude Horvath (Hrsg.):
Grenzfall Burgenland 1921–1991, Eisenstadt 1991, S. 65–99

Traude Horvath: Die Interviews, in: Elisabeth Deinhofer/Traude
Horvath (Hrsg.): Grenzfall Burgenland 1921-1991, Eisenstadt
1991, S. 42–45

Hugo Portisch: Österreich I. Die unterschätzte Republik. Band 1,
München 1994

Isabella Schiller: Der „Schattendorfer Prozeß" von 1927 im Spiegel
der Salzburger Zeitungen, in: Mitteilungen der Gesellschaft
für Salzburger Landeskunde, 138. Vereinsjahr, Salzburg 1998,
S. 505–521

Gerald Schlag: Anschluß und 1. Republik – Die Kriegsereignisse
1945, Sonderdruck aus: Allgemeine Landestopographie des
Burgenlandes III, Eisenstadt 1981

Gerald Schlag: Um Freiheit und Brot. Die Arbeiterbewegung von
ihren Anfängen im Westungarischen Raum bis zu ihrer Ver-
bannung in die Illegalität, in: Fred Sinowatz/Gerald Schlag:
Aufbruch an der Grenze. Die Arbeiterbewegung von ihren
Anfängen im westungarischen Raum bis zum 100-Jahre-
Jubiläum der Sozialistischen Partei Österreichs, Wiener Neu-
stadt 1989

Gerald Schlag: Aus Trümmern geboren … Burgenland 1918–1921,
Eisenstadt 2001

Maria Tscharmann: Die Wahrheit über Schattendorf: Die Ereignisse am 30. Jänner 1927, Eine persönliche Niederschrift.

Zeitungen und Zeitschriften:
„Die Burgenländische Freiheit" (BF)
„Die Burgenländische Heimat" (BH)
„Der Freie Burgenländer" (FB)
„Oberwarther Sonntags-Zeitung" (OSZ)

Anmerkungen

1 Vgl. V. Bauer, Die deutschsprachige Presse, S. 11 f.
2 Ebda.: S. 33f.
3 Vgl. Schlag, Aus Trümmern geboren, S. 468
4 Ebda.: S. 119 ff.
5 Vgl. Schiller, Der „Schattendorfer Prozeß", S. 519 f.
6 Zit. nach BF, 11. Feber 1927, S. 2
7 Zit. nach BF, 4. Feber 1927, S. 1
8 Zit. nach ebda.: S. 1
9 Ebda.: S. 1
10 Ebda.: S. 1
11 Ebda.: S. 1
12 Ebda.: S. 1
13 Zit. nach ebd. S. 1 f.
14 Vgl. Schiller, S. 505
15 Ebda.: S. 507
16 „Irredenta" ist ein in der Burgenlandfrage häufig verwendeter Ausdruck für Angliederungsbestrebungen.
17 Zit. nach BH, 11. Feber 1927, S. 1
18 Zit. nach BF, 11. Feber 1927, S. 2
19 Vgl. Schiller, S. 522, Anmerkung 20
20 Zit. nach BF, 11. Feber 1927, S. 1
21 Zit. nach BF, 4. Feber 1927, S. 2
22 Zit. ebda.: S. 2
23 Zit. ebda.: S. 2
24 Zit. ebda.: S. 2
25 Zit. ebda.: S. 2 f.
26 Zit. nach BF, 11. Feber 1927, S. 4
27 Zit. nach BH, 4. Feber 1927, S. 4
28 Zit. ebda.: S. 4
29 Zit. nach FB, 6. Feber 1927, S. 1
30 Zit. ebda.: S. 1
31 Zit. nach BF, 11. Feber 1927, S. 1
32 Zit. nach OSZ, 6. Feber 1927, S. 1
33 Zit. ebda.: S. 3
34 Zit. nach OSZ, 13. Feber 1927, S. 2
35 Zit. nach BF, 8. Juli 1927, S. 1
36 Vgl. Botz, S. 142
37 Zit. nach BF, 8. Juli 1927, S. 1
38 Zit. nach BF, 15. Juli 1927, S. 1
39 Zit. ebda.: S. 1
40 Zit. ebda.: S. 1
41 Zit. ebda.: S. 1
42 Zit. ebda.: S. 1
43 Zit. nach BF, 22. Juli 1927, S. 1

44 Zit. ebda.: S. 1

45 Zit. nach BH, 8. Juli 1927, S. 3

46 Vgl. Schiller, S. 511

47 Zit. nach BH, 24. Juli 1927, S. 1

48 Vgl. Schiller, S. 523

49 Zit. nach FB, 10. Juli 1927, S. 1

50 Zit. ebda.: S. 1

51 Zit. ebda.: S. 1

52 Vgl. Schlag, Landestopographie, S. 458

53 Zit. nach FB, 17. Juli 1927, S. 1

54 Zit. ebda.: S. 1

55 Zit. ebda.: S. 2

56 Zit. ebda.: S. 2

57 Zit. ebda.: S. 2

58 Vgl. Portisch, S. 441

59 Zit. nach FB, 17. Juli 1927, S. 2

60 Zit. ebda.: S. 5

61 Zit. ebda.: S. 5

62 Zit. ebda.: S. 5

63 Zit. nach OSZ, 10. Juli 1927, S. 3

64 Zit. ebda.: S. 3

65 Zit. ebda.: S. 3

66 Zit. ebda.: S. 3; Autorin und Verlag verweisen in diesem Zusammenhang
   auf die gegenteilige Feststellung des Vorsitzenden.

67 Zit. ebda.: S. 3

68 Zit. ebda.: S. 3

69 Zit. nach OSZ, 17. Juli 1927, S. 3

70 Zit. ebda.: S. 3

71 Zit. ebda.: S. 3

72 Zit. ebda.: S. 3

73 Vgl. Schiller, S. 520

74 Vgl. ebda.: S. 519

75 Zit. aus einem Gespräch mit Bürgermeister Grafl aus Schattendorf vom
   27. 11. 2001

NORBERT LESER

SCHATTENDORFER NACHLESE

Im August 1984 machte ich mich zusammen mit meinem späteren Hörer und Dissertanten an der Universität Wien, Paul Sailer-Wlasits, nach Schattendorf auf, um die Vorgänge vom Sonntag, dem 30. Jänner 1927 mit den letzten Überlebenden und Zeugen zu besprechen. Die Ereignisse, die am 15. Juli 1927 so unerwartet große Fernwirkung hatten, faszinierten uns schon damals sehr und wir machten von den meisten Gesprächen Tonbandaufnahmen, die als Kassetten vorliegen und uns die Rekonstruktion des Interviews nach so vielen Jahren ermöglichten. Besonders zentral und ergiebig war ein längeres Gespräch mit dem einzigen überlebenden Täter Hieronymus Tscharmann, zusammen mit seiner Gattin und seiner Tochter Josefine Tscharmann-Trimmel, die auch heute noch lebhaftes Interesse an den Ereignissen des 30. Jänner, die sie mittelbar betrafen und betreffen, zeigt. Auch mit der Schwester des am 30. Jänner getöteten Josef Grössing, Frau Ostermaier, sprachen wir über das Schicksal ihres Bruders, der zum Zeitpunkt des Interviews 64 Jahre alt gewesen wäre, aber schon im 7. Lebensjahr ein Opfer der Schüsse wurde, die von den Brüdern Tscharmann und deren Schwager Pinter abgegeben wurden. Es mutet wie ein schicksalhafter Beleg dieses Dramas an, daß der Knabe am 12. Februar geboren wurde, also jenem Datum, an dem sieben Jahre nach den Ereignissen in Schattendorf der österreichische Bürgerkrieg stattfand, zu dem vom 15. Juli 1927 eine geradlinige Entwicklung erfolgte.

Die Angaben aller Interviewten sind natürlich wie alle Zeugenaussagen nach so langer Zeit mit Vorsicht zu genießen und nur mit Vorbehalt wiederzugeben. Nicht weil man den Tätern und Beobachtern von damals die Absicht, die Unwahrheit zu sagen, unterstellen will, sondern weil sich bekanntlich Erinnerungstäuschungen in wirkliche Erinnerungen einschleichen, zumal wenn man Partei oder Betroffener ist. Trotz diesem Vorbehalt, der uns von Anfang an bewußt war, erschien es uns nicht überflüssig, sondern aufschlußreich, diese durch den Ablauf der langen Zeit und durch die eigene Interessenlage gefilterten Erinnerungen zu wecken und festzuhalten. Es ist klar, daß viele Einzelheiten, die im Geschworenengerichtsprozeß im Juli 1927 in Wien zur Sprache kamen, inzwischen verblaßt oder ganz verdrängt worden sind. Umgekehrt kann eine um so viel später getroffene Aussage, die nicht mehr unter dem unmittelbaren Druck der durch das Gerichtsverfahren gegebenen Situation steht, der Sache unbefangener gegenüberstehen und Aspekte zutage bringen, die im Prozeß selbst nicht erörtert wurden, da sie nicht Gegenstand der Anklage waren.

So bemühten sich die Richter und der Ankläger, die Schüsse, die am Nachmittag abgegeben wurden, von der Vorgeschichte in Loipersbach, wo aus Wien angereiste Frontkämpfer unter der Führung Oberst Hiltls tätlich angegangen wurden und sich gezwungen sahen, Reißaus zu nehmen und wieder mit der Bahn nach Wien zurückzufahren, zu trennen. So richtig dieses Regreßverbot vom prozeßtechnischen Standpunkt auch war, so wenig lassen sich die beiden Kausalketten vom Standpunkt der Handelnden psychologisch trennen. Die einheimischen Schutzbündler und Sozialdemokraten von Schattendorf betrachteten die Einschleusung und das Kommen von Frontkämpfern, die für 15 Uhr eine Versammlung im Gasthaus Tscharmann angemeldet hatten, als Provokation und als Eindringen in das eigene Revier. Die bevorstehende Versammlung sollte also verhindert werden. Tatsächlich gelang es den auf der Bahnstation Loipersbach wartenden Schattendorfer Schutzbündlern, die Ankommenden unter Einsatz von Schlagstöcken und Lederriemen zur Umkehr zu zwingen. Es gab also auch auf sozialdemokratischer Seite an diesem Tag Gewaltanwendung, wenn auch ohne Schußwaffen, sondern mit anderen, zur Vertreibung geeigneten Mitteln. Schon am späten Vormittag nahmen die einheimischen Sozialdemokraten eine drohende Haltung gegen das Gasthaus Tscharmann ein, in dem die Versammlung der Frontkämpfer stattfinden sollte, der dann am Nachmittag getötete Invalide Csmarits soll in das Gasthaus eingedrungen sein und es als beschlagnahmt erklärt haben. Hieronymus Tscharmann berichtete uns, daß er am Morgen des Unglückstages von einem Ball erst in der Früh nach Hause gekommen sei und in der unweit des Gasthauses gelegenen, ebenfalls der Familie gehörigen Mühle übernachtet habe und erst später über die Vorgänge des Vormittags informiert worden sei.

Eine gewisse Abwehrhaltung der Familie Tscharmann war also unabhängig von ihrer politischen Einstellung von der Situation her verständlich. Freilich rechtfertigt dieses Gefühl des Bedrohtseins nicht, wahllos Schüsse aus dem Fenster abzugeben und sich nicht zu vergewissern, ob nicht Menschen, die diese Schüsse treffen könnten, in der Nähe waren. Auch wenn man den Angeklagten abnimmt, daß sie nicht direkt auf Menschen geschossen haben, ist ihnen doch der Vorwurf mangelnder Sorgfalt im Umgang mit den Gewehren zu machen. Sie wären daher von einem Senat, der nur aus Berufsrichtern bestanden hätte, wahrscheinlich wegen fahrlässiger Tötung oder Notwehrüberschreitung verurteilt worden. Auf meine Frage an Hieronymus Tscharmann, ob er und sein Bruder mit einem Freispruch gerechnet hätten, antwortet Tscharmann zunächst achselzuckend, ohne die Frage eigentlich zu beantworten. Er widersprach aber seiner Frau nicht, die ihn daran erinnerte, selbst gesagt zu haben *„daß der Galgen in Wien schon aufgerichtet"* sei. Laut seiner Aussage fühlte sich Tscharmann auch durch einheimische sozialdemokratische Funktionäre bedroht, die ihm in Aussicht gestellt hatten, zusammen mit den beiden anderen Tätern auf Bäumen am Pöttschinger Berg aufgeknüpft zu werden.

Wilhelm Ellenbogen, der wieder einmal als historischer Zeuge aufgerufen sei, äußert sich in seinen Erinnerungen *„Die Katastrophe der österreichischen Sozialdemokratie"* zu den Schattendorfer Vorfällen wie folgt: *„Mitten in diese erregte Stimmung fiel nun das Ereignis von Schattendorf im Burgenland. Auf eine marschierende Gruppe von Sozialdemokraten war aus einem Gasthaus geschossen worden, drei Tote waren das Resultat. Ob der Hinmarsch jener Gruppe nicht eine hart zu tadelnde Leichtfertigkeit war, will ich allerdings nicht entscheiden. Immerhin war das Schießen als Antwort ein Verbrechen und bleibt eines."*[1]

An Ellenbogens Kommentar ist erstens bemerkenswert, daß er von drei statt von zwei Todesopfern spricht, was für die mangelnde Schärfe der Erinnerung, aber auch für das Nachwirken einer zur Übertreibung neigenden Erregung spricht. Interessanter ist aber auch, daß er die Schüsse von Schattendorf als *„Antwort"* qualifiziert und damit klarstellt, daß die Sozialdemokratie am Zustandekommen der beiderseitigen Erregung nicht unbeteiligt war. Der Aufmarsch der zurückgekehrten Schutzbündler mußte nach den Vorgängen des Vormittag als Triumph verstanden werden und ebenso provozierend wirken wie das drohende Eindringen der Frontkämpfer in das eigene Revier.

Wenn man sich die Berichterstattung der Parteiorgane „Arbeiter-Zeitung" und der christlichsozialen „Reichspost" zum Prozeß und zum Freispruch ansieht und mit heutigen Augen auf sich wirken läßt, muß man sagen, daß beide Zeitungen einander an Gehässigkeit nichts schuldig blieben, ja einander in einer Weise gegenseitig zu übertreffen suchten, die von einer Beruhigung weit entfernt war. Der Leitartikel der „Reichspost", der den Titel *„Ein gerechtes Urteil"* trug, war ebenso wenig wie jener der „Arbeiter-Zeitung" um Ausgleich und Mäßigung bemüht. Die „Reichspost" feierte den Freispruch der Täter und ließ den Aspekt, daß es sich mindestens um eine fahrlässige Gewalt handelte, außer Betracht. Die „Arbeiter-Zeitung" und die sozialdemokratische Agitation sprachen von *„Arbeitermördern"*, obwohl allen Beteiligten klar sein mußte, daß es sich um keine vorsätzliche Tötung, die den Tatbestand des Mordes erfüllte, handelte. Beide Seiten gossen also Öl ins Feuer statt auf die Wogen und trugen so zur Polarisierung der Situation bei. Die Stimme der abwägenden Vernunft und der Vermeidung unhaltbarer Urteile blieb in diesem Konzert des Hasses und der gegenseitigen Verteufelung ungehört.

So viel läßt sich ohne Gefahr, einer der beteiligen Seiten Unrecht zu tun, sagen. Andere Aussagen, die im Rahmen dieser Gespräche gefallen sind, sind mit Skepsis zu betrachten, da sie wohl als Schutzbehauptungen der Angeklagten von damals zu bewerten sind. So äußerte Herr Hieronymus Tscharmann im Laufe des Gespräches Zweifel darin, ob der getötete Matthias Csmarits überhaupt durch die aus dem Gasthaus abgegebenen Schüsse getötet worden sei und nicht vielmehr durch verirrte Kugeln der eigenen Leute. Als Indiz dafür führte er an, daß der Angeschossene nicht vom Gasthaus weg, sondern auf das Gasthaus zu gefallen sei, also seiner Ansicht nach nicht von einem Schuß aus dem Gasthaus getroffen worden sein konnte. Daß auch die Schutzbündler Schußwaffen besaßen und mit sich führten, wurde uns von mehreren Seiten versichert, unter anderem von Alt-Nationalrat Springsits aus Siegendorf. Ein Gerücht, das in Schattendorf nach wie vor kursiert und mit dem wir in unseren Gesprächen konfrontiert wurden, bezieht sich darauf, daß ein Zeuge der Vorfälle in der Beichte den wahren Sachverhalt bekannt haben soll. Ob diese Mitteilung von dem damaligen Ortspfarrer Dr. Karl (nicht etwa Otto) Bauer stammt, der den Inhalt der Beichte ohne Nennung des Beichtenden wiedergegeben hat, oder von den Beichtenden selbst, läßt sich wohl ebensowenig feststellen, wie die Authentizität des behaupteten Sachverhaltes.

Ob der Prozeß die letzte Wahrheit über die Vorgänge jenes Tages zum Vorschein gebracht hat, kann demnach bezweifelt werden. Es kursieren Gerüchte, daß Zeugen unter Druck gesetzt worden seien, beim Prozeß in Wien in einer bestimmten Weise auszusagen. So wird dem Schutzbündler Jakob Strommer der Ausspruch nachgesagt, er werde vor seinem Tode aussagen, wie es sich wirklich verhalten habe. Er sei dann aber durch einen Schlaganfall außerstande gewesen, sein Versprechen noch zu erfüllen. Ein anderer von ihm überlieferter Ausspruch kann jedoch ohne Bedenken als verifiziert gelten: *„Wir waren genauso blöd wie die Schwarzen, wir haben uns von unseren Führern aufhetzen lassen."* Dieser Feststellung kann man unbesorgt zustimmen, denn der Weg zu bösen Taten war mit bösen Worten gepflastert, hinter denen wieder feindselige Gedanken standen. Man billigt der Gegenseite keinen guten Willen und keine lauteren Absichten zu und verrannte sich in eine Feindschaft, die mit Notwendigkeit zu Gewalt und Unterdrückung führte.

Es galt in der kleinen Welt des Burgenlandes, was auch im Großen wirksam war: die Gegensätze prallten aufeinander, ohne daß die eine Seite für die andere Verständnis aufbrachte und ohne daß ein Friedensstifter, der die Streitteile zur Versöhnung führte, aufgetaucht wäre. Durch die Ortschaft, durch die bzw. deren Friedhof später die mit Stacheldraht geschützte Grenze zwischen Österreich und Ungarn, zwischen der freien Welt und der hinter dem Eisernen Vorhang ging, erstreckte sich auch schon vorher eine Linie der feindlichen Abgrenzung, die mitten durch die Herzen und Hirne der Menschen der Ortschaft ging und die persönlichen Beziehungen der Bewohner belasteten. Doch auch für diese politische Wunde, die in der Ortschaft klaffte, gilt der Grundsatz, daß die Zeit Wunden heilt und neue Perspektiven gewinnen hilft. In der Zeit des Krieges und der langen Nachkriegszeit bis zum Zusammenbruch des Kommunismus verschwanden oder verblaßten alte Feindschaften, es gibt sogar Eheschließungen von Ortsbewohnern, deren Vorfahren und Verwandte in der Ersten Republik auf verschiedenen Seiten der unsichtbaren, aber nichtsdestoweniger trennend wirkenden Barrikaden standen. Eine Ortsbewohnerin sagte lachend: *„Mein Vater ist ein Roter, meine Mutter kommt aus einer schwarzen Familie, und i bin a Gscheckerte."*

Die Charakterisierung als *„Gscheckerte"* durch eine Ortsbewohnerin selbst amüsierte mich schon damals. Heute, im Abstand von fast zwei Jahrzehnten und allen einschlägigen Erfahrungen, die mit dieser Zeit politisch einhergingen, bin ich geneigt, diese Charakterisierung auch auf mich selbst anzuwenden und die Frage zu stellen: Wäre es nicht besser gewesen, es hätte schon in der Ersten Republik und erst recht natürlich in der Zweiten, mehrere solche als Friedensstifter agierende und zwischen den kämpfenden Lagern stehende „*Gscheckerte*" gegeben, die sich der Polarisierung in den Weg geworfen und den tödlichen Zusammenprall verhindert hätten? Es wäre ein Segen für Österreich gewesen, wenn nicht Persönlichkeiten wie Ignaz Seipel und Otto Bauer, sondern Leopold Kunschak und Karl Renner den Ton angegeben und den Gang der Entwicklung bestimmt hätten. Ein Gemälde im Stiegenhaus der Bibliothek von Stift Altenburg stellt dar, wie die Zeit und die von ihr beherrschte Geschichte, die Zeit-Geschichte also, die Wahrheit an den Tag bringt. Und eine der Wahrheiten, die sie uns unbestreitbar vermittelt, ist die, daß keine am historischen Prozeß beteiligte politische Kraft die volle Wahrheit für sich in Anspruch nehmen kann, daß mit dem Ablauf der Zeit und im Hinblick auf die Ewigkeit, gewissermaßen also sub specie aeternitatis, alle Beteiligten relativiert und in die Schranken gewiesen werden. Gerade die österreichische Geschichte im Vergleich der beiden Republiken demonstriert, daß keine der beiden großen politischen Lager voll gerechtfertigt und keines voll verdammenswert erscheint. So kann die Sozialdemokratie als historischen Erfolg die Transformation des liberalen Staates alter Prägung in den modernen Wohlfahrtsstaat herbeigeführt und die anderen mitgezogen zu haben, verbuchen. Das konservative Lager aber kann mit Recht darauf verweisen, daß sich diese Transformation nicht in der vom Sozialismus ursprünglich vorgesehenen Form einer sozialistischen Staatswirtschaft, sondern im friedlichen Zusammenwirken von Kapital und Arbeit, die die Sozialdemokratie ursprünglich abgelehnt hat, abgespielt hat und weiter abspielt.

Wenn aber die Zukunft diese relativierende und ausgleichende Funktion der Zuteilung von Wahrheiten unter einem höheren Gesichtspunkt hat und spielen wird, warum sollte dann nicht auch der Zeitgenosse für sich in Anspruch nehmen, nicht nur von einer „*geteilten Schuld*" im Hinblick auf die Vergangenheit, sondern auch von einer „*geteilten Wahrheit*" in dem Sinn zu sprechen, daß kaum jemand die volle Wahrheit und Unschuld und kaum jemand die volle Schuld und Lüge in sich vereinigt, wenn man von monströsen Fehlentwicklungen, wie dem Nationalsozialismus und Kommunismus, die die Geschichte gerichtet hat, absieht?

Man muß keine gespaltene Persönlichkeit sein, um auch schon als Zeitgenosse die Relativität der Sichtweisen zu erfassen und zu artikulieren. Wäre die politische Gesinnung etwas absolut Feststehendes und Unvermischbares, so wären die Wechselwähler die gesinnungslosesten und die Stammwähler die treuesten und besten Staatsbürger. Wenn man aber sein Wahlverhalten ändern und sich dennoch treu bleiben kann, muß es auch zulässig sein, Zwischenpositionen und wechselnde Perspektiven wahrzunehmen, im Hinblick auf ein übergeordnetes Ganzes, das niemand ganz erreicht und nur wenige völlig verfehlen.

Heute erscheint uns die Trennung der Menschen im Sinne politischer Feindschaften ähnlich unsinnig wie die Nürnberger Rassengesetze der Nazis, die die Menschen in *„Arier"* und *„Nichtarier"* einteilten und so unermeßliches Unheil heraufbeschworen, das in weiterer Folge auch die Schöpfer und Nutznießer dieser inhumanen Gesetze traf. Wenn wir heute mit Recht beklagen, daß in der Politik kaum mehr Idealismus vorhanden ist, sondern sie zu einem Geschäft für die Politiker und zu einer leeren Routine für die Parteigänger geworden ist, sollten wir nicht vergessen, daß der in der Ersten Republik zweifellos vorhandene persönliche Idealismus der Parteianhänger von Fanatismus und Borniertheit überlagert war und letzten Endes zur völligen Entzweiung in Form des Bürgerkrieges führte und daß damit ein zu hoher Preis für den Idealismus von damals gezahlt wurde. Wenn wir die Rückkehr des Idealismus in die Politik reklamieren, so sicher nicht in der Form, die jenen der Ersten Republik charakterisierte.

Anmerkung

1 Wilhelm Ellenbogen: Die Katastrophe der österreichischen Sozialdemokratie, Wien 1983, S. 152

Paul Sailer-Wlasits

Epilog zur Genese des Verbalradikalismus

Norbert Elias zeigt in seinem Werk zur Soziogenese, wie unverhüllt und ungezügelt sich in der mittelalterlichen Gesellschaft die menschlichen Affekte entluden, wie sich Kampfeslust, Gewalt und Grausamkeit als unmittelbarer Lebensbestandteil behaupteten. Die Transformation der Affekte, ihre Bändigung und individuelle Internalisierung durch allmähliche Zunahme gesellschaftlicher Kontrolle war und ist Teil des Prozesses der Zivilisation. *„Wo immer man die Urkunden dieser Zeit aufschlägt, findet man Ähnliches: ein Leben von einer anderen Affektgeladenheit, als das unsere, ein Dasein ohne Sicherheit, ohne allzu lange Berechnung für die Zukunft."* Und Elias führt aus: *„Wer in dieser Gesellschaft nicht aus voller Kraft liebte oder haßte, wer im Spiel der Leidenschaften nicht seinen Mann stand, der mochte ins Kloster gehen, im weltlichen Leben war er ebenso verloren, wie in der späteren Gesellschaft und besonders am Hofe umgekehrt derjenige, der seine Leidenschaften nicht zu zügeln, seine Affekte nicht zu verdecken und zu ‚zivilisieren‘ vermochte."*[1] Elias zeichnet die historische Transformation der Verhaltensweisen der Menschen im privaten, intimen, wie im öffentlichen Bereich nach und beschreibt ihre wechselseitigen Dependenzen. Mit dem Wandel des menschlichen Verhaltens ändern sich die gesellschaftlichen Standards im Sinne fortschreitender Zivilisation, die veränderten Standards sind wiederum Motor der Psychogenese und der Veränderung des psychischen Habitus des einzelnen zu einem bestimmten historischen Zeitpunkt.

Die Humanisierung der mittelalterlichen Affektpalette verlagerte sich von der aktiven kriegerischen Gewaltausübung hin zu einem zivilisierten, passiven bzw. mittelbaren Ausleben von Affekten, die Abkehr von den Grausamkeiten und der Willkür des absolutistischen Strafvollzuges ist nur eines von zahlreichen markanten Beispielen geänderter Machtpraxis. Trotz stetig zunehmender Affektkontrolle im Laufe der vergangenen Jahrhunderte, trotz immer differenzierterem Selbstzwang und sozialer Konditionierung, konnte sich die Sprache selbst als ein letzter Hort für die

Entladung der Affekte, bzw. deren Sublimierung, behaupten. „...
es war unter manchen Verhältnissen ein kultureller Fortschritt, wenn
sich die Tat zum Wort ermäßigte", argumentiert in diesem Sinne
Sigmund Freud, nicht ohne Zuhilfenahme von Metaphern, „...
das Wort war doch ursprünglich ein Zauber, ein magischer Akt, und
es hat noch viel von seiner alten Kraft bewahrt."[2]

REGRESS ZUM WESENSGRUND DES WORTES

Sprache beinhaltet nicht nur Gewalt, ihre Regelhaftigkeit determiniert nicht nur das Sprechen und Handeln, mit Hilfe von Sprache wird auch Gewalt ausgeübt, gesetzliche Gebote und Verbote
erzeugen mittels Sprache einen gesamtgesellschaftlichen Verhal-
tenskodex, der ex ante die soziale Realität spiegeln soll. Sprachliche Normierungen, etwa politische Sprachregelungen, stellen
bisweilen ideologisch-autoritären Gebrauch von Sprache dar, sie
praktizieren verbale Ausschließung in verschiedensten Formen,
von programmatischer Rhetorik über suggestive Propaganda bis
hin zu manipulativer Sprachlenkung und Demagogie. Sprachregelungen entfalten ihre Macht sowohl nach innen, indem sie die
von ihnen betroffenen Menschen einer Gruppe ihren doktrinären
Aussagevorschriften unterwerfen, als auch nach außen, indem sie
die soziale, politische oder religiöse Zugehörigkeit der sprechenden Individuen sichtbar machen und diese von anderen abgren-
zen. Schließlich führt das Beherrschen des heterogenen Diskurses qua Beherrschung seiner Sprachregelung in jenen Bereich, wo
Sprache und Macht miteinander verschmelzen, wo sich in genea-
logischer Form die Entwicklung des Wissens aus Praktiken der
Macht herleiten läßt und sogar vorausgesetzt wird, daß „... *in*
jeder Gesellschaft die Produktion des Diskurses zugleich kontrolliert,
selektiert, organisiert und kanalisiert wird – und zwar durch gewisse
Prozeduren, deren Aufgabe es ist, die Kräfte und die Gefahren des
Diskurses zu bändigen, sein unberechenbar Ereignishaftes zu bannen,
seine schwere und bedrohliche Materialität zu umgehen."[3] Die zu
klärende Frage ist daher jene nach der Art und Weise, wie Macht
ausgeübt wird, wie sie sowohl durch die Herrschenden als auch
durch die Beherrschten einer Gesellschaft hindurch verläuft[4] und
sich bereits in der elementaren sprachlichen Handlung materiali-
siert.

Der sprachliche Konsens, den wir zu jedem beliebigen historischen Zeitpunkt vorfinden, ist kein bloßes Faktum, kein voraussetzungslos Gegebenes, sondern ein sprachlich-hierarchisches Konstrukt, bei dessen Herausbildung von Übereinstimmung laufend verbale Ausschließung geübt wurde. Sprachkonsens setzt die Machtpraxis einer Verminderung von Heterogenität voraus, denn zu Beginn des Diskurses umfaßte sprachliche Heterogenität wesentlich mehr Wahrheiten, als der, nach Durchlaufen des Disqualifikationsprozesses übriggebliebene Rest. Die Rückführung des Wortes zu seiner Wesensherkunft, die „Radikalität", als Rückkehr und Rückschau „ad radicem", zu seinen Wurzeln, enthebt das Wort zunächst von jeglicher Funktion und entläßt es in die Freiheit, zu seinem Wesensgrund zurückzukehren. Der Grad der „Radikalität" ist ausschlaggebend für die Kraft der Sprache und dafür, daß die Sprache so nahe wie möglich an das Wesen des Wortes herangeführt werden kann. Der radikale Regreß zu den Wurzeln des Wortes, zu seinem Etymon, kann gerade in diesem Kontext auch durch die Metapher der Abnutzung und Auslöschung geleistet werden: Die ursprüngliche, erste und radikale Bedeutung des Wortes liegt anfangs ganz nahe am Repräsentierten; erst durch den philosophischen Diskurs und den hermeneutischen Fortgang *„geraten die erste Bedeutung und die erste Verschiebung in Vergessenheit"*[5] Die Nähe der ursprünglichen Sprache zum Repräsentierten verhilft dazu, die Vorstellung der Dingheit eines Gegenstandes zu visualisieren, die dem Gegenstand benachbarte, nächstmögliche und nächstliegende Sprache findet Verwendung. Kurz danach, als die Nutzung des Wortes im philosophischen Diskurs beginnt, entstehen Begriffsbildungen, ausgehend von dem und in bezug auf das betreffende radikale Wort.[6]

Aus der Tiefe der Wesensherkunft eines Wortes kann sein späteres Wirken im politischen Diskurs ursprünglicher gefaßt und es können jene politischen Diskursstrategien decouvriert werden, die mit ihrer Rhetorizität weit darüber hinausgehen, bloß mit Hilfe von Sprache die jeweilige soziale Realität abzubilden, sondern Sprache als Mittel zur Erreichung des jeweils opportunen politischen Zweckes benützen. Die faktische Notwendigkeit, in demokratischen Systemen Mehrheiten zustandebringen zu müssen, sei es bei Wahlen oder bei parlamentarischen Entscheidungsprozessen, zwingt die politische Sprache, sei es Rede oder Text, per definitionem in ein Korsett von persuasivem Sprachduktus.[7]

Politische Sprache ist keine Fachsprache, sie weist einen, aus der Überschneidung mehrerer Fachsprachen und der Alltagssprache zusammengesetzten „*Mischcharakter*"[8] auf. Eine der Voraussetzungen für den wirkungspsychologischen Erfolg politischer Sprache, im Sinne des Gewinnens der Mehrheit, ist ihr tendenzieller Mangel an Präzision. In der Hoffnung, daß die Simplifikation per effectum Wahrheiten zum Vorschein bringen könnte, wird die Differenziertheit mittels ostentativ-rhetorischem Sprachgebrauch aktiv herabgesetzt und führt letztlich zu genau jener Mehrdeutigkeit, zu jener Uneindeutigkeit, der eine gesellschaftliche Mehrheit zuzustimmen gewillt ist und in der die metaphorische Nutzung und Abnützung von Sprache ihren Grund hat. Mehrheitsfähige politische Sprache ist daher jener sprachliche Duktus, der mit Stereotypen, Konnotationen und Metaphorik jenen Identifikationsraum erzeugt, in dem sich eine fiktive Mehrheit einrichtet, denn „*die Grundlage der bürgerlichen Feststellung ist der gesunde Menschenverstand …*"[9] Beide Komponenten, Rhetorizität und Metaphorik, versetzen den Sprechenden in die Lage, sich trotz syntaktischer, grammatikalischer, ja sogar semantischer Korrektheit über die Verpflichtung zur Wahrheit hinwegzusetzen. Damit ist nicht die prinzipiell stattfindende sprachliche Verzerrung von Realität angesprochen, sondern ihr möglicher Mißbrauch.

Nicht erst seit Alexander als Schüler des Aristoteles sein erhebliches Interesse an der Kunst der Rede bekundete, nicht erst seit die Rhetorik ein nicht wegzudenkender Teil, ja sogar Voraussetzung und Bestandsgarantie der politischen Elite im Zentrum der antiken Macht Roms war, gilt ihre Wirkung als erwiesen. Nach ihrer Hochblüte im Rom Ciceros verliert die Rhetorik mit dem Untergang des Imperiums ihre wichtigste Bühne und wird im Mittelalter primär vom Klerus in einer Art Schulkultur tradiert. Ihre Möglichkeit, im klassischen Sinne wiederzuerstehen, verliert die Rhetorik zur Zeit der Reformation durch die zunehmende Alphabetisierung und die Verbreitung des gedruckten Wortes. Entscheidend ist der Bruch der Rezeptionstradition, der eine Verlagerung vom gehörten Wort hin zum geschriebenen und gelesenen Wort nach sich zieht. Hans-Georg Gadamer nennt diese Entwicklung „*Vorgang der Verinnerlichung*"[10], der Privilegienverlust des gesprochenen Wortes zugunsten des geschriebenen Wortes ist jedoch von weitaus größerer Bedeutung, als dies auf den ersten Blick scheint: Zum Unterschied zur ars bene dicendi wird das geschriebene Wort wiederholt lesbar, kann einer neuerlichen Lektüre unter anderen Prämissen unterzogen werden, es wird relativier- und kritisierbar, das gesprochene Wort büßt seine Gefährlichkeit ein.[11]

Das sprachliche Täuschungsmanöver, die Entfernung von der Wahrheit sowie das verbale Verschärfen eines Tatbestandes sind seit der griechischen Antike die zentralen Kritikpunkte an rhetorischem Mißbrauch. So läßt Platon den Sokrates, selbst einer der glänzendsten Rhetoren, im Dialog mit Phaidros die Rhetorik kritisieren: *„Sie, die erkannten, daß vor der Wahrheit der Schein müsse geehrt werden; die das Kleine groß erscheinen lassen und das Große klein durch die Gewalt ihrer Rede; das Neue alt darstellen und sein Gegenteil neu, und Gedrängtheit ebenso wie endlose Länge der Ausführungen über jeden Gegenstand erfanden ... Wie sollen wir davon reden?"* Und Sokrates fährt fort: *„Er[12] ist es, der den Doppelausdruck, den Sinnspruch, die Bilderrede und die Redezier der Wörter ... hinzu geliefert hat ... zugleich hat sich der Mann auch gewaltig darin erwiesen, viele Gemüter aufzureizen und umgekehrt die aufgereizten durch seine Zaubertöne zu beschwichtigen, wie er sagte: und im skrupellosen Verdächtigen und Zerstören von Verdachtsgründen ist der erste Meister."*[13] Die Rhetorik wird explizit als Schmeichelei, Täuschung, Überredung und Glaubenerwecken bezeichnet, in der das Mitgeteilte nicht nur als neutrale Mitteilung zu verstehen sei, sondern auch noch ein Aspekt gegeben wird, unter welchem die Mitteilung zu verstehen sei.

Der Charakter dieses scheinbar kontingenten Aspektes, unter welchem die Mitteilung, abgesehen von ihrem „objektiven" Gehalt, noch und vor allem zu verstehen sei, ist nicht ein bloß attributiver Charakter, sondern ein zwingend dazu vorzustellender Gehalt, ein Aspekt, ohne den das Ausgesagte gar nicht gedacht und vorgestellt werden soll. Die Hierarchie der Aussage ist auf den Kopf gestellt, nicht der Begriff determiniert die zu verstehende Bedeutung, sondern der Aspekt, das latent Mitgemeinte übernimmt die Führungsrolle beim Denken der Bedeutung, beim *„Zusammendenken und In-eins-Setzen"*[14]; erst dann entfalten sich das zumeist dialektische Prinzip und die Kraft der Rhetorik vollends, die Verdichtung und Verschiebung des Wortgehaltes nehmen ihren Lauf.

Die Sprache der Politik[15] entfaltet dann ihre größte Breitenwirkung, wenn sie, wie bereits angedeutet, mit ihren Begriffen tendenziell unpräzise verfährt, Anspielungen und metaphorische Sprache geben dem Redner die Möglichkeit, sich vom Gesagten je nach Opportunität wieder zu distanzieren und sich aus der selbst auferlegten Verpflichtung wieder zu befreien. Je präziser und verantwortungsbewußter der Umgang mit Begriffen und deren Bedeutungen gehandhabt wird, um so kleiner wird der verbale Spielraum und um so schwerer kann der politische Rhetor der Erreichung kommunikativer Ziele gerecht werden. Das politisch systemimmanente Ziel der Mehrheitsbeschaffung heiligt in der Praxis die Anwendung persuasiver Mittel. Fragen der Glaubwürdigkeit, Überzeugung und Wahrscheinlichkeit sind treibende Kräfte politischer Sprache, sie umreißen das rhetorische Wollen politischer Rede im Sinne der Evokation von Affekten im Hinblick auf die Gedankenführung des Rezipienten. An welchem Punkt setzt die politische Sprache nun ihren Hebel an, um sich wirkungspsychologisch und in Hinsicht auf die Charakterologie ihres potentiellen Zuhörerkreises am weitestreichenden zu entfalten? Die rhetorische Verdichtung und Verschiebung findet nicht nur und nicht erst auf der Ebene des gesamten Textes, etwa einer Rede oder eines verfaßten Parteiprogramms statt, auch nicht primär auf der Ebene des einzelnen Satzes, sondern bereits auf der Ebene des Wortes. Die Funktion einer dynamischen Deplazierung des Sinnes auf der Ebene des Wortes soll anhand des Topos der Metapher gezeigt werden, wobei die klassische aristotelische Fassung der Metapher als Übertragung bzw. Verschiebung und Deplazierung bereits selbst eine Metapher darstellt, gewissermaßen die erste Metapher der Metapher.

Für die Herleitung verbal-radikaler lexis diene zunächst folgende kurze Definition: Eine Metapher ist die Übertragung eines fremden Aspektes auf das ursprünglich ausgesagte Wort, letzteres wird dadurch in uneigentlicher Bedeutung verwendet.[16] Der explizit erwähnte fremde Aspekt, der als fremder – nicht dem ersten, ursprünglich gemeinten Wort zugehöriger Aspekt – übertragen wird, ist einem anderen Wort entnommen und dem ersten, ursprünglichen Wort beigestellt. Auf der Ebene des visiblen Textes wird das ursprüngliche Wort durch einen sekundären, fremden

Text substituiert; auf der Ebene der Vorstellung jedoch soll nicht dieser textuell visible und im Vordergrund stehende Text, sondern das ursprünglich ausgesagte Wort, unter dem Aspekt des attribuierten Wortes gedacht werden. Die Substitutionsbedingung als Forderung, auf der Ebene der Vorstellung nicht die sekundäre, attribuierte Bedeutung, sondern die ursprüngliche Bedeutung unter dem Aspekt des attribuierten Textes vorzustellen, ist aufgrund der Heterogenität des beigestellten und übertragenen Aspektes nicht leicht zu erbringen.

Die Metapher hängt in bezug auf das entscheidende übertragene Wort von ihrem Kontext ab, dessen Ordnung verschoben wurde, um eine andere Ordnung, einen anderen Raster zu vervollständigen. Ohne die Anwesenheit des Kontext würde sich die Übertragung bzw. Verschiebung des Vorzustellenden in der phänomenologischen Heterogenität verlieren, die Metapher hätte ihr Substitutionsvermögen eingebüßt. Sie gäbe statt des einen, ursprünglich gemeinten Wortes, ein oder mehrere andere potentiell vorzustellende Begriffe, die den Grad der Präzision des ursprünglich gemeinten Wortes um ein Vielfaches herabsetzten. Der attributive Aspekt verleiht mit Hilfe der übertragenen Bedeutung dem ursprünglich gemeinten Text erst seinen Schwerpunkt, die Metapher leistet daher mehr als nur eine technische Substitution, sie akzentuiert und erweitert den ursprünglichen Text. Zu den ältesten Metaphern, die politische Verwendung fanden und dies bis heute in ikonologischer Funktion tun, zählen jene der Schiffahrtsmetaphorik: der „Steuermann", der das „Staatsschiff" steuert, es auf den „richtigen Kurs" bringt und damit den „sicheren Hafen" erreicht oder andernfalls „politischen Schiffbruch" erleidet, wovon viele Menschen betroffen wären, da sie „alle in einem Boot" sitzen. Metaphern wie „Staatskörper" und „Staatsgebäude" erleichtern die Kommunikation zunächst scheinbar, jedoch um den Preis herabgesetzter verbaler Präzision.

Hans-Georg Gadamer verwendet die Metapher des *„Horizontes"*[17], die er auf den Prozeß des In-Gang-Setzens einer verstehenden Auslegung bezieht. Denkt man Gadamer nach und faßt den Horizont als momentanes Gesichtsfeld, das Veränderungen und Erweiterungen unterliegt, sobald der Betrachter seinen Ausgangspunkt verändert, kann die Horizonterweiterung als Vor-Urteil, als vorläufig vor-urteilendes Überschreiten der Grenzen des Gesichtsfeldes, hin zu einem neuen Horizont beschrieben werden, das dem Verstehen als einer sich allmählich einstellenden *„Verschmelzung solcher vermeintlich für sich seiender Horizonte"*[18] den Weg weist. Das Transzendieren des Gesichtsfeldes hat ex ante die Form des Vor-Urteils, des Vor-Griffes und der Vor-Sicht, ex post, nach erfolgter Horizontverschmelzung, nach erfolgtem auslegenden Verstehen der *„Bewandtnisganzheit"*[19], ist das Überschreiten als Vorantreiben des hermeneutischen Vorganges kein kontingentes, sondern ein notwendiges, gerichtetes Überschreiten, das den *„Vollzug des Verstehens"*[20] seinem Wesen nach determiniert.

Gadamer faßt Sprache unter anderem als Besonderung und Erweiterung der allgemeinen Begriffe aufgrund ihrer jeweiligen Verwendung auf, die Beziehung zwischen spezifisch Gemeintem und der allgemeinen Bedeutung des Wortes, die diesem Gemeinten zugrunde liegt, ist eine der gegenseitigen Bereicherung und Erweiterung, denn das spezifisch Gemeinte erfährt als allgemeiner Begriff seine Vervollständigung im *„Besonderen der Sachanschauung"*.[21] Die Besonderung des Gemeinten wird als bereicherter Begriff wieder Teil des ihm übergeordneten allgemeinen Begriffes, dessen Bedeutungsallgemeinheit damit in einen evolutionären Prozeß tritt. Diesen Gedanken führt Gadamer weiter zur *„grundsätzlichen Metaphorik der Sprache"*[22] und argumentiert, daß aus dem Verhältnis von spezifisch Gemeintem und der allgemeinen Bedeutung so etwas wie ein Zuwachs an Heterogenität einer Sprache entsteht. Der Angelpunkt liegt bei dem erwähnten *„Besonderen der Sachanschauung"*, diese Anschauung ist Kontext, nicht Isolation eines Wortes, sie besondert ein Wort als Hervorhebung aus einem Kontext, unter gleichzeitiger Beibehaltung der Anschauung von Hervorgehobenem *und* Kontext. Einerseits setzt das Verstehen der Besonderung, des Hervorgehobenen, die Kenntnis des Kontext, aus welchem es hervorgehoben wird voraus, um erkennen zu können, in welcher Hinsicht es hervorgehoben wird. Andererseits ist das Hervorgehobene auch Teil des gesamten Textes und somit konstitutiv für das Verstehen des Kontext, den es textuell auch mit repräsentiert. Die Begriffsbildung vollzieht sich demgemäß entlang dieser zirkulären Bewegung des verstehenden Anschauens und spezifiziert ein Besonderes immer weiter durch seinen Kontext, als Erweiterung des übergeordneten allgemeinen Begriffes durch seine neu gewonnene Spezifikation.

Die Metapher geht als fremdes Nomen im ursprünglichen Text völlig auf, nachdem sie ihre attributive und akzentuierende Aufgabe erfüllt hat. Sobald die Verschiebungstätigkeit ausgeführt ist und die Metapher ihre Wirkung entfaltet hat, bleibt von ihr nur mehr diese Wirkung übrig, sie verliert sich zugunsten ihrer Wirkung, sie verbrennt gewissermaßen und setzt im Verbrennen ihre metaphorische Energie frei. Im politischen Diskurs hat die Metapher rhetorische Funktion, keine stilistische, sie spielt an, suggeriert, generalisiert, läßt mehrere Interpretationen zu, präsupponiert Wahrheit, da der Sachverhalt durch sie nicht differenziert ausgesprochen ist, sondern sich eine Lesart erst im aneignenden Verstehen bildet. Jeder Rezipient politischer Rede, in seinem je-eigenen politischen Kontext und mit seiner je-eigenen hermeneutischen Kompetenz, erhält die Chance, sich eine der möglichen Lesarten gemäß seiner lebensweltlichen Einstellung anzueignen.

Wie in der Eliasschen Zivilisationstheorie ausgeführt, verkürzte sich die Kette Gewaltdenken, -sprechen und -handeln um ihr letzte Konsequenz erst, als die geschriebene und gesprochene Sprache allgemein als äußere Form politischen Agierens bzw. Auseinandersetzens anerkannt wurde. Zwar konnten damit die Formen individueller bzw. struktureller Gewalt nicht einmal ansatzweise überwunden werden, doch es transformierte sich die politische Auseinandersetzung um Machtgewinn und Machterhalt von der Tat zum Wort, eine zivilisatorische Erfolgsgeschichte, vordergründig betrachtet.

Anmerkungen

1 Elias, Norbert: „Über den Prozeß der Zivilisation", Frankfurt am Main 1988, Bd. I, S. 277 Anm.: Von Hans Peter Duerr stammt der umfassende Gegenentwurf „Über den Mythos vom Zivilisationsprozeß", in welchem er den Zivilisationsprozeß ideologisch in die Nähe jenes Gedankengutes rückt, welches das Zivilisationsargument unter anderem als Legitimation für Kolonialismus zu instrumentarisieren versuchte.

2 Freud, Sigmund: „Die Frage der Laienanalyse", Frankfurt am Main 1999, Gesammelte Werke, Bd. 14, S. 214

3 Foucault, Michel: „Die Ordnung des Diskurses", Frankfurt am Main 1991, S. 10 f.; Vgl. auch S. 28 ff.

4 Vgl. Deleuze, Gilles: „Foucault", Frankfurt am Main 1987, S. 99 ff.

5 Derrida, Jacques: „Die weiße Mythologie", in „Randgänge der Philosophie", Wien 1988, S. 207

6 Vgl. ebda.: S. 206 ff.

7 Vgl. Bergsdorf, Wolfgang: „Herrschaft und Sprache", Pfullingen 1983,

S. 29 f.; Vgl. diesbezgl. weitere Literatur zum Thema Sprache und Politik: Kettemann/De Cillia (Hrsg.): „Sprache und Politik" (1998); Corbineau-Hoffmann/Nicklas (Hrsg.): „Gewalt der Sprache – Sprache der Gewalt" (2000); Pasierbsky: „Krieg und Frieden in der Sprache" (1983); Edelmann: „Politik als Ritual" (1976); Maas: „Sprachpolitik und politische Sprachwissenschaft" (1994); Opp de Hipt/Latniak (Hrsg.): „Sprache statt Politik? Politikwissenschaftliche Semantik- und Rhetorikforschung" (1991); Kirsch/Wodak (Hrsg.): „Totalitäre Sprache-Langue de bois-Language of Dictatorship" (1995); Klein: „Politische Semantik" (1989); Kopperschmidt (Hrsg.): „Politik und Rhetorik" (1995)

8 Klein, Josef (Hrsg.): „Politische Semantik", Opladen 1989, S. 5

9 Barthes, Roland: „Mythen des Alltags", Frankfurt am Main 1992, S.146

10 Vgl. Gadamer, Hans-Georg: „Rhetorik und Hermeneutik", Tübingen 1993, GW, Bd. 2, S. 276 ff.

11 Vgl. Ricoeur, Paul: „Die lebendige Metapher", München 1986, S. 15 f.

12 Anm.: gemeint ist Polos aus Akragas, geboren um 440 v. Chr., Verfasser einer Schrift zur Rhetorik mit Titel „mouseia logon".

13 Platon: „Phaidros" in „Platon. Sämtliche Dialoge", Bd. 2, St. 267, Hamburg 1993; (vgl. auch „Gorgias", in ebda.: Bd. 1, St. 449 bis 465); Anm.: in diesem Kontext erachtet auch Kant die ars oratoria als „gar keiner Achtung würdig", vgl. Kant, Immanuel: „Kritik der Urteilskraft", Frankfurt am Main 1992, §§ 51–53.

14 Anm.: Die sprachliche Wendung „Zusammendenken und In-eins-Setzen" ist Martin Heidegger entlehnt.

15 Anm.: Die Sprache der Politikwissenschaft ist mit der Bezeichnung „Sprache der Politik" ausdrücklich nicht gemeint.

16 Anm.: Diese Definition lehnt sich eng an die Aristotelische Definition der Metapher, vgl.: „Poetik" in der Übersetzung von M. Fuhrmann, Stuttgart 1994, St. 1457b,8. Trotz ihrer Verkürzung dient sie, gewissermaßen als metaphorologisches Etymon, im Sinne eines kleinsten gemeinsamen Nenners der Theorien der Metapher als Zugang; zahlreiche Definitionen der Metapher philosophischer und linguistischer Provenienz existieren gegenwärtig nebeneinander, strukturalistische, semiotische, hermeneutische und literarisch-rhetorische Ansätze; u. a. finden sich bei Paul Ricoeur, Hans Blumenberg, Max Black, Paul de Man, Monroe C. Beardsley oder Roman Jakobson einige Hauptlinien des gegenwärtigen Diskurses zur Theorie der Metapher.

17 Vgl. Gadamer, H. G.: „Wahrheit und Methode", S. 286 ff., S. 232 ff.

18 Gadamer, H. G.: „Wahrheit und Methode", S. 289

19 Vgl. Heidegger, M.: „Sein und Zeit", § 18 ff.

20 Gadamer, H. G.: „Wahrheit und Methode", S. 290

21 Ebda.: S. 405

22 Ebda.: S. 406 ff.

DIE AUTOREN

DR. PIA BAYER

Geb. 1967 in Wien, Dr. phil. (Universität Wien 1996) Geschichte und Politologiestudium an der Universität Wien, Dissertation: „Das Ende der Apartheid in Südafrika und der Demokratisierungsprozeß in der Ära de Klerk". Mitarbeit bei verschiedenen Projekten zum Thema Sozialdemokratie, seit 2001 im Burgenländischen Landesmuseum zuständig für die Abteilung Kulturgeschichte.

UNIV. PROF. DR. GERHARD BOTZ

Geb. 1941 in Schärding; Studium von Geographie, Biologie und Geschichte an der Universität Wien, Dr. phil. 1967; 1968–79 Assistent und 1979/80 Dozent an der Universität Linz; 1980–97 o. Professor für österreichische Geschichte an der Universität Salzburg; 1976/77 und 1994/95 Alexander von Humboldt-Forschungsstipendiat in Berlin; Gastprofessuren an der University of Minnesota, Minneapolis, an der Stanford University und an der École des Hautes Études, Paris; seit 1982 Leiter des Ludwig Boltzmann-Instituts für Historische Sozialwissenschaft, Salzburg–Wien; seit 1997 o. Professor für Zeitgeschichte an der Universität Wien.

Buchpublikationen (Auswahl): Die Eingliederung Österreichs in das Deutsche Reich, 3. Aufl., Wien 1988; Wohnungspolitik und Judendeporation in Wien 1938–1945, Wien 1975; Gewalt in der Politik. Attentate, Zusammenstöße, Putschversuche, Unruhen in Österreich 1918–1938, 2. Aufl. München 1983; (mit G. Brandstätter und M. Pollak) Im Schatten der Arbeiterbewegung, Wien 1977; Nationalsozialismus in Wien, 3. Aufl., Buchloe 1988; Krisenzonen einer Demokratie, Frankfurt/M. 1987. (Co-)Herausgeber: Bewegung und Klasse, Wien 1978; Margareta Glas-Larsson: Ich will reden, Wien 1981 (amerikan. Übersetzung 1987); Jews, Antisemitism and Culture in Vienna, London 1987, (deutsche Ausgabe „Eine zerstörte Kultur", 3. Aufl., Wien 2002); „Qualität und Quantität", Frankfurt/M. 1988; Kontroversen um Österreichs Zeitgeschichte, Frankfurt/M. 1994.

Dr. Wolfgang Dax

Geb. 1939 in Hatzendorf/Stmk., Präsident des Bgld. Landtages a. D., Dr. jur. (Universität Graz 1961), 1962 Verwaltungsjurist beim Amt der Bgld. Landesregierung in Eisenstadt, 1964–1977 Bezirkshauptmannstellvertreter in Güssing, ab 1977 Mitglied des Bgld. Landtages, 1982 Obmann des Landeskontrollausschusses, 1986 geschäftsführender Clubobmann der ÖVP, 1991 bis 1996 Präsident des Bgld. Landtages; von 1969 bis 1977 Vortragender für Politische Bildung über Verfassungs-, Verwaltungs- und Gemeinderecht; ab 1973 Herausgeber des „Index der Bgld. Rechtsvorschriften"; Forschung zu Themen der Rechtsangleichung und Rechtsüberleitung im Burgenland; veröffentlichte Artikel: „Bgld. Landesrecht – Grundlagen und Entwicklung"; seit 1992 Präsident der Bgld. Juristischen Gesellschaft.

Univ. Prof. emer. Dr. Norbert Leser

Geboren 1933 in Oberwart/Bgld. Dr. jur. (Universität Wien 1958), Stipendiat des British Council an der London School of Economics 1958/59, Habilitation für Rechts- und Staatsphilosophie an der Universität Graz 1969. Ab 1971 Ordinarius für Politikwissenschaft an der Rechts- und Staatswissenschaftlichen Fakultät der Universität Salzburg, 1977 Ernennung zum Honorarprofessor für Politikwissenschaft an der Sozial- und Wirtschaftswissenschaftlichen Fakultät der Universität Wien. Von 1980 bis 2001 Ordinarius für Gesellschaftsphilosophie an der Fakultät für Human- und Sozialwissenschaften der Universität Wien, seither emeritiert. Seit 1984 Leiter des Ludwig Boltzmann-Institutes für neuere österreichische Geistesgeschichte. P.E.N.-Club Mitglied, Präsident des Universitätszentrums für Friedensforschung; zahlreiche Auszeichnungen, darunter 1978 Verleihung des Österreichischen Ehrenkreuzes für Wissenschaft und Kunst I. Klasse. 1984 Komturkreuz des päpstlichen St. Sylvesterordens, 1991 Theodor Innitzer-Preises für sozialwissenschaftliche Leistungen. 1992 Anton Wildgans-Preis der österr. Industriellenvereinigung für essayistisches Werk.

Buchpublikationen (Auswahl): „Zwischen Reformismus und Bolschewismus. Der Austromarxismus als Theorie und Praxis" (Wien 1968; 2. Aufl. 1985), „Sozialismus zwischen Relativismus und

Dogmatismus" (Freiburg 1974), „Marx und Freud als Sozialphilo-
sophen" (Wien 1980), „Salz der Gesellschaft. Wesen und Wandel
des österreichischen Sozialismus"(Wien 1988), „Genius Austriacus"
(Wien 1986) und in der EDITION VA bENE „Elegie auf Rot"
(Wien 1998) und „Gottes Türen und Fenster – Ein erneuter Blick
auf die Gottesbeweise" (Wien 2001).

MAG. HELMUT STEPHAN MILLETICH

geb. 1943 in Winden/Bgld., Burgenland. Mag. phil. (Universität
Wien 1966), Lehrtätigkeit an der Stiftung Pädagogische Akademie
Burgenland und AHS-Eisenstadt. Generalsekretär des österreichi-
schen P.E.N.-Clubs und Präsident des burgenländischen P.E.N.-
Clubs. Studien zur Literaturgeschichte. Veröffentlichte Romane:
„Dorfmeister", „Mord auf DIN A4", „Tod in Eisenstadt"; Erzählun-
gen: „Apollonia Purbacherin und andere Erzählungen", Hörspiele,
Libretti, Gedichtbände, Übersetzungen sowie Hrsg. der Werke von
Rüdiger Hauck.

DR. MAG. PAUL SAILER-WLASITS

geb. 1964 in Wien, Mag. Politikwissenschaft (Universität Wien
1992; Nebenfach Theaterwissenschaft), Zweitstudium Philosophie
(Abschluß Diplomstudium 1996), Dr. phil. (Universität Wien
1998), Dissertation bei Prof. N. Leser und Prof. H. D. Klein: „Die
Metapher. Aspekte ihrer Genese, Hermeneutik und philosophischen Ästhetik". Publikationen: „Geschichte des Wiener Konzert-
hauses" 1988; zahlreiche Theaterkritiken, Texte zu zeitgenössischer
Malerei und philosophischer Ästhetik. Forschungsgebiete: Sprach-
philosophie, Hermeneutik, Metaphorologie.

Personenregister

ABBILDUNGSNACHWEIS

Abb. 1: Bildarchiv der Österr. Nationalbibliothek
Abb. 2: Bildarchiv der Österr. Gesellschaft für Zeitgeschichte
Abb. 3: Bildarchiv der Österr. Gesellschaft für Zeitgeschichte
Abb. 4: Bildarchiv der Österr. Gesellschaft für Zeitgeschichte
Abb. 5: Bildarchiv der Österr. Gesellschaft für Zeitgeschichte
Abb. 6: Bildarchiv der Österr. Gesellschaft für Zeitgeschichte
Abb. 7: Bildarchiv der Österr. Nationalbibliothek
Abb. 8: Bildarchiv der Österr. Gesellschaft für Zeitgeschichte
Abb. 9: Bildarchiv der Österr. Nationalbibliothek
Abb. 10: Bildarchiv der Österr. Gesellschaft für Zeitgeschichte
Abb. 11: Bildarchiv der Österr. Nationalbibliothek
Abb. 12: Bildarchiv der Österr. Nationalbibliothek
Abb. 13: Bildarchiv der Österr. Gesellschaft für Zeitgeschichte
Abb. 14: Bildarchiv der Österr. Gesellschaft für Zeitgeschichte
Abb. 15: Bildarchiv der Österr. Nationalbibliothek